华为你学不会

彻底讲透如何向华为学习

（第二版）

孙科柳
丁伟华 著
钟　金

中国人民大学出版社
·北京·

图书在版编目（CIP）数据

华为你学不会 / 孙科柳，丁伟华，钟金著 . —2 版 . —北京：中国人民大学出版社，2019.3
ISBN 978-7-300-26778-4

Ⅰ.①华… Ⅱ.①孙… ②丁… ③钟… Ⅲ.①通信邮电企业 – 企业管理 – 经验 – 深圳 Ⅳ.① F632.765.3

中国版本图书馆 CIP 数据核字（2019）第 037682 号

华为你学不会（第二版）

孙科柳　丁伟华　钟　金　著
Huawei Ni Xuebuhui (Di-er Ban)

出版发行	中国人民大学出版社			
社　　址	北京中关村大街 31 号		邮政编码	100080
电　　话	010 - 62511242（总编室）		010 - 62511770（质管部）	
	010 - 82501766（邮购部）		010 - 62514148（门市部）	
	010 - 62515195（发行公司）		010 - 62515275（盗版举报）	
网　　址	http://www.crup.com.cn			
	http://www.1kao.com.cn（中国 1 考网）			
经　　销	新华书店			
印　　刷	涿州市星河印刷有限公司		版　次	2016 年 1 月第 1 版
				2019 年 3 月第 2 版
规　　格	170mm × 230mm　16 开本		印　次	2019 年 3 月第 1 次印刷
印　　张	21.25　插页 2		定　价	59.80 元
字　　数	279 000			

版权所有　　侵权必究　　印装差错　　负责调换

是什么使华为快速发展呢？是一种哲学思维，它根植于广大骨干的心中。这就是"以客户为中心，以奋斗者为本，长期坚持艰苦奋斗"的文化。

——**任正非**

经过 30 多年的发展，华为已经成为一种现象，成为众多中国企业学习的标杆。"华为现象"代表着中国 40 年改革开放的经济成就和经营管理成就，对"华为现象"的研究从某种意义上来说也是对中国企业经营管理的研究。正是因为这种意义，包括本书在内的华为系列研究课题，获得了多位管理研究专家、企业管理者以及华为工作人员等多方面的支持和帮助，他们为本书的内容研究贡献了自己的智慧，在此我们致以诚挚敬意和衷心感谢！

（按姓氏笔画排序）

王　健	前华为人，曾任华为子公司副总经理、总经理以及销售办事处主任等职
王　霁	中国人民大学管理哲学研究中心主任
左　骏	用友网络股份有限公司高级副总裁
田　野	咨询培训顾问，狼性管理培训导师，曾任晟通集团企业大学讲师
吕意凡	国美集团副总裁 &CIO
任卓巨	项目管理专家，曾任华为、拓维信息、亚信科技项目经理、流程经理等职
向升瑜	教育工作者，曾任华为、华润公司客户主管、区域市场经理等职
刘佳明	湖南省企业培训师协会发起人，曾任晟通集团、三一集团企业大学训战教练
刘智强	华中科技大学管理学院教授
祁　婷	前华为人，苏交科集团股份有限公司总裁助理、人力资源总监
孙　丽	职通线教育科技（北京）股份有限公司研究员
孙亚彬	华商永续精益生产咨询公司总经理
李代华	前华为人，北京艾时光餐饮管理有限公司董事长
陈　彦	人力资源工作者，曾任华为、华润公司招聘主管、人力资源主管等职
陈林空	前华为人，北京华通正元管理咨询有限公司标杆管理研究员
易　鸣	市场营销管理专家，曾任华为公司产品部经理、系统部主任等职
易生俊	曾任青啤集团华南公司管理总监，梦网科技股份公司副总裁
罗建华	顺丰速运人力资源部经营人才管理负责人
郑　超	流程管理顾问，曾任华为、远大科技公司项目经理、流程经理等职
郑亚明	前华为人，深圳市英威腾电气股份有限公司副总裁
胡　伟	精益管理咨询顾问，原晟通集团生产现场管理负责人
钟虹添	中国人才战略学院院长，美国和思顾问集团首席专家
侯振锋	职通线教育科技（北京）股份有限公司合伙人
袁海涛	前华为人，中国商业经济学会众筹促进会副会长
夏　凯	销售罗盘创始人，用友大学营销学院创始院长
黄　为	自由创业者，曾任华为、联想公司客户经理、大客户高级经理等职
黄艳平	前华为人，曾任华为公司商务经理、交付项目经理等职
彭剑锋	《华为公司基本法》起草小组组长，中国人民大学教授
蒋业财	精益生产顾问，原阿迪达斯中国区制造工厂改善部部长
蒋朝安	泰富重装集团公司副总经理，湖南省中小企业中心首席人力资源特聘专家
解文涛	小菊咖啡股东合伙人，标杆管理研究课题与管理思想输出负责人

推荐序一　学习华为的务实与远见

《华为公司基本法》起草小组组长、中国人民大学教授　彭剑锋

1996年年初受任正非先生的邀请，我与包政、黄卫伟、吴春波等"人大六君子"进入华为，参与《华为公司基本法》的草拟工作。如同任正非先生在其文章中所描述的那样，当时的华为既面临发展方向选择的迷惘，又面临高速成长中管理链条被撕裂、组织乏力、管理体系与人才队伍跟不上发展等诸多问题。《华为公司基本法》帮助任正非及高层管理团队完成了对企业未来发展的系统思考，确立了华为成为世界级企业的关键驱动要素和管理规则体系，使华为上下对未来的发展达成共识，形成凝聚力，力出一孔，走出混沌。同时，它也开启了华为全面管理体系建设的步伐。二十年弹指一挥间，今天我们再看华为的成长奇迹：1992年华为的销售收入为1亿元，1999年突破100亿元，2008年突破1 000亿元达到1 250亿元，2015年达到3 950亿元，2016年达到5 216亿元，2018年达到7 311亿元（约合1 085亿美元），步入千亿美元公司行列。

华为在中国经济步入下行、绝大多数企业身陷成长困境之时，又创造了中国企业高速成长的奇迹。从华为的成长曲线图我们可以看到，华为的成长不是波浪式，而是连续挺拔且均衡的，这在世界企业的成长史上都是独特而与众不同的。华为为什么能不断突破企业成长的瓶颈，不断跨越阻碍企业成功的陷阱，让竞争对手由"轻视"华为到"平视"华为，进而重视华为，畏惧华为，最终到尊重华为？这是全球企业家和学者都想探究的。

成者为王，败者为寇！市场只承认成功者，作为成功者的华为已然成为中

国甚至全球企业最优实践的学习标杆。学习、模仿华为的管理已成为一种现象，这是一件令人欣慰的事，标志着中国企业不仅为全球 GDP 的增长在作贡献，也在为世界的管理思想和最优实践理论作贡献。

中国企业的发展历史其实相当短暂，我们对企业经营管理的认识、理解也有一个慢慢积累和沉淀的过程。在这一过程中，从市场竞争中发展起来的企业，华为、联想、海尔可以称为第一批，这些企业或多或少都带有一种鲜明的中国时代特征和企业家的个性风格：它们都是伴随着中国经济的发展成长起来的，其文化都烙上了企业家的个性特点。它们都在探索前行的过程中积累了丰富的经营管理经验，当然也都走过各式各样的弯路。它们坚持到现在，发展成为今天这样的企业，可谓九死一生。如果它们的经营管理经验都不值得借鉴，那还有什么企业的经营管理经验值得借鉴呢？

人们常说"前事不忘，后事之师"，人们还说"他山之石，可以攻玉"，这是企业经营者应当具备的心智视野。进一步要考虑的问题是，我们究竟应该怎样学习华为，"他山之石"怎样才能为我所用。在现阶段，中国绝大多数企业与华为的差距还是很大的，华为的技术创新能力、系统化管理平台及人才厚度不是一日之功。我们当然不能拿一个刚刚发展起来的中小企业跟华为比，要求这样的企业一分不差、照猫画虎地学华为，那当然都是离题万里。

最近一次在与任总交流时，我问任总华为的成功如果用一个字概括，是什么？任总回答："傻！"认准方向傻干、傻付出、傻投入，真正做到"以客户为中心，以奋斗者为本"。学华为也来不得半点虚假，不能走形式、耍花架子，一定要考虑两个问题：务实的理念和发展的远见。我认为，这两个方面的特质也是我们很多企业所欠缺的。

华为是很务实的，一直以来，华为倡导的是艰苦奋斗精神，要有危机感，努力地"活下去"，这些理念很实际、很质朴。企业经营管理容不得花架子，市场竞争靠的是真刀实枪。务实是什么？务实是尊重实际、克服不足，是不断地补足短板、修炼内功，最终真真切切地满足客户的需求。用务实的态度去经营企业，就要想到企业的成长发展不能依靠投机，不能有侥幸心理，要踏踏实实地依据自身的企业环境、经营条件做好基础管理和业务建设，要持续不断地改善自身的基础管理水平和业务成长能力。反观一些企业，基本管理体系很不规范、业务运行没有保障、人员管理水平很差，经营过程中各种"低级问题"一而再地产生，这样的企业经不起风吹浪打，依赖一时机会的成功也常常会昙花一现。

当然，光靠务实也不行，经营者还要有远见。我这里所说的远见不是说你要看到未来的社会经济图景，企业家不是预测未来的超人，也不需要当这样的超人。我说的远见，是有意识地为未来做准备。现在有人总结说，华为的成功有两个凭力之处：一是管理，二是技术。华为从20世纪90年代起开始进行管理体系建设，然后日复一日地不断完善，其实这既是务实的选择，也是抓到根本的、有远见的举措；说到技术，华为就更是如此了，世人皆知华为在技术研发方面是很舍得投入的。现在看华为的领导班子布局问题，也是如此。真正的远见是从企业的发展出发，抓住核心发展驱动要素，为未来谋划，为变化做好准备。

务实和远见这两者在逻辑上本身没有冲突，但是在经营管理实践中常常会成为一个矛盾问题。有的企业只看到眼下的收益，过分沉迷于当下的问题或者成就，对未来的投入不足；有的企业好高骛远，还没跑起来就想飞。这两种情况当然都不是企业长久发展之道。要平衡现在和未来，企业既要把基础夯实，练好基本功，也要有投入的眼光和远见。

客观地说，华为很难学，但也要学，这是对多数企业过去多年里粗放式发展的补课。《华为你学不会》一书，提供了一个系统学习的视角，是读者们学习华为的一个窗口。受邀为此书作序，借此也表达了我自己的观点，希望对读者朋友们有益！

推荐序二　学习华为，应该怎么学

国美集团副总裁&CIO　吕意凡

经过30多年的成长，华为已经成为国内最优秀的民营企业之一，引起了极大的关注。当下，更是兴起了一股学习华为的热潮，应该说这是一件好事，中国企业从学习外国企业转向学习咱们自己的企业，值得骄傲和欣慰。但是，一些人往往对华为的成功加上自己的理解和演绎，更多的是在展示自己的观点、深度和境界，违背了学习的初衷，掩盖了华为的真相，反而令学习者更加迷惑了。

面对华为今天的巨大成功，不去思考其发展过程和昨天，一味地处于仰视的角度，就容易陷入盲目崇拜和冲动学习中，容易爱屋及乌，偏离学习本身。学习华为之后，不可能再创一家华为，聪明的做法是体悟华为的经验，运用于自己的企业。诚然，一个公司的成功秘诀，并非显而易见，探究和学习并不容易。但是，从一些基本的思路出发，探求本质，我们或可一窥端倪。

简单心态学习

一个人的成功，一个企业的成功，其实往往很简单，并不复杂。

任正非刚从深圳南油集团出来时，和普通人并没有多大区别，以至于他当时南油的同事对他后来能够把华为做得这么成功和其展示出的才能感到很吃惊，这说明他在南油时并没有展现出太多的过人之处。他的这种才能更多的是在他经营华为的过程中获得的，与他经历的事、见过的人和遭遇的困难有关。

任正非没有时间与人闲扯，而且几乎从不喝酒，从不抽烟，也从不坐下来品茶，他会有计划地去选书读，有计划地和人交流。他一直处在学习、思考、求生存的状态中，对现实的担忧和对未来的向往，驱使着他不断地前行。长期艰苦奋斗，使他身体患有多种疾病，曾动过两次癌症手术。这在他身上形成了一种感召力，他用自己的身教垂范他人。以这种精神从事其他行业，相信任正非也能成功。用任正非的话说："因为我不比别人差，我又如此拼命，怎么会不行呢？没道理呀。"能够这样做事，不成功反而不正常了。其实道理都很简单，大多数人也都知道，但就是做不到，所以成功者只是少数人。

司马迁的《史记》里有一篇《货殖列传》，对西汉富豪们的致富秘诀进行了总结，答案只有一句话——"此皆诚壹之所致"，就是专心经营一件事的意思。这句话放到现代同样适用。华为的成功也不例外。华为围绕通信行业，提出"聚焦管道战略"，一心一意就做一件事，包括现在大力做的手机业务也是围绕这件事。通过制定《华为公司基本法》，更是从制度上确保了华为长期稳定地行驶在既定的航道上，有的只是小的调整和纠偏。而许多企业，经不住诱惑，今天房地产挣钱就做房地产，明天金融挣钱就改做金融，后天手机挣钱又改做手机，三心二意，没有定力和坚持，又怎么能把企业做好？

系统理性学习

企业是一套系统，具有自己的内在运行逻辑，所以学习一个企业，一定要系统理性地学习。如果有人说华为的研发好我就学华为的研发，华为的人力资源好我就学华为的人力资源，华为的项目管理好我就学华为的项目管理，听着很有道理，也很有针对性，实则不然。就像某品牌手机，各项配置可能都不是最高的，但它用起来体验却是最好的。而有些手机，某方面配置确实如宣传的一样是业界第一，但是运行效果却并不好，原因就是不兼容，单项第一的优势发挥不出来。做企业也一样，你学华为的长期艰苦奋斗，教育员工要做一个奋斗者，但是不给员工高工资和股份，没有配套的绩效管理体系，说破天又能有什么用？你学华为的研发，却舍不得研发投入（华为的研发人员占了几乎一半），你能成功吗？

所以学习一个企业，决不能浮于表面、照搬照抄，一定要系统地学习，理性地思考，体悟其成功的经验，借鉴到自己企业的运营中。这正是《华为你学不会》这本书的独特之处，也是我推荐这本书的主要原因。

成长对标学习

学习一个企业，如果一定要说有捷径的话，大概就是成长对标学习。但凡一个值得学习的企业，肯定是它已经取得了某种意义上的成功。华为发展到2016年已经有18万人，销售收入5 216亿元，而很多学习的企业可能就几百人，营业额也就几亿元，直接把华为成功的做法复制过来，肯定是不合适的。就像一个小孩向成年人学习健身一样，更加恐怖的是这个成年人还是运动冠军级别的，这就很可能不但达不到健身的目的，而且还有可能早早地就把身体练垮了。科学的方法应该是，看看这个成年人在他还处于小孩这个阶段时，他是怎么补充营养的，他是怎么健身的。

更特殊的是，向企业学习，即使发展阶段相同，但相同的阶段所处的市场环境也不可能完全相同，所谓"世易时移"，企业还要适当地变通，进行"环境还原"，才能真正消化吸收，达到学习的目的。

华为成功的原因很简单，但是学习华为却并不简单，关键是知道了能不能做到，知行能不能合一，重要的不在于"知"，而在于"行"。我希望通过《华为你学不会》这本书，大家可以更好地学习华为，也希望华为能够发展得越来越好，最后也更加希望中国能有更多像华为一样的企业。

修订说明

自 2015 年《华为你学不会》第一版出版以来，得到了大量读者的认可，收到了很多热心读者的中肯建议，并入选了国家新闻出版广电总局全民阅读评选活动 2016 年度"大众喜爱的 50 种图书""砥砺奋进的五年"大型成就展。过去两年多的时间，企业外部经营环境日新月异，华为的发展突飞猛进，提供了更多可供研究的视角和素材；同时，更多的管理研究专家、企业管理者，特别是华为工作者加入了我们的研究队伍，使得我们对华为的研究更加精进和深刻。为了帮助广大读者更好地学习华为，我们在第一版的基础上继续深入研究，增加了新的内容并全面修订。此次修订主要包括但不限于以下几个方面：

1. 全书更新，精练语言，增加案例。为了便于读者阅读和学习，我们补充了大量的最新材料，重新梳理了全书的框架和知识点，推敲语言，压缩篇幅，同时增加了大量案例，使得第二版更加丰富、深刻。

2. 增加了一章内容——客户牵引。"以客户为中心"是华为鲜明的特色之一，在互联网时代和供过于求的情况下，这尤为重要。第一版的五章内容——组织哲学、战略定力、领导视野、管理科学和工作方法，从组织内部的视角构成了一个严密的整体。第二版加上"客户牵引"这一章内容之后，与原来的五章内容，真正从内外部视角构成了一个完整的组织生命体，我们称为"组织运营管理六要素"。

3. 增加了 40 多个有关华为访谈的学习视频。针对第二版中的关键知识点，我们采访了作者和华为工作者，并录制成了 40 多个视频，以二维码的形式嵌入书中，读者扫描二维码即可观看相关视频。这便于读者直观、生动地学习华为，进一步加深对华为的认识和理解。

4. 增加了"华为对标学习手册"。 为了便于读者真正学以致用，我们根据"组织运营管理六要素"，设计了"华为对标学习手册"。读者可以对标华为在各个要素上的典型做法，理解其背后的做事逻辑，并结合自身企业的现实情况进行深度思考，梳理企业学习和实践的整体思路。

5. 变更了作者署名方式。 需要说明的是，第二版有很多新的人员加入到研究和修订工作中，根据个人参与程度和深度的不同，我们变更了作者署名方式，由"孙科柳　易生俊　陈林空　著"改为"孙科柳　丁伟华　钟金　著"，而其他参与人员则一并在文中单页列明，并致以诚挚谢意。

学习华为不可能一蹴而就、一劳永逸，而是一个长期研究、不断精进的过程。我们将会长期专注于对华为的研究和学习，并把最新的研究成果和作品呈现给大家。由于时间和水平所限，书中错误和不足之处在所难免，欢迎广大读者朋友批评指正，不胜感激。

前言

写作缘起

大概从 2005 年起，我们团队开始接触很多企业，为它们提供管理上的建议、咨询和辅导工作。时光如白驹过隙，这十多年，中国企业快速扩张发展，经历了 2008 年经济危机的洗礼，现今又迅速迈进互联网整合的大变革时代。似乎，国内的企业和企业家们一刻也无法消停地被迫应对疾变的环境，常如海上扁舟，漂浮不定。

然而，细致观察则会发现，一些积极的变化正在发生，包括企业经营者的视野、经营意识、产业结构升级的意愿，劳动者群体的创造力，社会大众对商业企业的认识等，多方面的变化正在静静地但大范围地改变着企业的生态。那些经过危机洗礼的企业以及新一批企业也正在以崭新的理念、更宽广的格局迎接这个时代各种不确定的经营挑战。

诸多变化中尤为明显的是，大量企业开始严肃地对待企业的运营管理工作。人们意识到，必须向运营管理要适应力、要竞争力、要发展力。这是相对而言的，过去我们也认同管理重要，但绝没有像今天认识得这样深刻、这样自觉而紧迫。

由此，几乎自然而然地，华为公司再一次回归人们关注的焦点。长期以来，华为公司是中国企业经营管理的一个符号。而最近几年里，华为逆市增长，在国际市场上不断拓展；同时，当社会都在呼吁互联网思维的时候，华为几乎悄无声息却迅速地发展起自身的智能手机业务，并取得巨大成绩。很多人惊讶于华为的谋篇布局能力，惊讶于华为如何能够如此从容地应对经济变化。如果把时间线拉得更长一些的话，华为表现出这种能力当然不止一次，华为似乎总是能够在一次次经济变局中突破瓶颈或障碍而凤凰涅槃，其发展也许恰如任正非自己期许的那样，"烧不死的鸟就是凤凰"。华为很可能已经成了那只"烧不死的鸟"。

·低调务实，扎实做事·

今天的企业管理者对华为的感情既包含着惊叹，包含着作为民族企业的自豪和认同感，也包含着一种更深刻的认知状态：华为的经营管理哲学是有着鲜明中国文化特色的管理哲学，华为的成功也表明中国企业可以有也应该有属于自身文化环境下的管理思想和管理模式，而不仅仅是照搬照抄西方企业的管理理论。更进一步讲，那些还在进行管理摸索的企业，向身边的、同属一个文化血统的华为学习也许客观上要好过学习西方企业那一套理论和思想。

正是这样，当下中国的企业界掀起一股向华为学习的风潮。很多企业试图学习华为的管理，把华为当作榜样来推进企业自身的管理水平提升。由于工作上的便利，我们接触过很多这样的企业，我们也向这些企业提供过不少管理教育与咨询辅导。但是，我们所能帮助的企业，其数量毕竟是有限的。而另一方面，

·用一个词形容华为·

众多企业在学习华为的经营管理经验时，往往是盲目的、不科学的。一些企业要学习华为的狼性文化，却没有意识到基础业务管理、人员组织混乱无序；一些企业试图学习华为的项目制管理，却没有意识到激励系统、权责系统很不健全不健康……我们接触到的这样的企业很多，我们没接触过的众多企业想必情况亦是如此。

我们为什么要写这本书？答案清晰明了：我们希望那些向华为学习的企业，客观地、系统地、理性地了解华为的企业经营逻辑，我们以此书给那些学习者

以系统的学习框架和问题视角，避免企业停留在肤浅地照搬照抄、人云亦云的层面上。应该说，大部分企业经不起管理上的反复震荡，深入现实、冷静思考，才能最大程度地降低管理革新的风险。还应该说，我们虽诚惶诚恐但不惮于借"学习华为"之命题出版这样一本书，也与当下管理群体、管理研究者的浮躁有关，浮躁者当然不深入，当然误人误己，我们谨希望这本书更深入一些。

学华为，应该怎么学？

企业是一个系统，这不是理论上的言说，而是管理实践中必须具备的视野。换言之，你必须把企业当成一个生态系统来对待，这就是系统思维的一般要求。或者可以这样说：要有效地进行企业管理水平升级再造，必须以系统思维方式和系统方法来推进。

现在有很多人发表自己的观点，认为华为是学不会的，他们的理由各式各样，他们的观点当然都具有参考性。而在我们看来，根本性的障碍是，一个企业与另一个企业无论看起来多么相近，事实上仍然是完全不同的"系统"。它们在管理体制、领导风格、市场环境、业务特征、发展阶段、资源条件等各个方面的差异，决定了我们无法把某个企业现成的经营策略和管理措施独立抽取出来加以学习，我们也不能寄希望"这种学习"能够见到成效。

当然，这并不意味着我们不需要学习华为。客观上说，即使企业经营策略和管理措施有很大的不同，但是有一点始终是应该记住的：企业经营管理有其基本规律，企业的经营发展也存在着基本的逻辑。学习华为，与其学习华为的管理策略之类的手段，不如深入进去研究华为的基本经营管理逻辑和成长逻辑。如果认同这样的观点，那么下面提出的四个方面的思维方式，就尤其值得注意。

1. 要了解华为的成长逻辑，掌握发展性思维方法

必须认识到，罗马不是一天建成的，华为也不是。每一个企业的起点是不同的，要用发展的眼光看待自己的企业。发展的眼光意味着思考：我们的现状

如何？我们处在哪个起点上？在哪个管理水平阶段？在这个起点和阶段上，我们应该做什么？我们这样做将如何发展起来？

当你学习华为今天的成功时，你必须考虑到华为在其发展过程中所走的每一步都是依据自身的情况来推行的，而这种推行也始终遵循着它自身经营管理的发展理念。问题是，你们企业的发展理念是什么？你们企业的发展方向、发展路径以及可行的发展策略是什么？弄明白这些问题，再看华为。或者说，通过看华为，理解知晓自身也必须形成自身的发展理念和成长逻辑，以及它们应该是什么，这样才能有所收获。

·应该怎样学华为·

某种程度上说，华为的昨天可能是我们的今天，而华为的今天可能是我们的未来。华为发展至今，它的整个发展过程并不是割裂开来的，其管理模式的发展是随着时代和市场需求的嬗变而不断演进的。如果孤立地去看华为某个阶段的管理经营成功经验并直接拿来为己所用，这势必是难以成功的。

2. 了解华为经营管理策略的来龙去脉，掌握问题思维方法

经营管理始终是面向问题的。任何一个企业，当它采取某种业内人士看来"非常成功"的经营策略和管理方法时，它一定是为了解决某种问题。问题常常是有普遍性的。例如，人的积极性问题、创造力问题，或者结构问题、流程问题、企业市场空间问题、竞争问题，等等。华为会遇到这些问题，其他企业也会遇到。华为依据自身的体量、理念和发展阶段来处理这些问题，发展自己的经营策略。

我们学习华为当然不能只看到它的策略、它的方法，我们还要看到策略和方法究竟是解决什么问题的，成效怎么样。换言之，学习华为要深入进去了解问题背景，用问题思维方法来改善自身的管理工作。如果我们本身并没有这个问题，而存在另一种问题，却偏偏要去学某种方法，这就很愚蠢。当然，当你知道华为在问题面前创造性地发展了各种不同的经营策略和管理方法，你是不是也可以依据自身的问题和情况创造性地发展别的方法呢？也许达到后面这种

状态，才是最有利于你的经营管理工作的。

3. 要认识到企业系统的关联性，掌握系统思维方法

我们曾受邀调研一家企业，这家企业把华为的狼性文化列为标杆，说我们就要学习这种狼性文化，但是学不下去，员工反对。然后，我们问这家企业的领导：员工的工资水平怎么样？员工的绩效是如何评价的？员工们如何安排、评价自己的工作？调研的最终结果是：他们的工资水平在地区内保持中等水平，员工的绩效评估与薪酬是脱节的，岗位责任大、范围不明确。员工为什么反对？原因很简单：我凭什么这么辛苦地为公司作贡献？公司希望我们变成狼，对我自己有什么好处？我们只需要听上级的安排就行了。

这些人性上的问题其实简单明了，企业领导者看不明白吗？不完全是。依我们看，原因有两点：第一，要扎实地做好企业的基础管理，客观上是很辛苦的事情，企业领导或者管理层往往投机取巧，寄希望于一步到位的奇迹发生；第二，企业的现状，包括经济条件、体制等，提供不了更好的工作环境、发展空间支持，但企业又希望发展出更好的管理效果，所以顾头不顾尾，闷着头朝前走。

清醒一些，系统地看待自身企业运行的各方面，然后量体裁衣发展自身的经营管理系统才是正确的做法。这意味着，首先你要关注企业经营管理基础层面的建设问题，要把经营管理的基本要素作为一个系统，打造好这个系统，然后在此基础上才可能有效地发展创造性的经营管理策略。所以，德鲁克才有这样的观点：管理者最重要的任务是对基本要素的优化管理，基本要素的恶化才是企业衰败的原因。

4. 要从华为的特性出发，看出自身企业经营环境的特殊要求

华为在经营管理上始终是一个具体的个案，我们每一个企业也是个案。个案之间的现状、自身水平、发展环境等情况可能截然不同。在这些截然不同的情况中，存在一些通用的管理思路，也有一些是特殊的要求。问题在于，一般

性要求的满足常常只是基本条件的满足,产生决定性力量的往往是对特殊性要求的满足。所以,我们该怎么做?建设好基本面,然后依据自身企业的特性发展具有适用性的方法。在这方面,你可以借鉴华为处理特殊问题的思路、逻辑和风格,但关键是你要找到自己的方式。

·应该怎样学华为·

综合以上的看法,与其说我们写这本书的目的是让你学习华为,不如说是通过华为这个案例学会系统地考虑企业经营管理的发展要素;向华为学习也不是试图成为另一个华为(这也许根本不可能),而是要从华为的发展历程中发现建设一个企业的逻辑参考。我们的企业未必都要成为华为,但可以成为与华为一样有着自身鲜明理念、发展思路、发展特色和成长活力的企业。

对本书框架的说明

当你考察一个企业的时候,你应该从哪些方面考察?就如同现在你要了解华为,你应该有怎样的视角?我们的观点是:任何一个企业的经营管理工作,都可以列为六个相互联系、相互支持但又相对独立的要素,分别是"客户牵引""组织方式""战略管理""领导体制""管理科学"以及组织群体执行任务的"工作方法"。为了便于更深刻地理解和记忆,我们研究团队将上述六个方面组成的系统框架命名为"组织运营管理六要素"。

应该说,无论一个企业经营什么产品,在哪个市场领域——产品和市场领域可以依据变化调整,就像华为不断更新自身的产品线而同样确保成功一样——企业本身都需要一套运营体系和方法。运营体系和方法正是企业不断发展、不断获得突破的内在原生力量。而这套运营体系和方法无一例外地必然包含我们所述的六个相互支持的要素。

1. 客户牵引

解决"从何处出发,受什么牵引"的问题。任何一个企业在规划、运营过程中都必然要从某个出发点开始,去搭建组织模式,设定发展战略,领导企业全体活动并发挥个体能力。这个出发点是面向服务的对象——客户的。

而在这样一个追求个性化需求的时代里,如果单纯地从企业或者说生产者角度出发,很难确保有市场或客户为之埋单;想通过延续简单的机械化大生产模式,在市场上独占鳌头,更是难上加难。这意味着,企业对于出发点的考量,直接决定着其发展动能和成败走向。而其他经营管理实践行为如何以此为依据而延伸开来,同样也是需要审慎思考的问题。事实上,以华为为代表的部分优秀企业已经用实践证明,消费决定生产不仅是企业当下取得成功的核心秘诀,更是企业未来经营与发展的必然趋势。那么,企业又应当如何进行逆向思考,从消费终端向生产反向探察,从满足个性化需求开始,让消费来决定生产呢?对于这一点,我们将在第一章中重点探讨。

2. 组织方式

解决"资源在哪里、怎么整合"的问题。不理解组织概念的人是做不好经营管理的,"有效组织"是企业运营体系的先决条件。有效组织意味着企业不是一盘散沙,意味着高度整合从而形成真正的聚合力量。所以,管理学研究上有一种普遍认可的说法:企业的力量就蕴含在"有效组织"之中,没有科学组织的企业是注定走不了多远的。我们已经见识过小米如何创造性地组织企业内外部资源展开营销,我们也听说过曾担任通用汽车公司总裁的阿尔弗莱德·斯隆如何通过"组织方式"变革改造企业,这正是组织的特定意义所在。

组织问题包含着这样的要素:我们有什么资源(以及如何获取资源)?这些资源如何有机地分配、整合起来?这些分配、整合的资源以怎样的方式产生价值?资源整合的力量足以支持企业的长远发展吗?等等。人财物,无形的知识、技术、信息、市场与客户群体、群体的创造力等都是资源。每一个从事企业管理工作的人,首先要盘点自己的资源,然后再创造性地发展资源的整合方式。经过多年的发展,华为已经形成了自己系统的组织哲学和先进的组织方式,这包括开放式的组织理念,以使命感和奋斗精神为基本的组织内涵,系统的资源整合方式，注重人员和企业成长的学习型、批判型文化，等等。这些实践探索都可以成为管理者的参考。

3. 战略管理

解决"朝哪个方向走、做什么"的问题。如何把各种不同的零件组装成一辆车并能够高速运转起来，是组织问题；车往何处走，走哪条路，这条路上的沟沟坎坎怎么跨过，则是战略问题。很多人认为，战略是空洞之物，而事实上只要企业有明确、合适的战略（多数企业确实没有在这方面下多大的功夫），它对资源聚焦以及发展变化的预见性等都大有裨益。所以，企业要讨论的不是要不要战略，而是要怎样搞符合自身发展方式的战略导向、路径以及约束方式。

企业中存在的战略盲目、战略否定会导致预见性谋划不足、后续发展乏力、不恰当的扩张和收缩、商业决策缺乏判断标准、受市场变化的严重干扰等。若一个企业没有明确的方向、目标导向，经常性临时起意、市场投机，谈坚持、谈奋斗、谈理想，那几乎相当于笑话。我们看到，华为的一个鲜明特色是始终保持着战略定力，它始终坚持自己的战略理念，包括管道战略、系统规划、创新发展等。华为不是不犯错，但能做到基本发展战略一脉相承，并在策略上不断补充和修正。正是这种坚持、韧劲儿以及不断反省修正的战略定力，指导着华为日渐强大。我们也可以犯错，但我们坚持的是什么呢？或者我们始终在摇摆不定中？如果有这种坚持，我们需要在哪些方面不断完善呢？这也是很多企业要思考的。

4. 领导体制

解决"怎么指挥与协调"的问题。一艘船要有个好船长，好船长要团结好大副、水手，在惊涛骇浪中能够集众智、想办法，协力前行。一个企业也要有好领导，领导们还要能够团结、整合各级干部的聪明才智，这是"领导体制"的部分。在任何一个企业中，"领导体制"都是一个严肃的问题，一个企业可能有非常好的组织方式，也可能有明确的战略方向，但是如果领导体制不佳，它将成为企业发展的障碍；反之，强有力的领导群体，则是推动战略发展的巨大力量。现在我们都看到了，华为很重视领导体制建设，干部能上能下、轮值主席制度等都是领导体制建设的前沿探索。

无疑，华为在领导体制的建设上是有前瞻性的。从根本上讲，华为领导体制的建设立足点是解决两个突出问题：一是激发领导层的活力（包括能力）；二是聚合群体的心智力量。为什么立足于这两点？在历史上，无论是企业管理历史，还是政治历史，我们见到过弱领导层的危害，我们也见识过独断主义的危险。前者使组织混乱、分离，后者使组织盲目、丧失理性、压制创造力。"既强也不独断"正是领导体制要激发领导群体活力和聚合群体心智力的关键所在。深刻认识华为这些举措的原因及背景，来看看我们自己的企业可以做些什么或应该做些什么。

5. 管理科学

解决"怎么管"的问题。如何衡量员工绩效，如何进行项目推进，如何进行岗位责任划分，如何协调各个不同的组织单元等，这些问题是在组织、战略和领导层面之下的管理活动，管理活动注重科学规范并兼顾灵活及适应力。在本书中，你将看到华为如何平衡授权与控制的关系，如何进行规范化管理，如何发展激励性质的牵引机制等。如果说客户、组织、战略、领导方面的问题是上层建筑的话，管理科学则是组织各个不同的群体协调、落实各项工作的具体规则。没有科学的管理，组织总是会存在各种各样的矛盾、冲突，导致组织群体混乱无序、无所适从。

6. 工作方法

解决"怎么做"的问题。一个人与另一个人工作成效的差异，绝大多数时候是因为工作方法的差异。优秀的企业负有为员工提供恰当工作方法的责任，特别是企业规模庞大、人员众多的时候，发展全员科学的工作方法，提高全员的工作能力，无疑能给企业带来巨大的收益。你可以看到大量的企业为提高员工的工作效率和工作成果持续努力，这有时候被理解为"执行力建设"的一部分，是过去多年里人们关注的一个焦点问题。无论如何，我们要知晓的是，员工群体的成长事实上也是企业成长的一部分，所以企业负有促进员工成长的责任。正是在这个意义上，我们将用一章的篇幅系统地考察华为是如何实践的。现在很多企业都注重员工培训，注重工作总结与员工指导，华为的实践可以在这方面给我们更开阔的视野。

以上六个要素构成本书的基本框架，也是企业经营管理的基本框架，我们也可以用这个基本框架进行对照，帮助我们有目的、有比较地理解华为，也帮助我们系统地看清自己的企业应该怎么做。

本书的研究方法

本书从开始创作到出版，经历了几年的时间。在此之前，我们也断断续续地讨论过华为的一些管理事例。而这一次，是我们最为系统地，应该说也是最深入地研究、讨论这个问题。大体上，我们的研究采用了以下几个方法。对这些研究方法的理解也可以帮助读者朋友们更好地理解这本书的内容。

1. 系统归纳方法

本书内容的研究最基本的特征，是将华为的管理实践进行了理论框架的系统归纳。因而，你看到的这本书不是零散地讲述华为的故事，而是遵循着一般性的、普遍性的经营管理规律和要求，将华为的历史实践进行了梳理。如前所述，我们这样做的目的，是让读者朋友能够在阅读过程中形成管理实践的基本框架思维。这既包括本书所讨论的客户、组织、战略、领导、管理和工作方法这几个紧密相关、高度概括的主题，也包括每个主题下的具体内容构成的实践逻辑。

采用系统归纳法当然便于理解，但也会存在另一个问题，即我们所收录的关于华为的事例也是有取舍的，因而不全面，这一点敬请读者理解。确切地说，我们希望读者在阅读过程中对相关概念和理论进行思考，并有目的地学习。

2. 调查访谈方法

本书获得了数十位华为内部工作人员的支持，他们提供了个人的直观体验和见解，这些直接调查访谈的内容，已经全面融入本书的体系中。出于个人原因，部分人的姓名未见于本书，但他们提供的无碍于华为商业机密的信息和见解，对我们这本书的成型至关重要。在此之外，我们收集整理了在过去十多年里华为的各类资讯、文章以及相关的著作，这是资料调查的部分。我们相当谨慎地判断书中的各项内容，尽最大努力保证客观、公正地讲述华为的事例。

3. 比较分析方法

我们当然不能只看到华为的经营管理实践案例（大众称为华为管理故事或理念的那些东西）。我们认为，还应当在了解华为管理实践的同时，了解一般企业可能出现的问题、其他企业的优秀实践、管理理论观点这三个方面。换言之，华为的实践、一般管理问题、其他企业的实践、管理理论这四者如果能够对照起来，是更有利于我们开阔视野的。因此，本书依据每一个主题，采用了比较分析方法，其结果是将上述四个方面的内容在必要处进行对照处理。

我们认为，这样的处理方法对大多数管理者都是有益的。就像一本高阶管理普及读本，从本书中你既可以看到华为处理各类问题的策略和方法，还可以比较多种经营管理理念、方法和策略的优劣。通过比较，可以增进你自身对管理的洞见。

致谢

本书的研究和出版工作是一个艰辛的过程，也是一个项目团队合作的过程。在这里，我们对为这本书的内容研究付出努力的专家、那些在华为工作过的人员，以及执笔团队致以最诚挚的敬意。

本书的主要组织人孙科柳、丁伟华、钟金是有着十多年企业管理咨询顾问经历的专家。他们（也包括其他一些人）在企业顾问生涯中所了解的企业普遍现状和问题也被系统地整合进了本书。这使得本书的内容安排更有的放矢，更具实际的指导价值，而且他们愿意积极加入为企业提供后续咨询服务，这尤其难能可贵。另外，本书的主要研究指导人职通线教育科技（北京）股份有限公司董事长孙科炎、中国人民大学管理哲学研究中心主任王霁教授，为本书的内容研究付出了大量的心血。在此，我们致以最真挚的谢意。

我们要重申，华为的故事不是一本书可以完全概括的，研究华为公司的管理也并非一件简单的事情，这非我们团队一己之力可以完成；确保我们的书中没有任何差错，也似乎是不可能的。对此我们期望读者朋友们谅解并提供批评意见以供我们改正。

我们的期望是，尽最大努力为中国企业当下的经营管理实践提供一个进行标杆学习的系统、简要说明。倘若这本书能够给管理者带来哪怕一丁点的收益，我们也心感庆幸。谢谢各位参与者，谢谢读者朋友。我们共同祝愿华为公司不断发展壮大，屹立于全球顶尖企业之巅，也祝愿中国每一个优秀企业都茁壮成长！

目录

第1章 客户牵引

1.1 消费决定生产   003
1.1.1 生产与消费   003
1.1.2 以客户为中心   005
1.1.3 从需求到生产   009

1.2 资源聚焦客户   011
1.2.1 多元化的利弊   011
1.2.2 坚持资源聚焦   013
1.2.3 坚决有所不为   016

1.3 端到端的流程   018
1.3.1 流程指向客户   019
1.3.2 有类别有层级   021
1.3.3 好流程的标准   023

1.4 赚小钱不赚大钱   026
1.4.1 深淘滩，低作堰   026
1.4.2 内挖掘，外满足   029
1.4.3 与同盟军多赢   032

1.5 客户满意是准绳　034
- 1.5.1 客户满意意识　035
- 1.5.2 为客户创造价值　037
- 1.5.3 价值评价体系　040

第 2 章 组织哲学

2.1 组织是个大问题　047
- 2.1.1 思考组织　047
- 2.1.2 削足适履　050
- 2.1.3 下定决心　051

2.2 开放式组织　054
- 2.2.1 不同模式　055
- 2.2.2 持续探索　057
- 2.2.3 网状组织　059

2.3 系统整合　062
- 2.3.1 外部整合与内部整合　063
- 2.3.2 物力资源地域整合　065
- 2.3.3 人力资源精益整合　067

2.4 学习型文化　069
- 2.4.1 管理变革拉动　069
- 2.4.2 两种学习模式　072
- 2.4.3 学习型组织　075

2.5 自我批判　078
- 2.5.1 有批判才有进步　078

2.5.2　自我批判的本质　080
2.5.3　自我批判的形式　082

第 3 章　战略定力

3.1　管道战略　089
3.1.1　聚焦管道战略　089
3.1.2　抢占管道高地　091
3.1.3　建设战略生态　093

3.2　针尖战略　095
3.2.1　赢得局部优势　095
3.2.2　指向核心技术　097
3.2.3　确保针尖战略　101

3.3　创新发展　103
3.3.1　不创新就死亡　103
3.3.2　反对过度创新　105
3.3.3　开放性创新　109

3.4　商业成功　111
3.4.1　以利润为导向　111
3.4.2　获取合理效益　113
3.4.3　向管理要效益　115

3.5　谋篇布局　117
3.5.1　战略规划模式　117
3.5.2　战略控制点　120
3.5.3　长短期战略　123

第4章 领导视野

- 4.1 价值观领导 … 129
  - 4.1.1 价值观为本 … 129
  - 4.1.2 价值观进化 … 131
  - 4.1.3 价值观文化 … 136

- 4.2 干部要折腾 … 138
  - 4.2.1 能上能下 … 139
  - 4.2.2 内部循环 … 142
  - 4.2.3 任职资格 … 144

- 4.3 团队打天下 … 146
  - 4.3.1 群狼战术 … 146
  - 4.3.2 危机意识 … 149
  - 4.3.3 合作协同 … 151

- 4.4 灰度领导 … 153
  - 4.4.1 灰度就是妥协 … 154
  - 4.4.2 坚持开放心态 … 156
  - 4.4.3 决不求全责备 … 158

- 4.5 领导者素质 … 160
  - 4.5.1 领导力模型 … 160
  - 4.5.2 领导者角色 … 162
  - 4.5.3 以身作则 … 165

第5章 管理科学

- 5.1 授权与控制 … 171
  - 5.1.1 先分权再授权 … 171
  - 5.1.2 充分授权 … 173

	5.1.3　授权机制	175
5.2	**用结果说话**	**179**
	5.2.1　以结果为导向	179
	5.2.2　结果逆推行动	181
	5.2.3　用结果来考核	183
5.3	**制度规范化**	**185**
	5.3.1　从制度到文化	185
	5.3.2　公平公正无歧义	187
	5.3.3　制度的变与不变	189
5.4	**人才管理**	**191**
	5.4.1　人才争夺战	191
	5.4.2　选贤任能	192
	5.4.3　人才培养模式	196
5.5	**牵引机制**	**200**
	5.5.1　绩效牵引	200
	5.5.2　物质牵引	202
	5.5.3　精神牵引	205

第6章　工作方法

6.1	**专业主义**	**211**
	6.1.1　干一行，专一行	211
	6.1.2　学习与持续提升	215
	6.1.3　专家要源于一线	219
6.2	**效率为先**	**221**

6.2.1	效率设计	221
6.2.2	效率统筹	224
6.2.3	工作节奏	228

6.3 标准为据   231
6.3.1	标准设计	231
6.3.2	标准优化	234
6.3.3	标准落实	235

6.4 自我管理   237
6.4.1	责任意识	238
6.4.2	工作计划	240
6.4.3	行为控制	243

6.5 问题改善   245
6.5.1	直面问题	245
6.5.2	问题之源	248
6.5.3	总结提高	252

附录 1	华为成长历程与任正非的讲话和文章	255
附录 2	华为对标学习手册	273
主要参考文献		305

第1章　客户牵引

> 从企业活下去的根本来看，企业要有利润，但利润只能从客户那里来。华为的生存本身是靠满足客户需求，提供客户所需的产品和服务并获得合理的回报来支撑；员工是要给工资的，股东是要给回报的，天底下唯一给华为钱的，只有客户。我们不为客户服务，还能为谁服务？客户是我们生存的唯一理由。
>
> ——任正非

带着问题阅读：

1. "以客户为中心"为什么知易行难？

2. 为什么会不自觉地走上资源分散的歧途？

3. 为什么需要一套端到端的流程？

4. 任正非提倡"赚小钱不赚大钱"的深意何在？

5. 如何使让客户满意成为衡量一切工作的标准？

1.1　消费决定生产

这是一个追求个性化需求的时代。那些从生产者角度出发而产生的同质化产品,已然难以满足消费者的需求。企业再想通过延续简单的机械化大生产模式而在市场上独占鳌头,已经越来越不可能。我们必须尝试逆向思考,从消费终端向生产反向探查,从满足个性化需求开始,让消费来决定生产,以客户为中心来组织生产。以华为为代表的优秀企业已经用实践证明,消费决定生产不仅是企业当下取得成功的核心秘诀,更是企业未来经营与发展的必然趋势。

1.1.1　生产与消费

从经济角度来讲,社会上只有两类人:生产者和消费者。

在传统的生产方式中,产品完全是由生产者一手控制,消费者只能被动地做出买或不买的决定。比如,企业往往主观地认为自己生产出来的东西,必然会有消费者买单,于是想当然地根据自己的想法来架构出一款新产品。在供小于求的时代,这种生产方式并不会引起人们警觉——因为有大批消费者排队购买。但是,时代在变化,如今的消费者已经不满足于被动选择,而是开始要求更新、更丰富的消费体验。在这种情况下,过去那套生产决定消费的方式便很难再走得通了。

柯达：盲目生产带来的大败局

柯达公司一度是世界上最大的影像产品及相关服务的生产和供应商。

但是，这个一直以胶卷业务为主数码产品为辅的柯达公司，面对"自1997年后除2007年一年外，再无盈利记录"的财务数据，仍然坚持开发专业胶片产品线，并继续推出了包括Ektar100、Portra160及Portra400在内的新型产品。柯达公司对传统胶片业务的执着追求，让它与消费者对数码产品的大众化需求背道而驰。这几乎注定了柯达在2012年宣告破产的结局。

由是观之，未来的生产方式必须发生变革，未来必然是一个逆向生产的过程：消费者需要什么，生产者就生产什么。生产者在生产每一件产品之前，都知道它的消费者是谁，知道这件产品的标准是什么。而生产者之间比拼的也不再是价格，而是谁能最先精准地捕捉和满足消费者的需求。

也就是说，今后是消费者决定生产，而不是生产者（如企业领导、设计师、工人等）决定生产。对于企业来说，以前思考的问题是——"做我能做的"，今后思考的问题应该是——"给他想要的"。在未来，一切生产必须紧紧围绕消费展开，中国企业正在进入"按需生产"时代。对此，任正非曾在北京研究部座谈时作出判断："市场的需求理应是创造的动力。市场不需要的东西，生产出来也不会有人买。"

华为：你需要什么，我生产什么

华为始终坚持根据客户的消费需求，去定制产品或解决方案。早年华为就为联通量身定做了iGATE平台，降低了其运营成本，拓展了业务范围。在联通业务拓展的同时，华为的产品相继进入联通的设备采购清单。

依靠同样的理念和方法，华为还在 B 国赢得 V 运营商一份 3G 商用合约。客户要求快速完成网络建设，同时希望成为"第一个全网商用的城市"。华为项目组打破常规，对有限的资源进行重组，快速形成解决方案。工程前端小组对 G 网（Global System For Mobile Communications，全球移动通信网络）扩容和 W 网（WidebandCDMA，普通手机网络）的新建进行联合勘察；与客户成立联合设计小组，快速定义基站解决方案；后端供应中心提前生产备货；分包商在外场进行适应性培训，以掌握 G&U 设备的安装要领；网优工作有条不紊地展开。很快第一个商用城市的部署工作提前 2 周完成且各项指标均达到合同要求。同时项目组精心制作了一份"WCDMA 网络商用保障计划"递交给客户。最终，客户在第一个城市成功地商用了 WCDMA 网络。后来，在 B 国最大的电信行业周刊"INFO"上，V 运营商的 HSDPA 速率排名第一。

整个项目运作过程中，华为完全根据消费需求来定制生产——为客户提供良好的、全面的服务体系和管理体系，最终帮助客户取得了商业上的成功。听起来似乎很难，但华为的这套管理逻辑落实到日常实践中，却是一个如今广为人知的管理学概念——以客户为中心。

1.1.2 以客户为中心

顾名思义，以客户为中心就是一切活动、行为皆以满足客户需求为核心，全方位为客户服务。但是，在实践中，以客户为中心展开企业内部或外部的各项活动，并非易事。事实上，很多机构、企业正面临着以客户为中心的实践性难题，遭遇了重重阻力。当然也有一些像华为一样的企业在不断的实践与思考中将以客户为中心演绎得更为深刻、鲜活。

·以客户为中心·

（1）官僚主义

很多人有过这样的经历：购买一件产品后，需要与企业的某个部门打交道，明明是一件很简单的事情，却常遭遇无比烦琐的流程。这是因为，在特殊的历史文化背景下，中国企业的组织结构仍然是坚固的金字塔形态。特别是在企业发展到一定规模、人员扩张到一定数量时，企业内的组织层级会越来越复杂。因此，为了解决一件事情，常常需要牵扯很多人，逐层上报问题、逐层沟通反馈、逐层下达指令，整个过程所耗的时间简直超乎人们的想象。

对大多数创新型公司而言，快速的市场反应能力却是最为重要的。如果这时企业内部官僚主义作风盛行——做事拖沓、呈而不议、议而不决、决而不行，那么便会导致企业应对市场时反应迟缓，同时也会瓦解企业上下成员的创新意识和主动探索精神。

华为：组织的缩小与优化

华为对这一问题的认识很早。早在 2004 年，任正非就已指出："当年我们从小公司走向大公司时，分工过细。现在我们使用的工具先进了，很多流程打通了，功能组织也要综合化，不仅要减少层级，也要缩小规模，几个组织合并成一个组织。如商务合同评审的专业组织，应该涵盖运营商 BG、企业网 BG，没有必要成立两个平台。"于是，在新形势下，华为开始了组织结构优化工作，减少管理层级，增加团队的管理跨度。

10 年后，任正非又在 2014 年华为人力资源工作汇报会上的讲话中强调："将来华为的作战方式也应该是综合性的，我们讲班长的战争，强调授权以后，精化前方作战组织，缩小后方机构，加强战略机动部队的建设。细化作战单位，不是指分工很细，而是通过配备先进武器和提供重型火力支持，使小团队的作战实力大大增强。"就这样，华为痛下决心砍掉冗余的机构，从组织结构形式上避免了官僚化工作风气的生成。

（2）形式主义

有些企业只重形式，却从未切实为客户服务、解决问题。这些企业的客服部门每天打着以客户为中心的服务口号，完全按照流程和规定接待客户，背诵着事先拟定好的"规范用语"，客户经常接受如同机器人自动回复一样的"官方服务"，从而无法真正解决问题。

华为：实打实的以客户为中心

华为始终坚持以最佳的服务、最快的速度应对客户需求。事实上，在通信设备行业中，即便大型企业，派遣5个工程师到客户端驻点也属于高规格服务了，甚至有些企业还采用远端视频遥控交付和维护。而华为却会派出一支12人的团队，与客户讨论、研发出最适合的设备或解决方案。

在交付中以及交付后，只要客户要求，即使地点远在天涯海角，华为的工程师也会立刻赶到现场，与客户一起解决问题。2011年百年一遇的洪灾席卷了半个泰国，数百万人受灾。洪灾造成各大运营商的站点和机房严重受损，通信受阻。洪灾发生后，华为地区部成立了"防洪应急指挥组"，第一时间向各客户高层递交了网络保障建议书。负责AIS网络保障的工程师接到客户紧急求助后，连夜驱车赶往几百公里外的目的地。深夜到了之后发现，机房附近积水已达1米，在没有船只的情况下冒险涉水30分钟到达机房。同时，争分夺秒地做搬迁，保障了该地区40多万用户的正常通信安全。

让服务不流于形式，而是做透、做到位，这是所有华为人坚守的企业文化。

（3）设计导向

这种难题的出现，根源在于研发人员希望自己设计出领先的产品——乔布斯的领导模式是他们最为推崇的，苹果手机是他们最期望开发出的产品。但是，并非所有企业都具有苹果公司足以引导客户消费需求方向的研发能力和在客户群中多年积累起来的品牌信任度。所以，很多研发人员头脑发热地"为了设计而设计"，完全不管客户是否切实需要这样的产品，最终给企业带来的往往是因盲目追求设计而导致的资金链断裂。这种现象在创业型企业中非常普遍。

华为：做工程商人与"拿来主义"

为了避免出现"为了设计而设计"这类现象，华为对自己的研发人员提出了要求，并设计了一个极为新颖的概念——工程商人。华为指出，"客户需要实现同样目的的服务，越简单越好。我们要使那些能把功能简简单单做好的工程商人得到认可，才能鼓励以客户为中心在研发中成长。因此，我希望大家不仅仅做工程师，还要做商人，多一些商人的味道。"

更有甚者，华为在发展过程中有时还会采取一些"拿来主义"。任正非说过这样一番话："迄今为止（2005年），华为没有一项原创性的产品发明，主要是在西方公司成果上进行一些功能、特性上的改进和集成能力的提升，更多的是表现在工程设计、工程实现方面的技术进步，与国外竞争对手几十年甚至上百年的积累相比还存在很大的差距；对于我们所缺少的核心技术，华为都会通过购买和支付专利许可费的方式，实现产品的国际市场准入，并在竞争激烈的市场上逐步求得生存，这比自己绕开这些专利，采取其他方法实现技术上的突破，成本要低得多，而我们通过支付这笔费用，也实现了与西方公司的和平相处。"

华为认为，只要能够满足客户需求，就应该尽可能地创造可行的条件，但要选择最聪明的做法，决不"为了设计而设计"。这才是对以客户为中心的真正有效且彻底的贯彻。

1.1.3 从需求到生产

说到践行以客户为中心,其重点是精准地感知消费需求,再据之有针对性地设计、生产。唯有如此,企业才能真正地、有针对性地满足客户的消费需求,企业才会有市场可言。

海尔:精准满足不同国度的消费需求

在美国,海尔设计生产了 500 升容积的大冰箱,抽屉可容纳一整只火鸡,方便美国用户在感恩节食用;在意大利,海尔设计生产了本地的意式三门冰箱,满足了该地用户的使用习惯,同时也远销全球各地,成为冰箱界时尚引领产品;在巴基斯坦,家庭人口众多,且大袍子是主要服装,海尔为其专门设计生产了一款能洗 32 件大袍子的大容量洗衣机,深受用户欢迎。

华为:从客户需求到商机

V 运营商是 B 国三大运营商之一,是华为的重要客户。代表处负责人在一次与该地员工喝咖啡时了解到,B 国南部一个小镇有一个极其重要的节日——"Gramado 电影节"。小镇人口仅 3 万人,每年 8 月 14—19 日,小镇会举办南美洲最有名的电影节,届时旅游人数将大增。当年的电影节也是 V 运营商在商用 GSM 网络后的第一次电影节,这位代表处负责人意识到这是一个潜在的客户需求。项目组人员制订了一份详细的"计划书"。当代表处负责人把这份电影节网络保障计划和建议书放在客户总监桌子上时,客户总监十分惊讶。华为建议召开一个小型的媒体宣传活动,很快也被客户采纳。电影节后,华为产品的用户数在南部几大城市超越了其他老牌运营商。

华为和无数成功企业都在以实践论证一个真理：唯有抓住客户的需求，并有针对性地设计产品或服务，才有可能将需求点有效转化为潜在消费点，此后进行的研发或生产才能被视为一种有价值的行为。为此，大多数企业非常乐于投入大量人力、物力，先行研究和探索客户需求点到底是什么。

华为与思科：先提炼需求再研发

华为会通过多渠道收集客户需求，然后去粗取精、去伪存真、由此及彼、由表及里，而后再确定是否投资相关产品的研发。华为的产品线内部专门设有Marketing（市场）部门，随代表处派驻到全球各个地区，负责收集和鉴别客户需求以驱动产品研发。

华为的老对手思科也是这样做的。思科在不同技术领域设立了20多个研发团队，他们每月召开一次集体电话会议，以定期获取客户需求信息。研发团队每个季度还要与客户一起召开技术咨询会，倾听他们的直接建议。此外，思科的研发团队每两个季度还会在总部召开技术会议，来自全球的工程师会集在一起，交流并提交基于客户需求的创新提案。会上，研发团队优先考虑对前10项提案进行可行性研究，然后立项开发。

当然，一切的前提还是企业必须做好一件事，就是感知客户的消费需求。任正非曾建议华为的各个部门，要不断地提问："目标客户的需求是什么？产品（或服务）的功能是否符合客户的需求？为什么客户要提这样的要求？"要准确回答这些问题，那么企业人必须积极主动地走近客户，精准地感知客户需求。

对此，任正非曾特别提醒华为一线人员："前方人员，要有对市场的灵敏嗅觉，就像香水设计师一样，能够灵敏区分各种香味，不能区分就不能当IRB（投资决策委员会）人员。这种嗅觉就是对客户需求的感觉。这种嗅觉能力来自于哪里？来自于客户，来自于与客户聊天、吃饭。"这一点也表现出任正非对华为人感知客户需求的支持和鼓励。

1.2 资源聚焦客户

明确了客户需求之后，围绕客户需求集中配置资源是一种合情合理的选择。

但是在实际中，许多企业却不自觉地走上了资源分散的歧途，究其原因是经营者的自我膨胀，盲目追求规模扩张。

当企业发展到一定阶段，而经营者又自认为遇到某个成长或扩张的机遇时，就容易阶段性地遗忘企业经营与客户的直接关联，为满足自我膨胀之心，贸然选择多元化经营。但是，多元化扩张可能导致业务面摊得过大，导致企业最终难以将资源集中于一个领域去切实发力，故而不可避免地走向资源分散的困境。华为的聪明之处在于：始终坚持资源聚焦，从源头上规避资源被无端浪费。

1.2.1 多元化的利弊

纵观已经成长起来的大中型企业，似乎很难找到一个在资源聚焦理论指导下"集中经营某一方面业务"的企业。更多的企业是以单一品牌为起始点，在取得成功之后，快速杀入多元化业务领域，并取得了一定程度的成功。

苹果、小米：从单一品牌到多元化发展

苹果：以PC（个人电脑）起家，成就于智能手机，而后研发生产的iPad、智能手表、智能电视等产品，总是让人眼前一亮。现在又开启了苹果支付业务，甚至在尝试进军汽车领域。

小米：小米是以手机业务发家的。公司创立伊始，小米一度以"专注、极致、口碑、快"为发展口号，但如今小米公司已经广泛进入小米盒子、路由器、插座、手环、净化器、家装、PC等多个领域。虽然我们对其后续产品开发的效果不甚明确，但从目前的状态来看，似乎不太可能回归到单一的手机业务领域。

事实上，多元化经营的企业不在少数。但是，多元化既能分散企业的经营风险，也能增加企业的经营风险。把"鸡蛋"放在多个"篮子"里，固然降低了所有"鸡蛋"血本无归的风险；但是，要对每个"篮子"都悉心照顾，会分散企业的资源和能力，又会导致新的风险。

巨人：盲目多元化导致全局崩溃

巨人集团总裁史玉柱反省其经营失败的一个重要原因，就是盲目追求多元化投资。1993年和1994年，全国兴起房地产和生物保健品热，为寻找新的产业支柱，巨人集团迈向多元化经营之路，开始涉足计算机、生物工程和房地产等行业。1993年，巨人集团在生物工程行业刚刚打开局面，却决定向房地产领域发起进军，奢望在房地产领域大展宏图的巨人集团又一再改变设计——巨人大厦从18层加到70层，投资额也从2亿元增加至12亿元。而当时仅有1亿资产规模的巨人集团，根本无力承担起这项大工程，且新进入的领域也绝非其优势所在。但是，史玉柱却急于铺开摊子，使得巨人集团的有限资金被完全套死。1997年，巨人大厦未按期完工，各方债权人纷纷上门讨债，巨人现金流彻底断裂，"巨人"至此倒下。

和史玉柱一样抱持同样观点的企业经营者很多，随之而来的是很多企业经营中也出现了类似的情况：不能集中优势资源在主业务上，而是进行多元化经营，偏离了原有的专业领域，而后因盲目扩张而资源分散，最终陷入难以自拔的经营困境。这也给企业经营者敲响了警钟：对于那些资源和能力有限的企业，照顾一个"篮子"勉强为之，要照看多个"篮子"时往往会更加力不从心。对于不具备条件的企业，盲目地追求多元化，不仅无法分散风险，而且还会浪费资源，降低经济效益。一言以蔽之，过分追求多元化经营，并不一定是在分散风险，有时可能是在自我扩大风险，而企业也将由此走上一条不归路。

因此，为了避免此类问题的出现，经营者必须克制"贪多"之心，冷静思考企业下一步的走向。在华为创业初期，除了智慧、热情、干劲，几乎一无所有。而在华为发展壮大后，任正非发出指示："我认为，企业业务不需要追求立刻做大做强，还是要做扎实，赚到钱，谁活到最后，谁活得最好。华为在这个世界上并不是什么了不起的公司，其实就是我们坚持活下来。所以现在我还是认为不要盲目做大，盲目铺开。""要成为领导者，一定要加强战略集中度，在主航道、主战场上，集中力量打歼灭战，我们要避免多条战线作战，才能减轻疲于奔命的问题。"因此，我们看到，华为面对外界各种赚钱的项目皆不为所动，完全拒绝多元化发展。

1.2.2 坚持资源聚焦

不搞多元化经营，通过资源聚焦来保障资源优势，为既定客户提供最好的产品和最专业的服务，这是华为的基本战略。在实践中，华为主要从两个层面予以把控和落实：一是客户方向的锁定，始终坚持一个方向不动摇；二是围绕这个方向设定多个实现路径——华为称之为"航道"，而后围绕主航道进行聚焦式资源布控。

（1）锁定客户方向

任正非这样描述华为的资源集中战略："华为选择了通信行业，这个行业比较窄，市场规模没那么大，面对的又是世界级的竞争对手，我们没有别的选择，只有聚焦，只能集中配置资源朝着一个方向前进，犹如部队攻城，选择薄弱环节，尖刀队在城墙上先撕开一个口子，两翼的部队蜂拥而上，快速把这个口子向两边拉开，千军万马压过去，不断扫除前进中的障碍，最终形成不可阻挡的潮流，将缺口冲成大道，城池就是你的了。"对于一个企业而言，应当敢于尝试将"鸡蛋"放在一个"篮子"里，并将资源集中投放指向客户。

万科：明确的客户方向

万科在一个最基本的问题上走了一条很长的弯路，那就是："做什么？给谁做？"王石说："这两个目标没有确定下来的那段时间里，我们在各个行业里摸索，直到1992年年底我们才最后确定把住宅作为万科未来的产业来发展。"

王石表示："多元化发展在现今市场及产品服务逐渐趋向专业化的背景下，都很难保持长久的专一的发展潜力。"他认为，企业规模达到一定程度后去展开多元化经营，这是一件非常麻烦的事情，而企业经营范围过于广泛也会产生很大的后遗症。比如容易导致企业资源分散，难以形成规模效应，且可能出现管理失控的局面。很明显，万科之前所走的无数弯路，便是为此付出的代价。

华为：将"鸡蛋"放在一个"篮子"里

1998年，任正非发表了《华为的红旗到底能打多久》的讲话，任正非决心把华为的目标定位成一个设备供应商，认认真真搞技术，将自己的主业务定格在通信行业。虽然任正非设定的这个目标在开始遭到了很多人的反对，但是最终还是被确定下来。随后，华为采取了"调整业务体系，剥离非核心业务，建立核心竞争能力"的竞争战略，将大部分精力、资源从非核心业务中抽离出来。

以电源业务为主的安圣电气就是在这样的背景下，以7.5亿美元卖给了艾默生电气。

再比如，1999年年底华为仅有一家合作单位，虽然至2003年已经发展到200多家，但基本上都是通信工程公司。华为将非核心业务交给合作单位，自己将更多的精力聚焦在主业务上，这使华为最终在通信行业取得巨大成就。

企业要明确自己的客户是谁，而后才会真正有的放矢地服务于客户，并考虑清楚将资源最终聚焦在哪里。这个问题如果没有确定下来，企业就容易偏离方向，资源就容易分散。

（2）聚焦于主航道

在全球市场攻城略地的30年里，华为始终保持高速增长，且从来没有发生亏损，盈利额名列电子信息百强企业榜首，在国际市场也取得了重大突破，相继在俄罗斯、土耳其、新加坡、巴西等市场签订重要合同。而这一经营奇迹诞生的根本原因，就在于华为能够使其资源聚焦于一个方向，能够得以集中发力。但外界却一度提出质疑和批评："有线也做，无线也做，资源怎么可能是聚焦的呢？"

华为：聚焦主航道，不是唯一航道

任正非认为，有线、无线都是传输信息的东西，所以华为的资源开发始终聚焦于这些信息传输的载体。

任正非特别强调："大家不要把主航道理解成唯一航道，多路径是朝着一个目标和方向，这不叫背离主航道。"他还进一步解释："有线、无线这两条河就合拢了；继续往前走，还会有一个河口……这个世界就是不断把下一个河口告诉你，实际上还是这条河流。不认识到这一点，大家以为公司的战略总在变，长江流到宜昌了，大家喊我们到宜昌啦，三峡多美啊！到武汉了，大家喊我们到武汉啦，江汉平原多富饶！到南京了，说长江中下游鱼米之乡！到上海了，说我们终于走向大海了！……我们看整个过程，其实还是长江，这个主航道并没有变化。"

事实上，这也是华为将终端业务纳入整个集团的主航道的原因所在。企业资源就像长江水一样聚焦在主航道，才能为企业创造出巨大的水能。尤其是在市场环境不佳之时，唯有将企业资源全部聚焦于主导行业，企业的专业优势才能得以充分显现出来。

1.2.3　坚决有所不为

要做到资源聚焦，除了要把握好需要聚焦的方向或方面，即决定做什么，同时更重要的是要抵挡得住诱惑，决定不做什么，避免误入歧途，也就是"有所不为，才能有所为"。

管理学大师德鲁克曾说："任何一家企业在任何时期都需要一种有计划的放弃策略，尤其是在动荡时期。"对于每一种产品、服务、流程或活动，管理者都需要每隔几年自问一个问题："如果我们没有身在企业中，我们是否仍然会制造这种产品、提供这类服务或参与这项活动？"由此，及时准确地判断出它是不是客户所需要的。如果答案是否定的，那么管理者就应该果断地作出决策——放弃资源投入。

华为公司涉及的业务很多，但是华为并不亲自做所有业务。华为会有所选择，通过规划、管理、开放、监控、验收等环节来确定哪些业务必须要做。任正非认为："坚持在少数业务上保持'两个海军陆战队'的实力，投入大、人力精，就行了。"

GE：对德鲁克"有计划地放弃策略"的实践

杰克·韦尔奇刚进入GE公司时，公司有100多个事业部，每个事业部的市值约为1亿美元，整个公司的市值约为100亿美元。但是，杰克·韦尔奇离开GE的时候，公司市值是4800亿美元，是当时全美市值最高的企业。这归功于杰克·韦尔奇对德鲁克的"有计划地放弃策略"的执行。德鲁克指出："作为管理者，要经常问自己，如果你现在做的事情，在几年前没有开始做过，依照现在的形势，你是否还要做？如果答案是否定的，这件事就该考虑放弃了。"杰克·韦尔奇将它理解为"数一数二战略"，他认为GE公司的100多个事业部，如果哪个不能做到行业的第一、第二，就裁掉、卖掉。在这种"有计划地放弃策略"下，GE公司只保留了12个事业部，且这12个事业部在行业内都是数一数二的，资源分散的问题也由此得到解决。

同样，华为的"有所为，有所不为"，实质上是"收缩核心，放开周边"，这也是管理成熟的标志。

华为："有所为"和"有所不为"

在"有所为"方面，华为坚持自主研发手机芯片——麒麟芯片。华为的高端手机全部使用自产芯片，哪怕是当小白鼠，哪怕影响竞争力，也在一直坚持使用。经过10年打磨，华为的麒麟芯片综合表现已力压对手。

在"有所不为"方面，华为认为从事不熟悉和不拥有资源的领域，公司是非常危险的。例如，华为的基础网络建设讲究"抓大放小"。基础支撑的系统华为自己做，并加大投入。但是，对于能够满足客户需求的内容、不影响核心支撑网的事项，华为则放弃不做，交给别的公司做。

再比如，在产品战略上，任正非特别指出："不能什么东西都要自己搞，要敢于放弃，只有懂得放弃，才能说明你有明确的战略。市场需求大，成长性好，技术成熟的可以重点自研；市场需求小，成长性差，技术准备不成熟的可以考虑以合作方式共同研究。"

在企业经营与发展中，企业可选择的机会很多，但只有"有所不为"，才能"有所为"，才会聚焦，才会有竞争力。如今华为坚持"有所为，有所不为"的竞争策略，在业务上收窄产品面和客户面，更多的是出于可持续发展的考量。

2014年，任正非在日本研究所工作汇报会上指出："为什么公司现在收窄作业面，要纵向进攻，不横向进攻？因为所谓大流量的制高点，人很少，或没有人，不会与人形成利益冲突，而且将来价值链大……我们纵向进攻，抢占的领域是'无人区'，没有竞争对手。"而在2014年中的子公司董事赋能研讨会上，任正非宣布："公司部分领域我们已进入'无人区'了。"可见，这套在客户方向指引下设定的"有所不为"路线，切切实实地保障了华为的资源聚焦，促使华为将全部资源聚焦于既定客户方向，由此也使华为有能力为客户提供至高品质的产品和服务。

1.3　端到端的流程

企业为什么需要一套端到端的流程？因为端到端的流程是最为经济的运营模式。

华为倡导"从客户中来，到客户中去，端到端为客户提供服务"。任正非说："端到端流程是指从客户需求端出发，到满足客户需求端去，提供端到端服务，端到端的

·端到端流程·

输入端是市场，输出端也是市场。所有组织及工作的方向都是朝向客户需求的，它就永远不会迷航。"其本质是要建立一系列以客户为中心的管理体系，以此彻底脱离企业对个人的依赖，使即将做的业务能够实现"输入—输出"的直接连通，尽可能地缩减组织层级，进而实现成本最低、效率最高。

1.3.1 流程指向客户

几乎每个企业都在倡导以客户为中心，实现客户价值。但是在真正的实践中，大多数企业仍然把"以客户为中心"停留在理念层面，它们没有办法快速地响应客户的需求。

一种非常典型的现象就是：每个部门各自负责自己的一个领域，每个员工各自执行某一类工作任务，然后再将所有工作任务衔接在一起。由于这些工作非常低效，所耗周期极长，因而这套流程很难快速、正确、便宜、容易地去满足客户需求。

华为：来自前线的诊断

1997年，华为面临着市场环境复杂化和对客户需求响应不足的双重压力，未来方向迷茫。通过诊断分析，华为发现企业管理存在以下严重问题：缺乏准确、前瞻的客户需求关注，反复做无用功，浪费资源，造成高成本；没有跨部门的结构化流程，各部门都有自己的流程，但部门流程之间靠人工衔接，运作过程割裂；组织上存在本位主义、部门墙，各自为政，造成内耗；流程作业不规范，依赖英雄，这些英雄的成功难以复制；项目计划无效，项目实施混乱，无变更控制，版本泛滥。

这时，如果华为仍然希望按照过去的流程运作下去，也是可以的。但是，可以想象到：华为最终绝不会创造出客户满意的结果，因为此时的华为不是以客

户为中心的。客户在企业之外茫然地、动态地提出各种需求时,华为自然无法快速响应,也无法正确执行,从根本上来说这是一种浪费。此时,华为深刻地认识到:传统的管理模式必须被颠覆,关注如何让客户价值得以真正满足的流程变革,恰逢其时地被提上了华为的管理日程。

流程变革不是纸上谈兵,也不能指望依靠某个英雄就能完成。任正非指出:"哪个业务部门认为能够不需要支持就能完成变革,那我可以理解成能够不需要费用就创造利润。"企业关起门来搞流程建设,就会犯下"教条主义"的错误,出来的流程是"段"与"段",而不是"端"与"端"。华为人十分重视从"实战"中获取经验教训,他们从全流程视角审视流程建设或流程改善,确保其能够提升企业的整体业务效率。

华为:立足现实打造最适合的流程

2013年4月,华为客户经理陈栋与某客户签订了地铁通信项目合作协议。签单成功的背后,陈栋除了喜悦,更多的还是步步惊心。他指出,当时由于缺乏先例,合同签订流程也不懂。例如,合同中如何定义罚款时,他们发现地铁的产权和物权转移与运营商不一样,以往与运营商合作中定义罚款的经验就无法借鉴。项目组非常希望拿下这个项目,但同时也担心,对新行业项目建设的理解不充分,会带来严重的后果。

为此,陈栋与项目组私下咨询懂行的人,获取他们的经验;还通过各种渠道获取类似项目的合同文本逐一比对,以弄明白行业的统一标准,必要时就争取与对方沟通。就是在这样的边找方法、边学习的实践中,他们完成了合同签订流程的梳理和集成。陈栋与项目组在项目交付中,很多时候都是从实际出发,梳理交付中方方面面的事,以保证用最佳流程匹配交付业务。

在交付初期,由于对行业的理解不深入,问题逐渐浮出水面。例如采购,行业内一般都是项目经理采购制,而华为采用的是研发合作制,由没有参与项目的研发人员决定中标对象。在此次项目中的信息指示牌的采购上，中标的不是当地的供应商，这为后续的交付、维护都带来不便。陈栋与项目组成了第一个"吃螃蟹"的人，在各个领域的锤炼和打磨中，不断自我摸索和完善业务流程，后来他们集成了像运作运营商业务一样得心应手的流程。

在这个过程中，陈栋与项目组没有简单套用原有业务流程，而是立足于现实，面向客户，打磨出一套适合新行业通信业务建设的流程。华为的流程改革，正是由无数个像陈栋这样的华为人，一点一滴地琢磨探索设计出来的。这就使得这套流程出台后，是切实地、直接地满足客户需要的，被视为一种极为高效的、精益的流程模式，并在实践中为华为带来扎扎实实的大改变。

1.3.2　有类别有层级

可以这样说，端对端的流程体系并不是简单的工作程序、工作连接、工作规范，而是满足和实现客户价值的活动连接。它的着重点是以客户需求为输入、以满足客户需求为结束的整个端到端的实现过程。通俗地说，就是从客户需求中来，到客户需求中去。

从方法论的角度来看，华为的流程体系切实实现了"横向拉通，纵向集成"，形成了前、中、后台高度协同的一体化运作，并真正架构起了华为公司与客户之间的紧密关联。

（1）让流程有类别

流程变革无异于改变公司已有的经络运行。华为根据公司最核心的三件事，设计了三大主要流程，即按 IPD 流程做出产品、按 LTC 流程交付产品和用 ITR 流程把问题高效关闭。IPD、LTC 和 ITR 属于华为面向客户的主要的三大执行类流程。梳理了这三大流程，再以其顺利运行作为抓手，梳理背后的使能类和支撑类流程，则顺理成章、水到渠成。

任正非认为，流程变革要沿着"战略—业务—客户"的逻辑循序渐进。但是，企业在流程上做到了以客户为中心，并不代表其流程就是完美的，企业还必须将组织内在效率和各个流程环节的单元输出能力的提升与否作为流程变革的最终标准。

华为："铁三角"模式下的销售管理流程

原来的销售职能由销售部门来负责客户关系、合同，由产品部门来负责方案，其他部门提供支撑。在这种典型的职能型的结构下，我们会发现整个销售流程被搞得支离破碎，客户的信息和需求没有办法真实地反映到我们的方案和交付中，所以华为就用"铁三角"的方式来首先思考端到端的销售与回款流程是什么，然后思考在这个流程下的组织结构，就形成了以客户经理、方案经理和交付经理为核心的"铁三角"。"铁三角"背后的部门本质上就是支撑"铁三角"运作的支撑系统，这些部门依然可以存在，但是它们的内涵和本质发生了根本性的变化，不再是管理，而是赋能。

（2）让流程有层级

流程是有层级之分的，不同层级解决不同类型的问题，这样有助于从纵向上对流程及其效果加以控制。为了让企业上下能够更好地以客户为中心，提高组织效率并体现业务本质，华为将流程从上到下分为六个层级。

第一级和第二级是回答"Why to do"的问题。第一级是流程分类，即从为客户创造价值和企业愿景出发，支撑公司战略和业务目标实现，覆盖全部业务；第二级是流程组，即聚焦战略设计，体现创造客户价值的主要业务流程。

第三级和第四级是回答"What to do"的问题，即由哪些具体的业务流程去实现价值创造。比如，华为将人员培训交给华为大学，将人员流动的引导交给片联组织等。

第五级和第六级是回答"How to do"的问题。第五级是活动，第六级是任务，即完成流程目标所需要的具体活动及任务，体现业务的多样性和灵活性。

一般而言，一、二、三层的流程重点在于固定不变，而四、五、六层的流程强调的是灵活，可因地制宜。

如此一来，不同类别的流程与不同层级的流程，就构成了有序的流程系统。

有人可能会问："这样架构起来的'端到端的流程'需要有多少条呢？"其实，每个企业端到端流程的数量及跨度并没有标准，而且也不是一成不变的。从本质上来说，端到端的流程更强调管理流程要系统、完整，视角尽可能高且广，不强调过程产出，但强调最终完整地解决客户需求。也就是说，企业自主建立一套端到端的流程，实际上是在贯彻一套切实为客户服务的管理思路和方法，而没有必要拘囿于一套泛泛的客户服务模板。

1.3.3 好流程的标准

是不是按照上面说的建立一套流程系统，企业就可以万事大吉了？不是！事实上，一套真正好的流程并不单单意味着这套流程是成系统的或者构成一个运作闭环，更重要的是企业上下有能力确保这一流程系统在运作过程中是畅通无阻的。

任正非曾在《我们向美国学习什么》一文中讲述了一个故事。

伯兰的感叹："我动弹不得，就像 IBM 一样"

伯兰是 IBM 企业联盟构想的倡导者，这个部门后来拥有数百人。企业联盟的业务运作模式是：在推销硬件前，先派一批研发人员去与客户沟通，掌握客户的基本需求，然后根据其需求在三个月内编写出客户需要的软件。这种做法得到了客户的普遍认同。

由于这种以客户需求为导向的开发，满足了客户的实际消费要求，于是很多客户都希望找到企业联盟。但是，伯兰的职位并没有足够的权力，他无法同时负责数十个部门。IBM 的组织庞大，经理众多，工作推进难度极大。于是，他警告 IBM 如果想继续保持以往辉煌的成就，最好全面改革。

随后，50 岁的伯兰病倒了，脑袋中长了一个肿瘤。医生开刀后，发现已经扩散。但他在病房装了一台终端，每天躺在病床上发出几百封电子邮件临终前，他说了一句："我动弹不得，就像 IBM 一样。"去追踪他的计划进度。

伯兰的 IBM 企业联盟贴近客户，建立以客户为导向的软件开发流程，提升了企业效率。但由于当时的 IBM 业务流程被切割为数十段，每段由独立的部门负责，伯兰无法插手去打通这些独立的业务端，与客户端连接起来的构想便无法实现，于是临终前发出了"我动弹不得，就像 IBM 一样"的感叹。

这一声感叹触动了很多企业领导者的心：一个高效的组织必须在"端到端"上实现全流程贯通，就如同 IBM 企业联盟，而不是 IBM 本身。华为在这方面做了深度思考和强有力的实践，总结起来有三大方面。

（1）紧抓客户价值创造链

任正非指出："要沿着客户价值创造链梳理，打通端到端的流程。"这句话直接说明了建立端到端流程的关键所在——紧抓客户价值创造链，其他方面则予以去除。简单地说，就是裁掉多余的组织，减少中间层级。

任正非谈瑞典战舰的沉没

17 世纪，瑞典建造了世界上最大的战舰，国王要求战舰航速快、火力强、装饰华丽。由于其处处追求细节，忽略了自身承载能力，结果在处女航中就沉没了。任正非对此评价说："（建造）战舰的目的就是为了作战，任何装饰都是多余的。我们在变革中，要避免画蛇添足、使流程烦琐。"

任正非说："那些不能为客户直接和间接创造价值的部门为多余部门、流程为多余的流程、人为多余的人。"孙亚芳说："继续推动以满足客户需求为导向的流程化组织结构改革。这个端到端必须非常快捷、非常有效，中间没有水库，没有三峡，流程很顺畅。需要什么就保留什么，多余的组织及人员都要裁掉。"

（2）流程要反映业务本质

无论任何流程，必须能够完整地将业务本质反映出来，因此业务中的各要素及其管理不能在流程体系之外。这就要在抓住客户价值创造链的基础上，将影响要素（包括业务的质量、运营、内控、授权等）都放到流程设计中去斟酌、考量，实行一体化运作，如此才能避免遭遇流程阻滞的问题。

（3）先打通流程，再优化

流程建设过程中，华为主张先解决"通"的问题，即先打通流程环节，再优化。在实践中，既不能一开始就抱着毕其功于一役的心态，也不能在局部问题上反复纠缠不清，否则流程建设就会阻力重重，难以开始，也难以告一段落，最终沦为劳民伤财的一次"运动"。

任正非指出："以需求确定目的，以目的驱使保证，就会共同努力地控制有效流程点的设置。所有一切要符合未来的作战需要，组织是为了作战而存在的，而不是作战服从组织的。"因此，华为虽然已经建立一套端到端的流程，但是为了适应客户的新需求，仍然在不断地修订现有流程的环节或细节。2016年，任正非在质量与流程IT管理部员工座谈会上强调："不产粮食的流程是多余流程，多余流程创造出来的复杂性，要逐步简化。回顾过去 5 年的变革，看看到底哪些流程使用量大。没有使用量或者使用量很少的流程，能否先把带宽供给压缩一半，支持流程的人员也减少一半；再过三个月，如果没有投诉，把带宽再压缩一半；如果还没有投诉，就只留下一名人员支持。不想升职升薪的人可以守在那里，希望进步、升职升薪的人都聚焦去消除流程断点。"

在如此理性的认知者领导下，华为建立起了一套以客户为中心、能够协调所有业务流程、严格有序的端到端流程系统。这套端到端的流程系统为华为带来的效果是非常明显的。华为的年销售收入从 1998 年的 89 亿元人民币，到 2016 年的 5216 亿元人民币，增长超过 58 倍；员工人数也从不足 1 万人发展到现在的 18 万人，成为 ICT（信息通信技术）行业真正的全球性领导者。

1.4 赚小钱不赚大钱

大多数企业都追求利润最大化，而任正非却提倡"赚小钱不赚大钱"，这背后到底有怎样的深意？

产品和服务好，又兼具低价格的特质，这是客户最朴素的价值选择模式，同时也决定了企业谋求发展的一条路径。赚小钱不赚大钱，不追求利润最大化，只追求合理的利润，让利于客户和合作伙伴，如此合作才能长远，才能实现共赢。其结果往往如任正非所言："华为主观上是为了客户，一切出发点都是为了客户，而最后得益的还是我们自己。"

1.4.1 深淘滩，低作堰

任正非有一套著名的经营哲学，叫"深淘滩，低作堰"。他是这样解释这套哲学的："我们不要太多钱，只留着必要的利润，只要利润能保证我们生存下去。把多的钱

·深淘滩，低作堰·

让出去,让给客户,让给合作伙伴,让给竞争对手,这样我们才会越来越强大。"

对于这一经营理念的认知,华为人认为,他们的奋斗,主观上是为了客户,华为一切工作的出发点聚焦在客户身上,但最后的收益却使华为在客观上获得了市场生存和发展的机会。当一个企业不再只想着自己盈利,而是想尽办法帮助客户实现价值最大化的时候,那这个企业的客户一定会投桃报李。

在华为的发展历程中,任正非等华为高管始终保持着一个明确的认知,即客户购买设备时首先是选择伙伴,而不是设备。因为他们知道,一旦双方合作,就要在一个相当长时间内共同为客户提供服务。所以,客户选择的合作伙伴不但要具有领先的技术水平,高度稳定可靠的产品,能快速响应其发展需求,而且还要服务好。唯有做到这些,企业才有长远生存下去的可能。

华为还可以通过这种方式抢占市场制高点。纵观全球,运营商之间纷纷进行并购整合,电信设备商之间也在并购,例如阿尔卡特和朗讯。这造成了华为等电信设备供应全球价格透明化。华为明白,只有将自己的利润壁垒打开,坚持薄利经营,让客户一目了然地看到华为的价格成本和合作诚意,才能最大限度地赢得客户的信任。

不过,关于"赚小钱还是赚大钱"的问题,华为公司内部还是发生过多次争论,一些人的内心里也曾对此理念发生过动摇。

华为:关于"赚小钱还是赚大钱"的内部探讨

一些人说:"每天这么努力还比不上买一套房子赚的钱多。"另一些人说:"做芯片的不如做半导体的赚钱。"甚至连欧盟副主席也曾困惑地问任正非:"为什么全世界的经济萧条,企业都在裁员,你却加大发展力度?"

任正非的回答非常清楚:"第一,我们的消费是小额消费,经济危机和小额消费没关系,比如你欠我的钱,我还是要打电话找你要钱,打电话就是小额消费。第二,我们的盈利能力不如餐馆的毛利率高,更不如房地产公司高,还能让我们'深淘滩，低作堰'垮到哪儿去？我们垮不了。"他还讲道："当全世界都在摇摆，都人心惶惶的时候，华为公司除了下面的人乱惶惶以外，我们没有慌，我们还在改革。至少这些年你们还在涨工资，而且有的人可能涨得还很厉害。我们为什么能稳定？就是我们长期挣小钱。"

任正非还鼓励华为员工坚定信心，以开放的心胸和高昂的斗志与公司一起渡过难关，"超稳定的情况下，所有产品都是薄利，靠规模来取胜。现在我们有信心说，信息产业的方向是朝向传统产业发展，我们组织结构的改革，方向是对的。很多员工会问薄利怎么能养活高工资，其实我们的交换机就卖得很便宜，卖得多、量大，利润就起来了。"

可见，在任正非眼里，"赚小钱"是一种足以支持企业长期稳定发展的经营策略，甚至将华为获得丰厚利润的原因归结为"赚小钱"的理念及有效践行，这实际上非常值得所有企业经营者思考。事实上，与华为奉行同一经营观念的，还有不少知名企业，比如富士康集团。

富士康：赚小钱的"代工航母"

富士康是一家电子设备代工厂。众所周知，代工厂的利润微薄，以iPhone6和iPhone6Plus为例，富士康每加工一部赚4～4.5美元。与苹果每部手机所得的利润相比，少得可怜。但是，即使苹果的营业利润率在35%的高峰期，富士康也愿意接受1.5%的微薄利润。过去的许多年，富士康几乎答应苹果的所有要求，如成本、品质、交货期限等。为了保证苹果的订单，招收大量新员工，引进大量机器人，甚至在印度投资的工厂还配合苹果开拓印度市场。

就是这种赚小钱的态度，富士康赢得了苹果的信任，获得了其八成的订单。通过与苹果的合作，富士康一度包揽全球50%以上电子设备的代工。富士康通过赚小钱，开拓了市场，也积累了丰厚资源，如渠道、人力资源、技术等，更获得了丰厚的利润回报。最终成为举足轻重的代工巨头，越来越多的企业找富士康代工。

富士康以赚小钱的心态，赢得了众多客户的信任，并为自己带来了巨额的利润。试想一下，如果富士康一心想赚大钱，怎么会有今天的辉煌？由此亦可见，华为这套赚小钱的经营哲学还是具有普适性的。

1.4.2 内挖掘，外满足

在市场上，很多企业降低报价的同时会降低服务品质，而提高服务品质又会提高报价。但是，华为的做法却是——降低价格与提高服务品质同时实现，实打实地做到"深淘滩，低作堰"。

在实践中，华为主要从两个方面来实现：一是内挖掘，向内挖掘企业潜力，把实现"质量优、成本低、服务好"的难题留给自己，严格控制经营管理成本；二是外满足，向外优先满足客户需求或更好地满足客户需求，把更多利益和方便让给客户。

（1）挖掘企业潜力

企业潜力可能体现在内部管理上，可能体现在企业成员的个体能力上。以内部管理为例，任正非就非常看重内部管理体系的梳理。他认为，企业内部管理如果不顺畅，就必然会影响外部客户的满意程度，只有内部管理好了，才会内顺外秀。

丰田：向内挖掘潜力的"精益化管理体系"

丰田公司在2003年的纯利润是美国三大汽车公司的总和。是什么让它取得了如此丰厚的利润？20世纪50年代时，丰田汽车还仅仅是一家规模很小的企业，远远不是汽车巨头福特、通用的对手。丰田汽车的高层远赴美国认真研究了福特等三大汽车巨头的管理方式和生产方式后，发现福特、通用存在大规模生产浪费的重大缺陷。丰田认为，自己的资源和资金根本无法承担美国企业那样的浪费。于是，丰田开始挖掘公司内部潜力，积极寻找避免浪费的方法，并创立了"精益化生产"理念，并辅以5S管理在全厂贯彻实施，避免浪费、降低成本、消灭库存。后来，丰田总是能提供比竞争对手更低的价格、质量却又不相上下的产品，于是获得了消费者的高度认可。

华为：将三大业务流程紧密联系在一起

华为认为，如果在企业运营管理过程中，将整个LTC、IPD流程不断优化，走向无穷的未来，绝对是走向以客户为中心的。它打中的是客户的10环，按IPD流程做出产品，按LTC流程交付，用ITR流程把问题高效关闭，客户必然会满意。

华为把三个业务流（IPD/LTC/ITR）紧密地联系在一起，形成一个良性系统，并达到了一个不断优化的境界。在华为，很忌讳这里搞一摊子，那里搞一摊子，或者完整的LTC流程却一段段各自去搞。

实际上，我们仔细观察大部分以低价取胜的企业，其成功往往是因为其不但为客户提供了低廉的价格，而且并未牺牲产品和服务的质量。为此，它们无一例外地选择了向内控制成本，挖掘内部管理的潜力空间和员工能力的未知区。

任正非为此曾专门强调："当前在预算考核中，我们压缩的是内部运作成本，而不是客户及供应商界面的管理费用，各个部门要真正地理解。压缩内部运作成本，才有利于机关组织的大部门制与联席化，流程优化及简化。"

（2）满足客户需求

这一目标的实现手段有很多种，比如满足客户"特殊需求"、"优先满足"客户需求、"全面满足"客户需求、提供"超预期的服务"、解决客户的潜在问题等。以满足客户"特殊需求"为例，华为曾将立足点放在帮助客户成长上。

华为：不仅为 AIS 提供服务，更聚焦 AIS 的成长

华为帮助客户成长，提升客户竞争力和盈利能力的案例不胜枚举。以 AIS 为例：1998 年，华为公司和 AIS 合作时，AIS 还是泰国一个体量较小的移动运营商。通过华为公司快速响应 AIS 的需求，并提供质量好、服务好的产品和解决方案，使 AIS 一跃成为泰国最大的运营商，并成为泰国股市市值最大的公司。1999 年 6 月，AIS 和 DTAC 同时推出了预付费业务。华为公司为 AIS 提供产品、解决方案及服务，先后 8 次对设备进行建设和扩容，帮助 AIS 把竞争对手远远地甩在了后面。华为在 60 天内完成了设备的安装和测试，快速满足了 AIS 的需求，大大缩短了时间周期，有力地帮助了 AIS 领先对手，快速抢占市场，提高了竞争力。华为专门为 AIS 开发的高达 80 项的业务特性（AIS 在发展过程中的新需求），有效地提升了 ARPU 值，提高了其盈利能力和竞争力。

华为：追求细节完美是为了让客户赏心悦目

在华为生产部交换机配线的过程中，有很多条条框框的规定。例如，必须将彩色线扎在外面，而且不能交叉。很多人疑惑："线扎得再好看、再整齐，机门一关，不是什么都看不到了吗，有必要吗？"华为人对此解释："客户打开机门时，看到满箱零乱的电线或看到整齐漂亮的电线，哪种情况下会有更好的感觉？"他们认为，这些细节会影响客户们的感受，更会影响客户们对华为产品质量与服务态度的评价。

可以说，华为的"深淘滩，低作堰"，不是以单纯追求利润最大化为目标，而是主张站在客户的角度思考产品与服务的质量，甚至在一个个小细节上追求产品与服务的完美，这在很大程度上体现了客户对一个企业运营的牵引功能。

1.4.3 与同盟军多赢

华为为了更好地满足客户需求，设计了一个特别策略——联合同盟军，协同为客户提供服务。当然，这对华为来说也是非常有利的。与同盟军联合，可以大大降低华为的研发成本，帮助华为借助成本控制扩大了利润空间。

华为："最广泛"地寻找合作伙伴

2008年，华为与英国全球海事系统有限公司合资成立华为海洋公司，获得了国际海底光缆市场的准入资格。进入海底光缆市场的资金需求量大、技术门槛高，因此，华为必须积极寻找强有力的合作伙伴。全球海事系统有限公司是一家具有150多年历史的海上工程公司，在海底光缆安装和维护领域居于世界前列，具有丰富的从业经验。华为借助全球海事系统有限公司的平台，轻松跨越在海底光缆铺设方面的门槛。

在广泛的合作领域中，华为打造了一支数量庞大的同盟军，例如通信代理商、分销商、竞争对手等。比如，华为与新加坡电信合资建立ICPL，与NTT在日本合资建立NTT WEMarine，与摩托罗拉、英特尔、SUN、微软等跨国公司建立联合实验室，开发应用性的先进技术，与松下和3COM建立了"3G开放式实验室"，等等。这些合作都为华为打开国际市场提供了极大的帮助，并为华为争取到了极佳的业绩。

华为：与美国 3COM 公司合作

2003 年 11 月，华为与美国 3COM 公司合作成立了合资企业。华为以低端数通技术入股（占 51% 的股份），3COM 公司出资 1.65 亿美元（占 49% 的股份）。之后，3COM 公司将研发中心转移到中国，实现了降低研发成本的目标；而华为则利用 3COM 公司成熟的网络营销渠道销售华为的数通产品。客户获得产品的途径更广，华为的产品销售量大幅提升，在 2004 年竟然增长了 100%。

事实上，在积极向全球市场进军时，华为还试图与同盟军共同创造良好的生存空间，共享价值链的利益。在利益分配上，华为往往给予同盟军们最优照顾，在残酷的竞争环境下保护同盟军的利益。市场好时，这些同盟军就可以去签订单。如果同盟军利润太低或不赚钱，就会转投竞争对手或垮掉，这对华为均不是最佳选择。

华为：不打价格战，与友商共生共荣

任正非在谈到欧洲市场时曾说："把价格提到和爱立信一样高……"其意是让利于友商，不打价格战，不扰乱市场秩序，把市场也留给友商一部分。华为通过与友商的战略合作，抵抗着国际上的不确定因素带来的压力和风险。对此，任正非用了一个形象的比喻："有时候我汽车没油了，我就蹭他的车坐一坐，总比我走路好，总比我骑毛驴好。"

卡特皮勒：坚持让经销商赚取利润

与华为采取类似政策的还有卡特皮勒公司。作为世界上最大的工程机械和矿山设备制造商，卡特皮勒公司通过独立的经销商来经销产品和提供售后服务。阿拉斯加的一家企业要求直接从公司购买设备，否则就会选择其他品牌的产品。唐纳德·费德斯坚守原则，要求客户通过经销商购买设备。他认为若损害经销商的利益，等于自毁前程。卡特皮勒乐于让经销商赚取利润的做法，让其设备能够在48小时之内，为世界各地的客户提供售后服务。

任正非反复强调："我们还是'深淘滩，低作堰'，就是我们不想赚很多的钱，低作堰，我们有薄薄的利润，多余的'水'留给客户与供应商。把多余的'水'留给客户和供应商，他们就可以养更多的'鱼'，从而赚取更多的利润。客户的利益链保证了，华为就有赚不完的钱。"

与同盟军联合服务，大大增加了华为的服务机会，也让客户有机会得到更多更好的服务，同时也降低了服务成本，进而使得"客户能够取得低价，企业又有利润维持运营"，这才是真正的"深淘滩，低作堰"，也是让华为与各方之间实现多赢局面的秘诀所在。

·健康生态圈·

1.5 客户满意是准绳

要真正做到以客户为中心，就必须使让客户满意成为衡量一切工作的标准，否则就容易沦为空谈。在实践中，华为从价值理念、工作要求和评价体系三个方面入手，力求从价值理念（思想）到工作标准（行为）都对全员作出要求，并借助评价体系来进一步强化和保障全员对客户满意工作标准的落实力度，由此实现了真正意义上的客户牵引的企业管理模式。

1.5.1　客户满意意识

客户满意首先是一种意识，它与价值观息息相关。价值观是人们基于自己一定的思维感官而作出的一些判断或抉择，也是人们认识人和事物、作出某些行为判断时的思维模式或价值取向。在华为，人们始终坚持"以客户的利益为自己的利益，力求让客户满意"的价值观。任正非指出："客户的利益所在，就是我们生存发展最根本的利益所在，我们要以客户的价值观为导向，强化客户服务，追求客户满意度。"

麦肯锡：铭记为谁服务

麦肯锡公司在全球范围内的咨询业务的客户包括很多世界最知名的企业及机构，占据了《财富》杂志全球500强企业的80%，这些公司分布于汽车、银行、能源、公共事业、保险、零售、电信、保健制造和交通等各行各业。世界排名前100的公司中有70%左右是麦肯锡的客户，其中包括花旗银行、壳牌公司、西门子公司、雀巢公司、奔驰汽车公司等。在客户构成分布上：30%为国有企业、20%为私营企业、40%为跨国企业、10%为政府及非营利组织机构。麦肯锡公司在接受咨询项目时会问自己三个问题："我们公司的业务是什么？我们的客户是谁？客户心目中的价值是什么？"最后，麦肯锡公司给出了答案——从规定企业的宗旨和企业的使命来讲，这样的中心论题只有一个，即客户。

本田："让员工喜欢，经销商喜欢，消费者喜欢"的经营原则

与华为一样，日本的本田公司也很注重"成就别人，以成就自己"的经营理念。在创立之日，他们就确定了"让员工喜欢，经销商喜欢，消费者喜欢"的经营原则。本田公司在开拓美国市场时，很多人并不看好。当时本田宗一郎前往美国，与经销商开见面会。会上他说，本田公司之所以能够在美国成功登陆，就是因为在创业时制定了这三个经营原则。但这招来美国经销商的嘲笑，要求他用产品说话，不要讲大道理。本田宗一郎不为所动，诚恳地请求："虽然我们现在还没有一款出色的产品，但是我保证，我们所做的一切，会让'美国员工喜欢，美国经销商喜欢，美国消费者喜欢'，希望给我们一次机会，让我们践行这些承诺。"本田宗一郎的这番话，打动了一位经销商，就是西尔斯公司。后来，本田公司践行了自己的诺言，在美国市场大获成功。

麦肯锡公司铭记"成就客户，才能成就自己"的服务宗旨，从而壮大了客户群。本田公司成就客户的理念，打动了经销商，赢得了消费者的信赖。而华为与麦肯锡、本田公司在此方面的认识是一致的。华为经历风风雨雨后，明确了以客户满意为工作方向，充分满足客户低成本、高增值的服务要求。

华为：以客户满意为工作方向

华为员工方林（化名）于2006年加入GTS管理服务部，在东南非从事管理服务业务，2013年调任至刚果代表处担任交付与服务副代表。

他从代表处到地区部，经历了众多的项目建设和交付，也历经了管理服务的变化，他从中体会到：成就客户才能成就自己。非洲的海底光缆打通后，华为的光缆项目日渐增多。但刚开始都是一些小项目，只有几十千米。不过由于海底电缆的特殊性，对抢修要求极高，需要配置的资源也特别多；且这些小项目利润不高，合作厂家积极性不高，影响了华为与客户的长期合作关系。方林和代表处从客户的角度重新设计了产品的销售方案。他们考虑到原来的方案设计对资源要求太高，导致成本高昂、客户不感兴趣。他们从整体投资角度引导客户，统一考虑设备投资和维护成本，结果得到了客户的理解，在之后的项目交付中积极配合华为的行动。

在项目交付中，客户十分担心自身的人力资源管理，担心人员转移困难、成本管理高昂。方林便与代表处利用华为的全球最佳实践经验帮助客户，充分发挥代表处、HR专家及法务人员的优势，做好福利计算、企业宣传和人员转移等释疑工作，把客户的风险减小到最低，有效说服了客户的高层，增加了客户对华为的满意度和信任度。

任正非指出："企业唯一可以做到的，就是不断提高客户满意度。"每一位华为人都认同一个价值观：以客户的利益为自己的利益。所以，他们针对不同的客户群需求，提供实现其业务需要的解决方案，并开发优质产品和提供良好的服务。这让客户源源不断地购买华为的产品，与华为保持持续的合作，华为也因此获得了持续发展的机会和空间。

1.5.2　为客户创造价值

为了让价值观最终得到落实，华为在业务及组织设计方面做了具体要求，并在服务细节上作出特别要求，以便企业上下能够在行为上把握和落实"如何让客户满意"，并对客户切实产生价值和贡献。

（1）客户需求导向的业务及组织设计

华为的组织管理、流程管理等众多领域的变革或建设，都围绕"客户需求导向"进行。从IBM等成功企业的身上，任正非总结出一个宝贵经验，即成功企业的目标都是为客户生产价值，客户受益了，才会心甘情愿地从口袋里拿出钱来。他说："我们一定要把所有的改进对准为客户服务，哪个部

·践行以客户为中心·

门报告说他们哪里做得怎么好，我就要问粮食有没有增产，如果粮食没有增产，怎么能说做得好呢？"

思科将客户满意度摆在首位

　　思科总裁钱伯斯要求员工将客户满意度摆在工作首位，并将他们的收入同客户的满意度挂钩。思科公司每年都会针对客户进行大规模的满意度调查。调查内容从公司的产品质量到服务质量，一共60多个评价指标。其中，服务质量的指标是专门针对贴近客户的一线市场人员。考核方式为5分制。如果客户完全满意，则各项平均分为5分，那么这个市场人员就会得到一笔丰厚的奖励。但是如果他的分值较低，钱伯斯就会从他应该得到的资金里扣掉一笔。就是这么一个简单的制度，极大地提升了思科的客户服务质量。从1996年起，完全满意的客户比例从1995年的81%上升至85%，到2001年已经上升至90%以上。此外，在思科每一个员工的胸牌上，都有一个下年度客户满意度指标，以此来鞭策员工紧紧围绕满足客户需求来展开业务工作。

　　思科的案例提醒企业，在梳理业务或优化管理时应着重从客户的角度去考虑，如此产生的变革成果才能适应时代和市场的潮流，在竞争中存活下来。实践中，华为在以客户为中心的管理变革上做到了极致。

　　华为在组织和业务管理中始终牢牢抓住客户需求，在终端消费市场上，以消费者满意度第一为目标，持续提升产品体验，完善售后服务体系。余承东指出："华为消费者业务的起点和终点，都是源自最终消费者。"在一线，以铁三角为作战单位，深入各地区倾听客户声音，收集、闭环客户问题，不断提升客户满意度。

（2）倾听客户心声，提升客户满意度

任正非说："坚持与客户进行交流，听一听客户的心声，我们就能了解客户的好多想法。我们今天之所以有进步，都是客户教我们的。不断地与客户进行沟通，就是让客户不断帮助我们进步。"

倾听可以从客户的视角看问题，了解发生了什么，倘若一味固执己见，只会令客户厌恶，问题也无法解决。沟通不是漫无目的地闲聊，要有目的性和目标性，围绕客户的需求或某些爱好兴趣展开，切实抓住客户的需求。特别是客户的批评，任正非要求华为人要用心对待："全体听录音、讨论、整改。'闻过则改'，认真听取批评意见，不断地自我批判，不断地改进，使自己变得更优秀。"

华为：以出色沟通提升客户满意度

华为负责的 B 项目是 O 国第一大运营商的重点项目，客户项目总监 I 先生对项目管理十分重视和严格。由于前期交付缓慢，客户向公司投诉。项目组快速响应，拟定整改计划。项目代表会见客户的项目总监 I 先生，向对方诚恳地道歉，承认进度的延误，并展开自我批评：一是项目执行计划缺乏清晰目标和优先级，导致虽然投入较多，但交付效率不高；二是项目组织结构不清晰，和客户没有对接，缺乏沟通和问题的协调处理机制；三是项目质量控制缺乏现场管理和资源，导致 DDF 接线得不到保证。客户听了华为项目组的"自我批评"后开始露出笑容，追问接下来如何处理。项目组拿出准备好的三张计划表递交给客户，同时重点讲了目前客户最关注区域的建设目标、计划、质量控制、资源方面的情况。客户看了后十分高兴，立即指定配合的接口人，并提供相关资源。当客户了解完所有任务细节后，对华为项目组给予了积极的评价："我相信华为是可以做好交付的。"项目组按照整改计划的承诺完成了任务。就这样，华为项目组凭借出色的沟通实现了完美的转身。

案例中，项目组主动向客户承认错误，并提出了自己的整改意见和方案，引发了客户的兴趣，客户愿意主动配合华为按时完成任务。华为人就是在这样的自我批评和改善中，持续提升着服务能力，也提高了客户的满意度。

任正非指出："在客户面前，我们要洞察未来，认真倾听客户的需求，帮助客户解决他们所关心的问题，为客户创造价值；帮助客户实现商业的成功，客户才有可能把华为当作'问计的对象'。"

1.5.3 价值评价体系

企业是营利性组织，企业经营者必须拿出让客户满意的商品和服务。因此，企业的价值评价体系，包括对中高层管理者的评价，都要以责任结果为导向。这在华为内部被称为基于客户需求导向的人力资源管理。

（1）一切行为都是以客户的满意程度作为评价依据

被美国《时代》杂志誉为"20世纪伟大的管理思想家"的菲利浦·克劳士比曾经说过，如果一个企业中，所有组织和部门的绩效都能够按照一定的逻辑关系被层层分解到每一个员工以及岗位上，这时只要每一个人都能做好组织对于自己的那点微末要求，企业的整体绩效就可以实现了。而想要做到让每个员工都能正确地执行，从而保证组织整体效能的激活，最核心的要素就是，企业必须构建起一个精准的价值评价体系来驱动组织。在华为，这个评价体系是以客户满意度为标准的。

任正非说："我们必须以客户满意度为标准，公司的一切行为都是以客户的满意程度作为评价依据。"任正非认为，绩效管理就相当于一个推拉机制，它的作用是拉动员工创造成果，而衡量员工创造了多少成果的一个重要标准就是产出。华为"以产出为基准的组织绩效导向"所强调的"产出"与传统意义上的"产出"有所不同，传统意义上的"产出"是指生产过程中创造的有用的物品或劳务，而华为所指的"产出"意义更加宏观，涵盖了员工所有创造价值的行为和结果。

在任正非的引导下,华为设计了一个特别的绩效标准——最终对客户产生贡献才是真正的绩效。在这个标准之上,华为建立起以产出为基准的组织绩效导向。而在这样的绩效评价体系下,华为人在工作时率先想到的往往是客户和公司的利益,在进行团队配合时也往往能够忘记小我而完成大我,原因就在于,华为人无比明确一点:只有充分保证了客户和企业的利益,员工个体才能从中获益。

为了实现"客户满意",任正非在一次华为干部工作会议上指出:"华为干部要以科学的绩效评价指标作为标准,保证员工的绩效与内外部客户的价值相连接,保证员工能够持续地为客户创造价值。"

(2)围绕核心流程建立 KPI 指标

评价体系的核心是 KPI。KPI 指标的建立必须以业务流程为基准。在华为,业务流程一般是逆梳理,因而其 KPI 指标也是自前端向后端的一个整理过程。

华为的核心流程可以把"投入"转变为满足客户需求的产品和服务。因此,围绕核心流程来定位 KPI,是华为建立价值评价体系的重要手段。这种定位可以把 KPI 指标设计的重点从以内部为中心,转向以外部客户为中心。比如,前文介绍的 IPD、ITR、LTC 等,即为华为的核心流程,而诸如"每日或每周开票数量",就是一个重要的 KPI 指标。

英国医院:错误的 KPI 指标设计

核心流程对于 KPI 指标的设计十分重要。戴维·帕门特曾列举了一个例子:英国的一家医院,管理层十分关注患者在急症室治疗的时间。他们决定把从患者挂号到医生开始给患者治疗之间的时间作为评价指标。但是,员工发现许多受轻微伤害的患者也来挂号,这就导致患者等待时间加长了。为了缩短等待时间,他们推迟救护车内病人的挂号时间,护士们要求救护车里的护理人员让病人暂时待在救护车内，直到医生完成上一个患者的治疗再来挂号。这样一来，就缩短了"为患者开始治疗的平均时间"。结果停车场内每天停满救护车，还有一些绕着医院行驶。这背离了高效率的紧急救护服务的初衷。

戴维·帕门特指出："管理层应该关注需要紧急救治症患者的急救时间。"可以看出这家医院没有核心流程——为客户提供高效服务。这也告诉我们要评价KPI指标是否符合核心流程，最好是依据客户的衡量标准。例如，当一家通信设备商将"设备准时离开仓库"作为KPI指标，仓库和运输人员考核时获得了很好的评价。但是销售人员却开始埋怨自己的绩效低，因为货物仍在途中，他们就不断遭到客户的投诉。于是一个以客户为中心的核心流程指标诞生了——客户准时收到货物。华为在交付中还强调准确，即"客户收到符合其订单的设备"。

华为强调，若想要制定出类似的衡量标准，应转向客户，从他们的评价中获取相关的指标。在判断核心流程时，我们不妨考虑一下下述问题：谁是我们的关键客户？从投入到产出，能为他们创造价值的流程有哪些？客户期望我们提供的产品和服务有哪些？要提供这些，需要哪些关键步骤？等等。

（3）以客户满意为导向进行干部管理

干部作为华为的中坚力量，具有举足轻重的地位，而客户需求导向的绩效始终是干部评价和选拔的必要条件。在华为看来，不以客户需求为导向的干部不是合格的干部。

华为：任正非在人力资源管理纲要第一次研讨会上的讲话

任正非在2010年人力资源管理纲要第一次研讨会上说了这样一段话："不能为客户输出任何有益结果的能力，我们是不承认的，这就是我们多年来不承认茶壶中饺子的缘由。无论你人格如何高大,品德如何高尚,学问如何渊博……你得到人们承认的,一定是通过一定形式表现出来的。我们强调以责任结果导向来选拔干部,如何避免偏见和短视,确实是一件非常难的事情,它考验着各级干部。善于处理这些事情的人,就更有可能成长为高级干部。如何包容那些迟发的天才,是一件更难的事情,不然你怎么会是领袖人物呢?那些一次就将事情做好,表面上工作很轻松的员工,是潜能很大的苗子,组织要帮助他们成长。"

同时,华为特别指出,干部做的事只要能提升客户满意度,任何人,包括高层都无法干预。

以客户满意导向思维考核干部给企业经营者的启示是:使管理者聚焦主要工作,致力于提升客户满意度,并保护他们做正确事情。

第 2 章　组织哲学

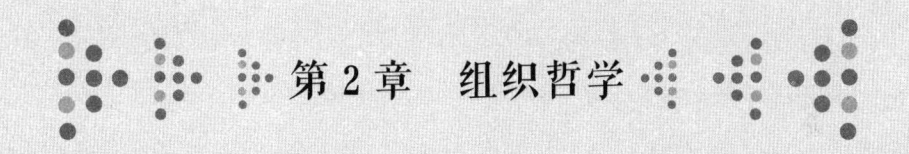

> 在时代前面，我越来越不懂技术、越来越不懂财务、半懂不懂管理，如果不能民主地善待团体，充分发挥各路英雄的作用，我将一事无成。从事组织建设成了我后来的追求，如何组织起千军万马，这对我来说是天大的难题。
>
> —— **任正非**

带着问题阅读:

1. 华为组织变革为什么要"削足适履"?

2. 华为为什么一定要建网状组织?

3. 如何通过系统整合打造组织整体合力?

4. 个体的学习如何推动组织的成长?

5. 自我批判如何成为组织前进的动力?

2.1 组织是个大问题

当一个经营者思考企业管理问题时,"如何把各种人、财、物有效地组织起来"是一个核心命题。任正非尤其注重华为的组织问题,他下大决心、花大力气向 IBM 学习组织问题。具体可以分为这样一个过程:访问—引进—学习—僵化—优化—固化。

任正非在考虑对华为进行组织变革后,对 IBM 等公司进行了访问,最终决定引进 IBM 的产品开发模式、供应链管理模型等,并高价聘请数十位 IBM 的专家帮助华为进行一次大规模、全方位的管理改革。此后,华为进入了组织模式引进和学习阶段,这是一场削足适履的实践,是一个严格落实"三化管理"的长期过程。

2.1.1 思考组织

组织从来就不是一个简单的事,在《一江春水向东流》一文中,任正非曾慨叹道:"一个人不管如何努力,永远也赶不上时代的步伐,更何况知识爆炸的时代。只有组织起数十人、数百人、数千人一同奋斗,你站在这上面,才摸得到时代的脚……然而,在刚刚创立华为公司时,如何组织起千军万马,这对我来说是天大的难题。"

在创立华为公司初期，任正非凭借极大的勇气抓住了历史机遇，使得企业得以极速壮大。但他也认识到，他此前的人生经历中并没有合适的管理经验，从学校，到军队，都没有做过有行政权力的"官"，他非常缺乏相应的组织管理经验。随着华为快速发展，各种各样的组织问题开始出现，早期的华为公司在不短的一段时间里事实上是处于混沌状态的。

华为：早期组织管理的混沌状态

任正非回忆称："那时公司已有几万员工，而且每天还在不断大量地涌入。你可以想象混乱到什么样子。我理解了，社会上那些承受不了的高管，为什么选择自杀。问题集中到你这一点，你不拿主意就无法运行，把你聚焦在太阳下烤，你才知道CEO不好当。每天十多个小时以上的工作，仍然是一头雾水，衣服皱巴巴的，内外矛盾交集。"

在这样的状态下，任正非听任员工们自由发挥。在华为创立的前十年，华为几乎没有开过办公会议。任正非总是飞到各地，去听取各位主管们的工作汇报，后者说怎么处理就怎么处理，任正非会对他们的工作汇报表示理解并给予足够的支持；而研发人员的所谓"研发"也乱成一团，没有清晰的方向。大家如同玻璃瓶里的苍蝇在胡乱寻找出口——一发现客户有改进要求，便全力以赴地寻找各种改进机会，研发效率低下，浪费现象严重。

彼时的任正非被人们戏谑为"甩手掌柜"。当然，这并不是他真的想做"甩手掌柜"。如同所有的管理者在早期的管理中都会经历的那样，当你突然间面对大量杂乱的人、财、物时，"有效组织起来"并不容易。不是说在工商局注册了一个公司，就是办企业；不是说有一个好的创意，不用考虑什么资源的获取、组织，公司就可以发展起来。经营一个企业，管理一个公司，其本质就是获取资源、组织资源以实现目标，而且必须是高效组织起来才具有竞争力。

任正非是清醒的，他认识到，仅仅依靠上层的"理解和支持"，对于一个有志于干一番大事业的企业而言是远远不够的。华为必须具备一套组织模式，必须用一套方法和规则把大家整合起来同时也管控起来，以使组织的运行、管理更加高效和规范。

华为：对IBM组织模式的考察与引进

1997年年底，任正非一行来到美国，这一次并不是旅游散心，而是访问了包括思科、IBM、惠普和贝尔实验室等几家享誉全球的公司，希望引进这些公司国际级的管理体系。这次美国之行，任正非特意了解了IBM的产品开发模式、供应链管理模型等。最后，华为还特意与IBM合作，高价聘请数十位IBM的专家帮助华为进行一次大规模、全方位的管理改革。

美国之行奠定了华为引进国际级管理体系的基础，任正非解释道："我们只有认真地向这些大公司学习，才会使自己少走弯路，少交学费。IBM的经验是他们付出数十亿美元的代价总结出来的，他们经历的痛苦是人类的宝贵财富。"

1998年8月，华为与IBM公司正式启动了"IT策略与规划"项目，开始规划华为在未来3～5年内需要开展的业务变革和IT项目，包括IPD（集成产品开发）、ISC（集成供应链）、IT系统重整、财务四统一等8个项目。

事实证明，华为这种"拿来主义"的组织变革模式是十分有效的，IBM等西方团队在任正非的支持下，迅速帮助华为展开了大刀阔斧的改革，短短几年，便将华为从一群习惯于"埋地雷""炸炮楼"的散兵游勇，改造成了职业化、表格化、模板化、规范化的铁军。

2016年4月，任正非在内部讲话中指出："产品、管理和服务，是任何企业都不能忽略的问题，在资源和产出过剩的情况下，竞争的要义是什么？就是看谁的质量好、服务好，看谁的管理能够跟得上竞争的步伐。这是传统企业竞争中颠扑不破的真理。"而对于广大中小企业领导者而言，这也是最务实的商业真谛。

不过，在贯彻"拿来主义"式变革的过程中，华为也经过不少来自内部的障碍和掣肘，甚至这场组织变革也被称为一场"削足适履"式的实践。

2.1.2　削足适履

《淮南子·说林训》曰："譬犹削足而适履，杀头而便冠"。意思是说不依据实际情况而盲目套用。而华为的改革却赋予了"削足适履"另一层特殊的意义，任正非为了加快华为的国际化步伐，宁愿削掉华为的"足"，也要穿上IBM公司的"履"，做好组织变革。

·削足适履·

在这个过程中，任正非强调："在管理上，我不是一个激进主义者，而是一个改良主义者，主张不断地管理进步。现在我们需要脱下草鞋，换上一双美国鞋，但穿新鞋走老路照样不行。换鞋以后，我们要走的是世界上领先企业走过的路。这些企业已经活了很长时间，它们走过的路被证明是一条企业生存之路，这就是我们先僵化和机械引入Hay系统的唯一理由，换句话讲，因为我们要活下去。"

1999年11月，任正非第一次在华为提出"三化管理"：先僵化、后优化、再固化，以此作为业务流程变革的三步曲。任正非要求华为人，在最初的三年里以理解消化为主，之后进行适当的改进。也就是说，华为员工在第一阶段必须"被动""全面"地接受引进的管理技术，等到对整套系统的运行有深刻的理解和认知以后，才能进行调整优化，最后固化成适合华为人的管理方法。

围绕"三化管理"方针，任正非在华为的干部会议上这样告诫员工："5年内不许你们幼稚创新，顾问说什么、用什么样的方法，即便认为他不合理也不许你们动。5年之后,把人家的系统用好了,我可以授权你们进行局部的改动。至于进行结构性的改动,那是10年之后的事情。"

华为的发展实践证明,任正非选择的"先僵化、后优化、再固化"的方针是最为明智的。华为是一个高级知识分子聚集的地方,每个人都有自己独到的见解。如果没有在引进的管理方法中实践,直接进行"优化",那么员工就会单凭个人经验来套新的规则,就会陷入"形而上学",内部也很容易出现争执。就像任正非说的那样,华为的员工是很聪明的,他们容易形成很多独特的思想和见解;但是一旦认识不统一,就容易分散人们的精力。另外,引进新的管理办法一定会触及一部分人的利益,这些人在"优化"的时候,就会找很多理由,很容易沦为企业变革与发展的阻力。

在"先僵化"阶段,华为面临最多的是内部的压力。曾在集成产品开发推进小组工作过的员工说,他们整天都会受到研发部门和销售部门的批评,但他们并没有放弃。

华为人度过了僵化阶段的困难期后,任正非要求他们将已经僵化的管理方法结合中国国情灵活运用。进入优化阶段之后,再将优化的结果加以制度化、程序化和规范化,即固化阶段,这也就意味着华为的管理有了重大的进步。

2.1.3 下定决心

华为的变革过程是非常坚决的,这一点是很多国际大企业都不可企及的。因为,更多企业即便意识到自己的组织问题,制订了组织变革策略和方案,也未必会切切实实地落实下去。

杜邦:束之高阁的组织变革方案

杜邦公司一度将企业战略升级为多元化战略,并开始了一系列的收购工作。但是,随着杜邦建立或者兼并的不同行业产品线的增多,各个职能部门感受到越来越重的管理压力。最终，杜邦新的产品线全面亏损。

销售部门最先发现了问题所在。监管销售的副总裁皮卡德指出，多元化对生产部门的影响不大，可是销售完全乱套了。但是，他们还发现：问题的实质不在销售，而是组织结构。在多元化的背景下，现有的组织结构很难实现生产和销售的沟通和协调。现有的职能部门结构，可以高效垂直地管理它所管辖的那部分业务，但是没有哪个职能部门能够全面地以利润为导向进行统筹管理。

咨询机构建议杜邦以产品而不是以职能来构建组织，具体方案是把每两个生产线置于一个经理的管理之下，经理要负责这些产品的原料采购、制造、销售和财务，并对利润负责。这就是日后被称为事业部的组织结构。总部的职能部门不再是领导者，而是每个事业部的顾问。事业部的总经理直接向总裁报告工作，事业部自负盈亏。

然而，这份报告却被束之高阁了一年半之久。因为分会的委员们实在看不出这个所谓一步到位的方案能够解决什么实际问题。就此，一位委员还给了一个比喻："看样子，请来了医生，但是完全没有治疗方案。"

可见，在组织变革实践中，企业上下坚决的变革态度是非常重要的。华为在这一点上的做法非常值得称道。在华为不断尝试IBM组织管理模式的过程中，华为人也在不断质疑，并试图作出灵活的调整。一些人针对国际先进的管理技术，提出了这样的观点："根据中国国情，根据实际情况，进行改造，有选择地应用。"还有一些人在质疑"美国鞋"是否适合华为的"脚"，甚至有一些"自负"的华为人认为华为现有流程还要优于IBM的管理流程，根本不需要改革。一名员工问任正非："我们请了一些德国专家，在合作过程中我们内心有许多矛盾，为什么要全听他们的？我们应该向德国专家学一些什么东西？"

对此，任正非的答案非常坚决，他说："我认为小孩要先学会走路再去学跑，现在我们还是幼稚的，多向人家学一学，等你真正学透了以后，你就可以有思维了。先形式后实质,也是我们公司向外面学习的一个重要原则。我们在向IBM学习比如学IPD(集成产品开发)的过程中,从各部门调来一些人,开始也在批判IBM,我将他们全部都赶走了。我们就是要好好向人家学,人家就是老师,学明白了再提意见……向人家学习也确实是痛苦的,华为公司就是在'左'和'右'的过程中走出来的。"

后来,一些华为人的过分自信甚至触怒了任正非,他在内部员工交流会上给出了严厉批评:"我最恨'聪明人',认为自己多读了几本书就了不起,有些人还不了解业务流程是什么就去开'流程处方',结果流程七疮八孔地老出问题。我们将通过培训、考试竞争上岗,即使有人认为自己比IBM还要厉害,不能通过考试的也要下岗。"

就这样,任正非坚定地在华为推行以IPD(集成产品开发)系统为主要内容的组织变革。任正非向华为人这样解释:"华为不能盲目地、支离破碎地改动大的流程与程序,华为目前的情况是只明白IT这个名词的概念,还不明白IT的真正内涵,在没有理解IT的内涵前,'千万不要改进别人的思想'。IPD关系到公司未来的生存与发展,各级组织、各级部门都要充分认识到它的重要性,通过'削足适履'来穿好'美国鞋'的痛苦,换来的是系统顺畅运行的喜悦。"为了加快华为的国际化步伐,华为宁愿削掉自己的"足",也要穿上IBM这些具有国际级管理技术的公司的"履",由此亦足见任正非铁腕推行的决心。

事实证明,任正非在这场学习IBM的组织变革中作出了非常正确的决策。2003年上半年,数十位IBM专家开始撤离华为,组织变革项目暂时告一段落。在整个推进管理变革的过程中,华为为国外专家支付的费用是每小时300～680美元,软件投入累计超过10亿元。这次变革涉及企业价值链的各个环节,可以称得上是"华为有史以来影响最为广泛、深远的一次变革"。而通过整个"削足适履"的艰难过程,任正非也为华为打造了一套特别的组织管理模式——这套组织管理模式是由IT技术支撑的,经过了流程重整,将集中控制和分层管理相结合,且能够快速响应客户需求。

华为：IPD 系统的建立对华为的影响

随着华为公司规模的逐步壮大和市场范围的持续扩张，IPD 系统的重要性日益凸显出来。面对各式各样的市场需求，如果企业没有一套正确的、全面的筛选评估测试体系，那么华为的整个研发体系势必陷入困境，难以自拔；但是，一套能够平稳运行的 IPD 系统却最大限度地缩短了整个产品研发周期，大大降低了产品研发的风险系数。而且，华为引入 IBM 的 IPD 系统后，在其产品研发的各个阶段里都严格按照"未违反知识产权保护"以及"能够通过申请专利、保护企业利益"的标准来进行自我检查。对这一管理流程的严格执行，使得华为在技术研发上的"干净"得以保障。

因此，当华为开始与世界顶级的电信运营商用统一的语言进行快速有效沟通的时候，包括中高层管理人员在内的很多华为人才真正感受到任正非挥起"变革之刃"的良苦用心。甚至有部分人认为，在当年华为思科侵权案中，华为之所以最终成功地与思科达成和解，完全是受益于华为从 1998 年便开始引入国际咨询服务，在组织、管理、流程、人力资源、质量控制等诸多方面都实施了与国际接轨的组织变革。

可以说，在向 IBM 学习组织过程中，任正非以坚决的变革态度，要求华为上下严格依循"削足适履"式实践，虽然看似违背了客观的学习规律，但实际上却是一种最具实效性的组织学习方法。

2.2　开放式组织

随着华为的发展壮大，它逐渐从封闭走向开放，从竞争走向合作。对此，任正非提出:"华为不能建立封闭系统,不开放就要死亡。"在组织方面,华为致力于建立一种开放式组织——网状组织。

网状组织是一种超横向一体化的组织,是对扁平式组织的进一步深化,它把扁平式组织的上层完全去掉,柔性的、灵活的虚拟组织应运而生。这种组织结构形式可以突破组织结构的有形界限,有利于企业内部分工合作,也有利于借用外力和整合外部资源。这也是华为考虑建立网状组织的初衷。

·开放式管理·

2.2.1 不同模式

20世纪初,亨利·福特建立汽车生产线,安排所有员工各司其职,由此产生了组织架构的雏形。而伴随着世界制造业的快速发展,职业分工日益清晰后,多种多样的组织架构也应企业的发展需求衍生而出。值得注意的是,这些组织架构没有绝对的优劣之分,因为任何一种组织模式都有成功案例,也有失败教训,我们以部分组织结构形态来进行简单举例说明。

(1)微软:事业部组织

微软的组织架构,是在传统"金字塔"结构下作出改良,也就是战略事业部SBU。SBU来源于杜邦公司,目前产品多元化的大公司,基本上都采纳了类似的组织结构。

从本质上讲,SBU非常适合大批量生产、大规模制作。但它也有缺陷,会造成很多资源和信息被看作是SBU独有的资产而被储存起来,导致资源和信息很难共享。而这也是微软的组织架构被认为"军阀文化",以及各大SBU相互掐架的内斗原因。

(2)谷歌、思科、亚马逊:扁平化组织

谷歌的组织架构,是扁平化的代表形态。这是一种非框架、非结构、非固定的状态，公司内部有数不清的"项目经理"，但是他们的"活"必须自己找。谷歌内部出现需要解决的难题、规划、计划等任务时，大多时候会组织出一个又一个工作小组，由它们分头负担起随时可能冒出来的专项工作，因而公司内部存在着大量的"双重领导"，这也导致谷歌的组织架构似乎有些凌乱。

思科在变得越来越庞大后，中层和高层的管理人员数量迅速增加，破坏了以前的扁平架构，形成官僚文化。在其最新的裁员方案中，副总裁及更高级别雇员的裁员比例达到15%，远高于普通员工9%的裁员比例。若组织架构不改变，一家充满活力的创业公司终将面临机构臃肿、面对市场变化反应缓慢等问题，最终衰亡。

亚马逊同样是扁平化组织，很多业务都是直接面向最终客户进行交付，一线交付工程师的电话直接设置在客户支持页面上，服务出问题后客户可以直接与之取得联系，从而大大减少了产品生产过程中"屁股朝向客户"的可能，亚马逊也得以在数十年来保持对客户需求的高度敏感性。

(3) 京瓷：阿米巴组织

"阿米巴"是指工厂、车间中形成的最小工作单位，如一个部门、一个班组甚至到每个员工。阿米巴的突出特征是，它是一个独立的利润中心，阿米巴成员会针对与生产经营计划、人员组织、业务管理等相关的所有事宜自行进行运作。可以说，每个阿米巴都是集生产、运营、财务等功能于一体的，而各个阿米巴小组之间又可以进行灵活组合。同时，稻盛和夫还全面考虑了市场因素对企业生产运营的影响，并大力倡导全员参与经营。在实施阿米巴模式后，京瓷公司在面对市场变化时总是能够作出迅捷反应，并很快实现绝境反转。

这也告诉我们，一个企业所选择的组织模式，关键在于其是否适合企业当下的发展情况。如果经营者发现存在组织松散、机构臃肿、流程缓慢等问题，那么该企业就到了需要调整或设计一种新型组织模式的时候了。

2.2.2 持续探索

事实上，几乎每一个经营历史超过 30 年的企业，都会有一段针对组织结构的曲折探索历程，从而重新建立新的组织形态。比如，华为亦曾探索过各种组织模式在华为内部运营的适用性。

（1）无组织结构的散乱

华为最初倾向于人本管理模式，是以人为中心的组织模式，强调人在企业发展过程中的突出地位。由于华为公司身处一个强调人的创新力的行业环境，且在创业之后的很长一段时间里（今天仍然如此），其领导人任正非都非常看重"个人"（管理者和员工）本身的能动性和自觉性，因此华为最初的组织模式或多或少带有一种"人本管理"的特性。

这种组织管理模式对创业、创新型企业很重要。但是，在华为的实践中也显示了不足——它使华为内部陷入了无组织状态：项目的运作可能显得十分随意，通常并不会预设可行的计划以及技术标准；设计人员可能各行其是，只对各个产品进行设计，不考虑后续生产的实现度，由此造成极大混乱和成本浪费……过于追求"人本"的随意性管理，使得华为的组织管理风险难以控制和预防，最终完全陷入一片混沌状态。这恰恰是华为早期组织管理模式的弊端所在。

（2）职能型等级组织的掣肘

为了消除混沌状态，解决这些弊端，任正非和华为高层开始尝试设计华为的组织模式：将等级管理模式导入内部，职能分工明确，在运作过程中进行层层运作沟通和结果确认，强化组织结果的可控性。

更新换代后的组织模式迅速见效，华为人都在努力做好自己手头的工作，"层层确认和协调"使得组织行为结果的可控性大幅提升。然而，不可否认，人们的思维认知却始终停留在各自为战的状态：产品设计人员只知设计而不知生产过程，各部门只知履行自己的职能，而不关注整个项目的成本、质量等。这种情况造成的后果表现为责任推诿严重，以规范化管理为目标的等级组织结构竟然成为华为发展的障碍。

华为：职能型等级组织出现弊端

2010年，一位华为的友商兄弟曾为此大为抱怨：谈一件事情，前后谈了三天，华为主管们的汇报计划一份又一份往上递交，最终却没有得到一个确认结果。也就是说，华为内部人员多数采用等级管理模式，通过大量"确认和协调"行为，将责任推到自己的上一级！人们更加追逐"确认和协调"，甚至变得胆小，没有人敢为项目拍板了！人们不敢承担责任了！原本为了规范管理和强化结果控制的组织模式变革，在"度"的失控状态下，反而成为华为公司发展的掣肘点。

（3）矩阵型组织的探索

鉴于上述组织结构模式的弊端，华为开始向网状组织结构探索——弱矩阵型组织结构、强矩阵型组织结构。

1995—2000年，华为的组织结构虽然未出现太大变化，但开始设置职能经理（FM）岗位，全面负责整个项目的系统工作，开始有计划、有控制地实施组织管理，项目管理模式由此初现雏形。在实施过程中，职能经理对涉及本部门的任务负主要责任，并作出关键决策，因此使得华为公司的业务拓展速度和质量水平在此阶段有了很大的提高。弱矩阵型组织模式如图2—1所示。

2000年之后，华为的组织结构明显被打破，开始建立了大量的跨部门矩阵组织，这使得华为产品在全球市场的竞争力得到了极大幅度的提升。这种强矩阵型组织模式具有以下特点：

其一，项目经理在任务管理中发挥主要的、直接的作用。

其二，项目组组员完全代表相应的职能部门行使权力。

其三，项目经理和成员在项目中承担主要责任，并对等行使权力。

其四，职能经理对新建立的临时部门提供支持，而不是干预、决策。

强矩阵型组织模式如图 2—2 所示。

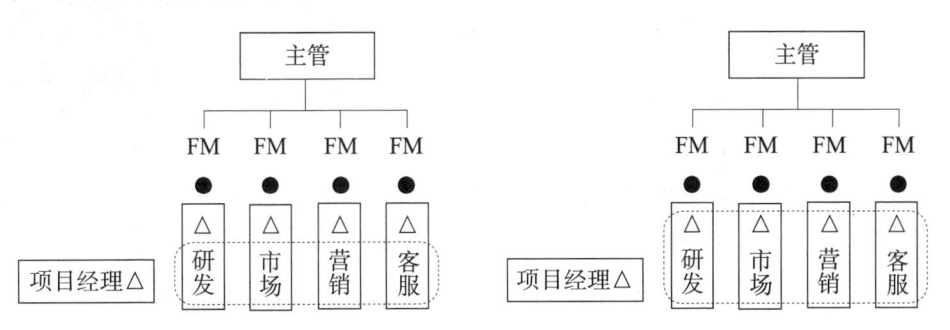

FM：职能经理　●：职能部门　△：决策层级

图 2—1　弱矩阵型组织模式

FM：职能经理　●：职能部门　△：决策层级

图 2—2　强矩阵型组织模式

就这样，华为在一次次的管理实践中，不断检视组织模式的适用性，根据不足之处进行再探索、调整、优化，不断探索着一套当下适用的组织模式，以此推动企业的顺利发展。当然，矩阵型组织模式仍然不是华为组织探索的终点站。

·华为的组织进化·

2.2.3　网状组织

伴随着持续发展，华为建立起了一种覆盖全球的矩阵型组织模式，片区、地区、办事处、代表处管理职能垂直落地，呈现出矩阵化形态。但是，这种组织模式也存在一定的问题，比如随着时间的推进，华为的流程变长，一个部门主管所覆盖的范围过大，难以驾驭。

20 世纪末，当时诺基亚 CEO 约玛·奥利拉曾说过一句著名的格言："你最好在别人杀死你的孩子之前自己动手。"华为也是如此。为了解决矩阵型组织模式出现的这些问题，华为内部诞生了新的组织模式——网状组织，以便"后方平台服务一线"，融合应用，协同执行。华为的网状组织，具体体现为一种"铁三角"模式。为此，华为设置了服务一线的后方平台支持，并构筑了网状组织的支撑力。

2006年，华为提出基于响应客户管理优化组织，加强客户群系统建设。2007年以后，华为开始主张"让听得见炮火的人去做决策"，叫重装旅、陆战队、前端综合化、后端专业化，这就是任正非后来所提出的"铁三角"模式。

·"铁三角"模式·

华为处于前线各个地区的代表处为实现价值目标，形成以客户经理、交付专家和解决方案专家三位一体的"铁三角"模式。"铁三角"之间之所以能够实现顺利的沟通和畅快的合作，主要便是依托于设置在华为总部的各大后方平台。这个平台将为"铁三角"提供充足的技术、数据以及人员支持，如图2—3所示。

华为"铁三角"模式

- 技术研发平台
- 中间试验平台
- 产品制造平台
- 全球采购平台
- 市场营销平台
- 人力资源平台
- 财务融资平台
- 行政服务平台
- 知识管理平台
- 公共数据平台

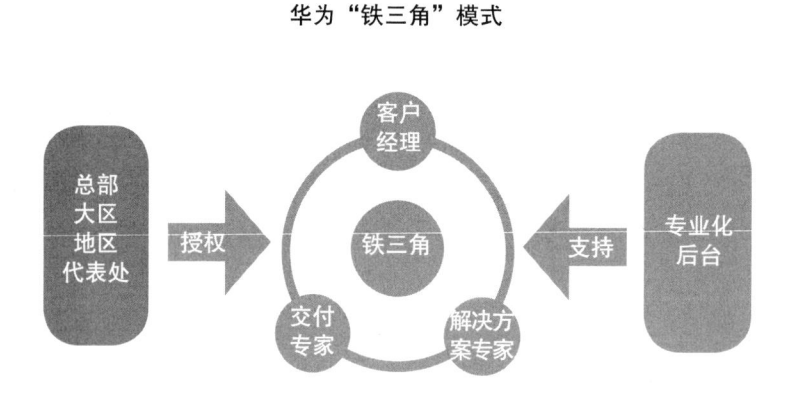

图2—3　华为"铁三角"模式

华为："铁三角"模式及平台设计说明

以华为的行政服务平台为例，华为的行政团队负责内部日常事务的处理以及为一线业务提供支持。华为的行政后勤主要负责华为内部日常行政事务，例如接待、会议、会展、文档、车辆调配、协调、资产等方面的管理。而在为一线业务提供支持方面，华为行政后勤主要负责为外派人员的生活、办公提供可靠、安全、必要的资源保障。华为业务遍布全球，每次华为投标或项目实施之前，都会有专门的行政团队预先将一线人员的行程安排、日常起居等安排妥当，并在他们工作中提供后勤保障，以确保一线人员可以全身心投入业务，从而发挥出最大的能量。

华为一线人员要实现目标，需要满足"技术"和"日常活动"两大需求，这其实也是所有公司需要面对的。华为行政后勤对一线员工的第二项需求全力支持，以保证他们把精力放在第一方面。这极大地保障了一线员工安心工作，而不受到额外的干扰。

2008年10月10日，任正非在中央平台研发部表彰大会上的讲话中指出："技术日益趋同，客户需求日益多样化，只有靠平台的支撑，才能更快速地满足新形势下的客户需求。产品间的竞争从长期来看，归根结底在于基础平台的竞争。一个产品不能完全从零开始做起，要有丰富的平台、CBB（公用组件）支持，要有强大的工程工艺能力和技术管理体系支撑，使得产品的成本、质量能在一个很好的平台体系上得到实施。"

不论是经理还是员工，精力都是有限的，如果忙于处理琐碎的事务，无疑会令本职工作的成果大打折扣，降低了他本应创造的最大价值。为了保障一线人员能够集中精力处理事务，华为还特别设置了秘书处这一服务平台。

华为：特别的服务平台——秘书处

早在1997年，华为与国际巨头还存在很大的差距。如果不想在竞争中被淘汰，就必须夜以继日地研发技术、追赶进度，这就要求华为的一线人员高度集中、高度投入。聘用秘书就是让经理、开发人员、市场营销人员专心从事本职工作，做那些别人做不了的事；别人能做的，例如拖地板、装订文件，则尽可能让秘书来完成。为此，华为迎合内部需求，建立了庞大的秘书体系。

秘书队伍在华为行政队伍中的地位是举足轻重的，任正非给予华为秘书重大使命的同时，也十分人性化地给予了秘书一些权限。比如，某岗位的秘书工作量太大，可以申请增加一名秘书分担工作压力，业务量再次涨上去，就再加一名。如此往复，渐渐便形成了华为今天的秘书科、秘书处等秘书机构。任正非曾经谈笑说："像我们公司这么庞大的秘书队伍，发达国家是养不起的，因为成本太高，华为公司处于中国特色的情况下，所以养得起。"

任正非虽然说的是一句戏言，但是对于广大企业经营者而言却是一个警示：企业在学习华为"后方平台服务一线"时，需要注意的是，一个好的组织形式应该具有自我修复、自我更新的能力。在华为，组织结构每一年一小动、每三年一大动，使自己的组织不断适应市场及竞争形势的变化。而且在内部，网状组织结构和传统等级组织是并存的，所以，华为必须在"支持一线多打粮"的过程中，考虑到产出效率、运营成本等多重因素，务必为网状组织的建设寻求一个适宜的、平衡的、强有力的支持点。

2.3 系统整合

组织只有通过有效的系统整合，才能真正成为一个整体，进而发挥出整体的合力。华为的系统整合主要借助一个资源平台，从内部和外部两个方面入手，将内部资源和外部资源在这个平台上予以整合，目标是使华为所能接触到的资源得到最大程度的利用。而从资源类型的角度来看，华为主要对物力资源和人力资源进行了有所侧重的整合，比如对物力资源着重强调不同地域的资源如何整合，而对人力资源则着重强调如何实现精益化管理，既控制好成本又实现职能要求。

2.3.1 外部整合与内部整合

说起系统整合的价值，中国工程院院士郭重庆曾说："现在，谁有本事谁整合，整合者得天下。核心技术不是成败的决定因素，这似乎给我们一向迷信核心技术的中国人一个机会。我老是说，4G手机有核心技术，假如你今天有一个好的介质，你可以造一个新的核心的网，你是一个整合者。把自己的手脚和思想释放出来。"在华为，人们非常重视系统整合对于企业组织管理的重要影响力。他们坚信，没有科学整合的资源是无法发挥经济效用的，甚至都不能称之为资源。

（1）系统整合的两个方向

在华为，系统整合是双方向的：一是外部整合；二是内部整合。

华为非常关注对外部资源的有效整合，通过对企业外部的各类资源进行整合，使之发挥各自长处。这种外部整合主要围绕着自身供应链条的上下游关系进行，既包括供应商，也包括自己的用户群。

华为：采用海思平台，巧妙整合外部资源

从2013年开始，华为高端智能手机主要采用海思平台，推出数款采用海思平台的高端智能手机；华为平板电脑也开始采用海思平台，首款四核芯片平板电脑MediaPad采用的是海思的1.5GHz四核处理器。在任正非看来，华为高端智能手机和平板电脑都采用海思平台，主要看重的是海思的处理速度，它极快的处理速度能够为华为与竞争对手展开差异化竞争提供助力。华为的这次转变不可谓不重大——华为将海思的市场地位提高，使之成为华为高端智能手机芯片的第一供应商，而华为业务管理也自此开始走上垂直整合的道路。

在整合外部资源的同时，华为也非常重视内部整合，将其内部产业和业务进行重新调整和配置。

华为：竞聘上岗的内部大整合

1996年，华为市场部所有正职干部（上至市场部总裁，下至各区域办事处主任）都递交了两份报告：一份是述职报告，另一份是辞职报告。在竞聘考核中，包括市场部代总裁在内的大约30%的干部被撤换了下来。企业发展需要变革，但变革难免存在阻力，而阻力的最大源头在于组织内部的思维惯性。为此，华为必须对企业内部管理系统、人力资源进行大力整合，华为要让最明白的人、最有能力的人来承担最大的责任，这也是系统整合的核心目标之一。

通过内部整合，华为的现有资源得到了充分利用，生产规模得到一定程度的扩大，企业的核心能力也因此得到强化。而后，它又在此基础上进行有目的的外部交易（如联合或参与OEM等），使企业的核心能力持续提升和强化。

（2）系统整合的平台设计

早在1996年，任正非便在华为内部讲话中指出："世界上我最佩服的勇士是蜘蛛，不管狂风暴雨，不畏任何艰难困苦，不管网破碎多少次，它仍孜孜不倦地用它纤细的丝织补。"

蜘蛛网结构与华为的平台构架有着惊人的相似性：处于战略前沿的作战部队类似螺旋形的"黏质蜘蛛丝"，富于弹性、灵活性、机动性，更可怕的是富于"黏性"，一旦接近猎物，便死死地咬住不放，直到捕获到手为止；而放射形、牵引形的蜘蛛丝则类似于强大的后方支撑系统，包括

·让一线指挥炮火·

战略司令部、参谋部、后勤部、人力资源部以及其他部门。这样一来，华为整个企业的内部资源便可以得到最大化的协调利用。

在 2009 年的华为销服体系奋斗颁奖大会上，任正非便在《让一线直接呼唤炮火》的讲话中强调："我们要积极地先从改革前方作战部队开始，加强他们的作战能力，要综合后方平台的服务与管理，非主业干部要加强对主业务的理解，减少前后方的协调量。我们机构设置的目的，就是为作战，作战的目的，是为了取得利润。平台的客户就是前方作战部队，作战部队不需要的，就是多余的。"

事实上，华为的管理平台，是个大平台的概念，任正非所强调的不仅是整合企业内部的种种资源，还包括企业外部任何能够为企业所用的资源。《华为公司基本法》第 33 条便强调："市场变化的随机性、市场布局的分散性和公司产品的多样性，要求前方营销队伍必须得到及时强大的综合支援，要求我们必须能够迅速调度和组织大量资源抢夺市场先机和形成局部优势，实现资源的动态最优配置与共享。"

当然，这只是华为系统整合的基本模式。而如果从资源的类型来看，物力资源和人力资源又具有其具体的整合模式。

2.3.2　物力资源地域整合

资源整合是指针对物资、信息等资源的供应情况进行统筹整合，以实现精益的供应状态。事实上，华为的每一项业务，即便是其引以为傲的研发工作，也离不开对于研发资源的强力整合。

2012 年，华为副董事长兼轮值 CEO 胡厚崑在亚太经合组织（APEC）工商界主题论坛上发言指出，"在当下的商业环境下，资本、物资、信息必须在全球范围内方便地流动，这使得'全球化公司'和'本地化公司'这两个概念变得越来越统一。"这段话，你可以理解为：本地化公司也是全球化公司，反之亦然。华为的商业实践便是要将"全球化"与"本地化"结合在一起，整合全球最优资源，打造全球价值链，创造出全球价值。

每一个全球化公司都必须对本地化需求予以足够的关注，并提供一系列差异化的产品和服务，这样才能确保自己在全球范围内取得的成功得以延伸至本地市场。另外，在这个信息技术高度发达、经济高度全球化的环境里，那些具有明显的本地化属性的文化、产品、服务，往往能在较短的时间内被推广到全球范围内，这使得更多的本地化公司具备了实现全球化运营的潜力特质。

UPS 的资源整合

在商业环境中，资源整合行为不仅发生在华为，以 UPS（联合包裹服务公司）为例，该公司也曾对供应链管理服务资源进行了有效的整合。UPS 原本为客户提供的供应链管理服务有：物流集团公司、货运服务公司、金融公司、咨询公司和邮件管理公司等。2002 年，UPS 将这些公司进行了整合，新设了供应链管理解决方案事业部。

UPS 之所以重新整合供应链管理服务资源，主要是因为 UPS 在 2002 年年初决定将公司定位转变为"一个完全的供应链管理服务公司"。可见，广受推崇的"一站式"服务经营模式，从本质上来讲仍然需要经过企业资源整合的过程。

（1）全球化的资源整合

对于全球化，胡厚崑表示："全球化不仅仅意味着运营的全球化、投资的全球化，更需要建立一种新的商业理念。这种理念是将全球市场视为一个单一市场，像在单一市场中一样构建全球的价值链，并将全球的优质资源都整合到这个价值链里面，使每一个单一节点上创造的价值都有可能在全球范围内被分享。"

目前，华为在全球各地建立了 16 个研究所、28 个联合创新中心和 40 多个专业能力中心。通过这些机构，华为与全球数百个合作伙伴展开亲密合作，将自己的全球价值链打造成为一个全球化的创新平台——几乎全球的客户都可以通过这个平台，在最短的时间内了解到来自全球的一系列创新成果。

（2）本地化的资源整合

对于本地化，胡厚崑则指出："本地化不仅仅意味着本地雇佣、本地纳税和提供适合本地需求的产品。更高层次的本地化应该是通过与本地优秀企业进行产业分工合作，将它们的创新能力整合到华为的全球价值链，并通过这个价值链将本地的创新成果推广到全球，使本地创造真正发挥出全球价值。"

在与全球范围的优秀公司进行合作的过程中，华为对全球合作伙伴的能力也进行了高度整合。所以，在华为的全球业务得到发展的同时，其合作伙伴的业务也得到了良性、广泛的拓展。华为作为全球化的企业公民，全力促进与本地伙伴在全球范围内的共赢，这无疑是华为价值的独特呈现。

总体上来说，华为通过全球化与本土化的实践结合，使自己在物力资源方面的优势得以呈现，且得到极为充分的利用，并从极为广泛的全球价值链中为自己创造了最大化的收益。

2.3.3 人力资源精益整合

对人力资源的系统整合是企业组织管理的重中之重。由于企业内外部元素随时可能发生变化，系统整合人力资源，确保人员整合到位，能够适应当下环境要求，便成了很多企业经营者必须慎重考虑的问题。华为对人力资源的整合着重从精益与否来考虑——既要控制好成本，又要实现基本职能要求。

（1）基于成本的人员整合

人员组织管理在企业运营中的重要性，无论怎么强调都不为过。要注意的是，人员组织管理的重点不在于机械地、盲目地压缩人员成本额度，而在于人员利用率是否实现最大化。人员利用率最大化，人员价值才能得到充分发挥。有什么方式可以实现这样的效果呢？华为的做法是充分在"人员定岗""临时安排"上下力。

"人员定岗"是指将固定人员安排在固定的岗位上，在一定时间段内他将持续担任此项工作。当人员定岗后，人员专业水平将有机会持续提升，公司整体的运行效率会随之提高，同时也可以减少人力方面的不必要浪费。据我们了解，华为的岗位管理体制是非常先进的，在某种意义上，这也是国内诸多企业在学习华为的人力资源管理时要充分考虑的一个方向。

"临时安排"主要是指人员安排或临时组织建设。在现场出现临时性任务时，当人力不足，如果为此项目聘用更多人力，那么待任务结束后便会面临人员闲置的问题。对此，华为的管理者会针对某些工作事项来聘用临时工，当任务结束后即结束用工关系，如此便可以极大地节约用工成本。

此外，在处理一些非常规事务时，华为的管理者亦可以临时从其他部门或现场调配人员，建立一个临时性组织来处理事务。待任务结束后，便宣布解散该临时性组织，人员便复归原位。对于企业而言，仅仅是人员调动而已，不会浪费更多的人员招聘、培训、离职等成本。

（2）基于职能的人员整合

人员整合的目的是为了实现指定的职能，而职能实现程度需要从绩效考核结果、员工工作态度两个方面来评估，如图2—4所示。

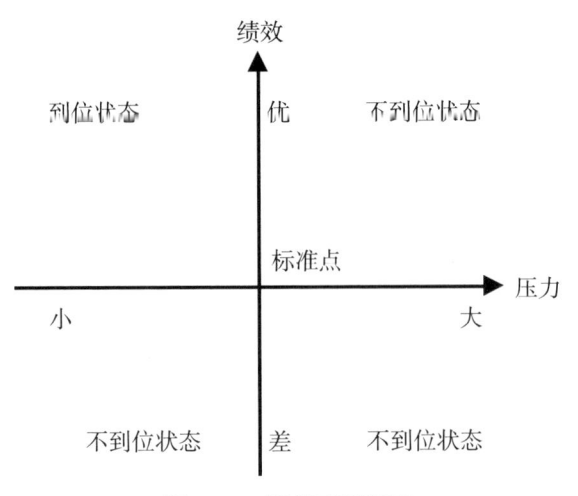

图2—4　职能实现程度

华为对待人员职能整合是否到位的判断就这两个：结果与态度。如果绩效考核结果（如速度、质量、数量）都是达标或处于合理水平，而员工亦抱持着积极的态度去面对工作，即可判断为人员整合状态很到位。如果绩效考核结果未达标，而员工又感到工作压力较大，对工作较为抵触，那么即可判断为人员整合不到位。

从整体来看，华为的整合方向和手段，使得华为组织运作过程中的浪费得以极大消除，各项资源得到了充分而有效的使用。人员充分整合是比简单地提高员工个体效率更为有效、更有价值的组织管理思路。

2.4 学习型文化

成长力是指有助于企业持续获利的竞争能力。企业作为一个组织必须培育自身的成长力。企业组织是有生命周期的，就像树木，从一棵幼苗长成参天大树，便是一个成长的过程。而我们所需关注的不仅是它的成长结果，还要关注它的成长过程，以及成长过程中所需的养分。在这些养分中，一个个的个体是极其重要的因素。组织的成长离不开这些个体的成长，而学习是个体成长的重要手段，可以说，个体的学习是推动组织成长的有效动力。因此，构建学习型组织，打造学习型文化，对一个组织的成长尤为重要。

2.4.1 管理变革拉动

据一次关于"构建学习型企业"的调查结果显示，55%以上的受访人认为，华为是最符合"学习型组织"的企业。自1987年创立到2017年，华为公司所掌握的技术专利数量在行业内长期处于领先位置。这显然是华为组织学习与创新学习的结果。换言之，是学习型组织的构建，使华为公司成长为一家颇具竞争实力的世界级公司。

在《华为公司基本法》中有这样一条,"人力资本增值的目标优先于财务资本增值的目标",这也成为华为培训人才的宗旨和目标。任正非说:"在华为,人力资本的增长要大于财务资本的增长。追求人才更甚于追求资本,有了人才就能创造价值,就能带动资本的迅速增长。"

华为强调,人力资本不断增值的目标优先于财务资本增值的目标,但人力资本的增值靠的不是炒作,而是有组织的学习。学习的一条途径就是培训,华为的培训体系经过多年的积累已经自成一派。

任正非对于培训有一个非常精辟的见解,他说:"技术培训主要靠自己努力,而不是天天听别人讲课。其实每个岗位天天都在接受培训,培训无处不在、无时不有。如果等待别人培养你成为诺贝尔,那么是谁培养了毛泽东、邓小平?成功者都主要靠自己努力学习,成为有效的学习者,而不是被动的被灌输者,要不断刻苦学习以提高自己的水平。"

可见,华为组织管理的重点之一就是让员工具有学习能力,由此华为花了很大力气——通过全员导师制来培养学习的氛围,并通过任职资格体系强化员工的自主学习。

(1)以全员导师制培养学习氛围

全员导师是指华为的每个人都需要有一个导师,对自己进行指导。在华为的内部刊物《华为人》上,曾经刊登过这样一个故事。

华为:为什么零件又不合格了?

一个汽车的QCC(品管圈),由于总是发现零件有毛刺的问题,于是他买了一把锉刀,把问题零件的毛刺锉掉,这样零件就合格了。可是,他退休以后,同样的一批零件却大部分都不合格。原来是他并没有把自己的经验告诉别人。

这个故事在华为引起了很大的反响,也引起了华为管理者的重视。通过这件事情，无论是华为员工还是华为管理者都意识到：为那些工作经验不足、工作技能掌握不到位的员工找一位"导师"是非常有必要的。

在华为公司内部发展起来的导师制是全员性、全方位的，不仅新员工都有导师，所有老员工也一样。导师制不仅在生产系统实行，在研发、营销、客服、行政、后勤等系统也全部实行了导师制。

华为的理念是：所有员工都需要导师的指导，通过导师制实现"一帮一，一对多"，从而让自己更快地成长起来。为了确保"全员导师制"落实到位，华为还特意采取了几种措施。

在新员工到岗之前，公司就会提前做好导师安排，以确保入岗第一天，就接受导师全方位的指导。华为在新员工培训中，一营培训设立思想导师；二营实习设立技能导师，确保全程有导师指导。在此期间，没有特殊情况，华为不轻易变动"师徒"关系。即使是"久经沙场"的老员工都要遵守导师制，而且这是华为员工晋升考核的条件之一。华为以此来打破"权力"壁垒，保证导师制在全企业推广。华为的导师职责不仅有在业务、技术上的"传、帮、带"，还有思想上和生活上的指引，以解决员工的思想和情感问题，使其与工作保持平衡。

通过这些措施，华为新员工有更多的机会掌握更多的工作常识和专业技能，从而迅速成长为会"打枪"的人，华为的发展当然也离不开持续不断地培养出这样一群能干的人。

（2）借任职资格鼓励员工自主学习

为了让员工们主动学习、提高自己，华为采取了一种特别的办法：全面推行任职资格制度，并进行严格的考核，从而形成了对新员工培训的有效激励机制。

华为：借制度强化学习意识

华为内部严格落实任职资格制度，譬如华为的软件工程师可以从一级开始做到九级，九级的待遇相当于副总裁的级别。新员工入职后，如何向更高级别发展，怎样知道个人的差距，华为有明确的规定。比如一级标准是写万行代码，做过什么类型的产品等，有明确的量化标准，新员工可以根据这个标准进行自检。

任职资格制度的实施，较好地发挥了四个方面的作用：一是镜子的作用，照出自己的问题；二是尺子的作用，量出与标准的差距；三是梯子的作用，知道自己该往什么方向发展和努力；四是驾照的作用，有新的任职资格了，便可以应聘相应职位。

不可否认，华为"学习型组织"的建设，是"从个体学习到组织学习，是学习动力、学习环境、学习资源等方面的全盘考虑和落实的结果"。在一系列的组织激励机制下，华为的学习氛围非常浓厚，华为创造未来的能力和未来发展的竞争力也在不断提高。

2.4.2 两种学习模式

必须承认，每一个企业或组织都需要一套属于自己的特色学习模式。当这套学习模式为所有人员认可时，人们就会自然而然地开启学习模式，从最大范围内以最便捷高效的方式，去获取和掌握新知识或经验。在华为，这种学习模式主要有两种：一种是经验交流式学习，另一种是新知识补足式学习。

（1）经验交流式学习

一个企业的快速成长，有赖于企业个体的行动观念的一致性和业务能力水平的提升。在这方面，华为率先采取让国内外员工成为同路人的措施。所谓同路人，是为了减少不同区域员工之间文化、语言等障碍，使其了解华为、认同华为，在建立一致价值认知的基础上再去共同学习与进步。

华为早年策划过一个行动——"掺沙子"行动。2007年8月，华为位于国外的销售服务体系启动了这项计划，为一些优秀的海外本地员工提供业务能力培训，以使之有能力去承担更大的职责；同时，提升华为国内工作人员的英文能力，更有效地倾听国外员工的声音。在这一风潮下，华为体系内各部门根据业务特点及实际情况，迅速开展起各具特色的"掺沙子"行动，如全球技术服务部门的"金种子计划"、销服干部部门的"Star计划"、全球产品行销部门的"候鸟行动"、全球销售部门的"凤凰行动"，等等。

华为：在"掺沙子"行动中总结经验

在"掺沙子"行动中，海外代表处率先推选出一些优秀的海外员工到中国，国内工作人员则为他们量身定制出极为详细缜密的培训计划和项目实践计划，并指定对应的导师，为其提供交流指导、答疑解惑。就这样，海外员工按计划参加项目实践、技能培训、文化培训、参观交流，身临其境地切实了解华为管理运作模式，感受华为的内部组织文化；而国内工作人员则与海外员工不断沟通，学习后者的工作经验，同时倾听海外员工的需求、困惑、思考和收获。当2~6个月的实践期结束后，华为组织了正式的培训答辩活动，以此检验"沙子们"的学习成果。在这个答辩过程中，业务导师一一为"沙子们"评价意见，指出优点、不足及改进的方向。

华为销售服务管理人员对"沙子们"及国内工作人员后来的表现进行了跟踪调查。结果表明，"沙子们"的业务能力有所提升；对华为的价值观更加认同；与中方员工、中方主管的相处、沟通和互动更加和谐融洽；他们会将在国内的所见所学与其他海外员工分享，对后者也产生了非常积极正向的影响。而国内工作员工在"沙子们"到国内进行交流学习的过程中，也感受到了"沙子们"带来的国际化气息：最前沿的工作经验、第一线的工作视角、本地化的工作思考，等等。

总体上说，跨地域整合华为人的认知，通过经验分享和业务培训，来强化华为内部交流、学习与进步，这是"掺沙子"行动的初衷，是华为学习型文化建设的突出成果。不过，这仅仅是华为学习型文化建设的一小步而已。

（2）新知识补足式学习

对新知识的补足式学习，主要针对每位员工的业务短板进行。华为人认为，"别人眼中的自己才是最真实的自己"。故而，华为人经常通过自我批判、头脑风暴、业务沙盘演练等，总结出每个人的业务知识短板。而后，按照订单管理、物流、仓储、内控、清关五大业务模块成立业务专家团，由相应的专家制订提升计划和实践机会。每周例行开课，围绕变革业务焦点，帮助员工快速补齐最新业务知识短板。

作为：西非员工快速学习新知识

2015年，华为公司对供应链提出了更高的要求，明确了供应链作为全流程物流Owner的责任者，要求实现向客户价值创造的转身。西非供应链和重点优质客户研讨供应业务战略，分析出客户真正的痛点，提出了保税仓、订单可视化以及系统对接等一揽子打包的交易体验提升的整体方案。为了业务变革的有效推进，华为西非员工趁着机关专家出差西非，抓住难得的机会学习了供应链可视化、项目交付的大循环小循环可视以及手机APP的开发。

华为：无线产品工艺部的新员工学习模式

在华为，每个部门都会采取自我学习的主动模式。以无线产品工艺部为例，该部门面向新入职员工曾开展了"成长无限"的自我学习活动，主旨是结合员工自我提升及部门业务需求，通过部门经理充当赞助人、项目经理充当辅导员、员工自导自学的形式来开展学习活动：从"托业英语""无线特色射频功放知识""PCB 先锋队""专家大讲坛"到持之以恒的"案例分享""英语每日一练"等水滴石穿的学习热忱，强有力地支撑无线新员工成长，快乐地融入无线工艺大集体中。

通过对已有经验教育的分享以及对新知识的快速组织学习，华为的学习进步速度非常快。当然，为了将企业实实在在地打造成一个学习型组织，华为的努力不仅限于对学习模式的探索，还建立了一整套学习体制。

2.4.3 学习型组织

事实上，为了构建学习型组织，华为进行了多方面的努力，比如专门于 2005 年正式为此注册的华为大学。目前，华为大学已经拥有 300 余名专职和逾千名兼职培训管理和专业人士，他们遍布于华为位于中国和世界各大洲的分部和代表处。

·学习型组织·

华为大学的建立，旨在借助中西管理智慧和华为管理实践经验，来培养一大批优秀的职业化经理人。简言之，华为大学被视为华为培养人才、选拔干部的重要阵地，用任正非的话来说就是"把华为大学变成培养将军的摇篮"。

在实践中，对内，华为大学依据企业发展总战略和人力资源战略，建立了企业人员培训管理体系，并通过培养工作人员和管理人员，来推动企业的战略落地、业务发展和人力资本增值等目标的实现；对外，华为大学积极配合企业业务发展和客户服务策略，为客户和合作伙伴提供了极为全面的技术和管理培训解决方案，极大地提升了客户满意度；同时，通过积极分享企业管理实践经验，华为也与同行业者共同提升了企业竞争力。

为了更好地建设华为大学，使之成为学习型组织的人才能力提升基地，华为特别做出以下要求。

（1）讲师资质方面

讲师必须是有实践经验的人，没有实践经验的讲师不允许对学习型组织授课，只能担任组织管理工作，而且以后将全部被派遣到服务一线去。市场竞争没有人们想象得那么复杂，也没人们想象得那么简单，如果讲师在授课时抓不住要领，不知道如何应对实践，那么参训的学员在面对问题时亦将无从以对。

（2）教学案例方面

华为大学的所有教学案例都是来自华为或其他企业的真实案例，那些本本主义的案例完全禁止使用。虽然这些真实的案例有时难以成为最理想的培训教材，但它们具有实用性——他人可能在这方面取得了成功，学习者可以从中学以致用或加以完善补充。

（3）学习思想方面

华为奉行"不断学习"的思想，要求员工"善于不断学习"。事实上，这也是学习型组织的典型特征。所谓"善于不断学习"涵盖了以下四重含义。

一是强调"终身学习"。即华为倡导员工终身学习，认为这样才能形成组织良好的学习气氛，促使企业上下在工作中不断学习。如任正非，虽然他已经70多岁了，但是仍然每月坚持读15本书。

二是强调"全员学习"。即企业上下都全身心投入学习，尤其是经营管理决策层，他们是决定企业发展方向和命运的重要阶层，因而更需要学习。最为典型的事例莫过于华为人学外语。华为最初拓展海外市场时，很多技术人员并不会外语，而招聘来的会外语的员工又不懂技术。为了解决这个问题，做到与客户有效沟通，华为要求所有技术人员学好外语。当时，那些工号100以内的老员工们的英语水平很差，却不得不每日苦练外语，甚至在国外出差时还会专门聘请硕士学历的助理，由他们担任秘书加翻译的工作，并请外教持续教授外语1年。就这样，华为人开始能够流畅地与国外客户沟通。

此外，任正非不仅鼓励内部的新员工和老员工学习进步，甚至还鼓励员工家属努力学习。在一封致员工家属的信中，任正非这样写道："不要以为过了学生时代，就不用读书了，要让读书成为生活的一部分。很多人都说自己没有时间读书，那要看我们如何挤出读书的时间……"由此足见华为学习氛围的浓厚。

三是强调"全过程学习"。即学习必须贯穿于企业组织系统运行的整个过程之中。美国管理学者约翰·瑞定提出了一种被称为"第四种模型"的学习型组织理论。他认为，任何组织运行都包括准备、计划、推行三个阶段，而学习型组织不应该是先学习再准备、计划、推行，而应强调学习与准备、学习与计划、学习与推行的同步。

四是强调"团队学习"。华为不仅重视个人学习，更强调企业全员的合作学习和群体智力的开发。在华为，项目小组是最基本的学习单位，项目小组本身应理解为需要彼此配合的一群人，其学习目标也是面向群体目标的实现而设计的。

总体上说，华为的学习型组织主要要求人们通过保持学习的能力，及时铲除发展道路上的障碍，不断突破组织成长的极限，从而秉持持续发展的态度。

需要谨记的是，任何企业组织的成长都伴随着企业发展的始终。企业管理者要认识到这一点，应寻找各种方法和策略，去深入考虑如何提升企业成长力的问题。华为如此，每个企业也应如此。

2.5 自我批判

自我批判有助于一个人在思想上、观念上吐故纳新，不断升华和成长。如果整体中的个体都有这样的意识、态度和能力，这便会形成整个组织前进的动力。

众所周知，任正非一直强调自我批判，甚至将自我批判精神看成他对华为人最大的期望和要求。在他看来，自我批判能力是一个人自我领导、自我管理的理智力、自律力和内在控制力。而从一个组织的角度来说，它使得全员拥有不断寻求进步空间的意识和态度，进而转化为驱动组织前进的强大动力。

·自我批判·

2.5.1 有批判才有进步

为什么要自我批判？对于这个问题，任正非给出了答案。他说："一个将军如果不知道自己错在哪里，就永远不会成将军。他知道过去什么错了、哪次错了什么、怎么错的，这就是宝贵财富。将军是不断从错误中总结，从自我批评中成长起来的。"而华为人正是借对错误、落后的批判，使自己得到了成长和陶冶而成为强者的，华为公司也由此克服了幼稚病和自满病。

华为：自我批判引领华为走出"严冬"

2001年，由于在程控交换机上的成功，华为自信满满地选择iNET作为软交换的潮流。但是，中国电信最终却选择了爱立信、西门子、朗讯、阿尔卡特、中兴这五家公司开展实验，唯独华为公司被排除在外。同时，在GSM项目上MSC从G3到G6市场没有大的突破，UMTSV8项目也遭遇失败，3G电路域核心网、PS分组域长期投入没有回报……华为公司遭受了重大打击，"严冬"似乎就这样到来了！

此时，任正非祭出了华为的法宝——自我批评，反思造成种种失误的原因。当华为认识到错误——故步自封、以自我为中心的观念，让下一代产品的规划偏离了客户需求等问题后，华为在 NGN 上重新站起来，最终得到了中国电信的认可，被纳为实验对象。

由是观之，华为为自己的自满、幼稚付出了巨大的代价，好在华为的自我批判让公司及时调头，避免了更重大的损失。可见，自我批判确实是克服幼稚病的良方。对此，任正非在《为什么要自我批判》一文中讲道："我们处在 IT 业变化极快的十倍速时代，这个世界上唯一不变的就是变化。我们稍有迟疑，就失之千里。故步自封，拒绝批评，忸忸怩怩，就不只千里了。我们是为面子而走向失败，走向死亡，还是丢掉面子，丢掉错误，迎头赶上呢？"任正非认为，不断地自我批判才能够让人抛开面子，直达问题本质，这是拯救公司的最重要的行为。

华为非常早就开始自我批判了。事实上，从 2001 年提出"烧不死的鸟是凤凰"，继而提出"从泥坑里爬出的是圣人"，华为人的自我批判便已经开始了。

华为：自我批判是干部选拔的必要条件

早在 1998 年，华为就成立了"自我批判指导委员会"，在公司内部有组织地、持续地开展这项活动。现在能看到的，有任正非当年的三篇文章，一篇是《为什么要自我批判》，另一篇是《在自我批判中进步》，还有一篇是《在华为自我批判指导委员会座谈会上的讲话》。任正非那时就严肃地指出："从现在开始，一切不能自我批判的员工，将不能再被提拔；三年以后，一切不能自我批判的干部，将全部免职，不能再担任管理工作。"

这种自我纠正的行动，使华为公司这些年能够健康成长，持续进步。任正非强调："只有不断地自我批判，才能使我们尽快成熟起来。我们不是为批判而批判，不是为全面否定而批判，而是为优化和建设而批判，总的目标是要导向公司整体核心竞争力的提升。"

对于华为特别强调自我批判的行为，任正非解释道："我们倡导自我批判，但不提倡相互批评，因为批评不好把握适度，如果批判火药味很浓，就容易造成队伍之间的矛盾。而自己批判自己呢，人们不会自己下猛力，对自己都会手下留情。即使用鸡毛掸子轻轻打一下，也比不打好，多打几年，你就会百炼成钢了。""真正的科学家，他的一生就是自我批判的一生，他从不满足于现阶段的水平，不断地深究、探索。"

所以，他要求华为人能够"每日三省吾身"，每天都及时、深刻总结自己从工作、学习中获得的各种经验与教训，并发现自身不足，不断改进，最终一步一步走向成熟。时至今日，自我批判已然成为华为人身上特有的精神，也由此成就了华为的今天。

2.5.2　自我批判的本质

从本质上说，自我批判是一种耻感教育模式。这种教育模式可以在一定程度上实现员工的自我激励，让其认识到自己所承担的责任，并最终对此负责，由此打造人们学习与进步的内驱力。

在管理实践中，不少企业经营者和管理者是不认同这种激励形式的，认为这种形式会损伤员工的自尊心，进而降低他们的合作意识和进取精神。但是，如果企业不能让员工认识到自己的错误，放任他们一错再错，很可能会迎来更恶劣的后果，给整个企业带来灭顶之灾。

任正非希望华为人撕破遮挡"面子"的面纱，在批评与自我批判中唤醒羞耻心，把危机的苗头扼杀于萌芽状态。任正非要求：不做好好先生，不要埋地雷。在他看来，只有勇于自我批判，敢于向自己开炮，不掩盖产品及管理上存在的问题，公司才有希望保持在业界的领先地位，才有机会向世界提供服务。

华为：多种多样的"批判奖"

2010年7月3日，华为网络产品线质量大会在深圳市民中心举行。会上有一句话被反复强调："随着公司平台化战略的实施以及业务高速增长，每年的出货量越来越大，归一化程度越来越高，我们大规模召回的风险也在与日俱增。华为如果不能战战兢兢、如履薄冰、如临深渊，以自我批判的精神，正视我们自身的问题，持续改进产品质量，真正把质量优先做扎实，把客户满意放在心里，我们就有可能倒在高速发展的路上。"

会上，"颁发批判奖"作为一个重要环节，引起了全场数千网络产品线员工的共鸣。网络产品线相关团队和个人陆续上台，从网络产品线总裁查钧手中接过一个个"奖励"："埋雷奖""最差CBB奖""架构紧耦合奖"……这些"奖励"都是前几年因为研发人员的幼稚决策而给客户和公司造成的损失。

想让干部和员工产生耻辱感，就要把问题赤裸裸地公布出来，并予以否定，管理者尤其不能例外。这样，感觉到"没面子"的企业成员才能"知耻而后勇"。

当然，号召员工自我批评、实行耻感教育的企业并不只有华为一家。如果你走进与华为同为标杆企业的海尔企业文化展示厅，你就会发现"一把锤子"。每个海尔人都非常熟悉它，它也是海尔人自我批评的一个标志。

海尔：一把大锤砸烂76台冰箱

故事发生在海尔董事长张瑞敏身上。在张瑞敏初任海尔厂长时，他的朋友想买台冰箱，却没有挑到一台合格的，碍于面子，勉强弄走一台。朋友离开后，张瑞敏对库存冰箱进行了检查，发现400多台冰箱中竟有76台不合格。

"大家说怎么办？"张瑞敏问道。"低价处理"，工人们回应道。"我今天把这76台冰箱卖了，那就意味着你们明天会生产760台这样的冰箱。"张瑞敏说完，抡起大锤将76台冰箱砸了！许多职工在张瑞敏砸冰箱时都哭了，这些毕竟是他们的心血。

但在接下来的日子里，大家痛定思痛，决定把"如何从我做起，提高产品质量"作为海尔人的工作目标。三年后，海尔人捧回了冰箱行业的第一块国家质量金奖。

后来，张瑞敏谈及此事时回忆："这是个教训，长期以来的产品分级观念让海尔人变得懒惰和不负责任，把这些废品都砸了，大家才能长点记性！没有自我批评，企业就不会有成长，员工也不会有进步。"1991年，海尔第一次向"师傅"德国出口冰箱，并获得认可。如今，海尔的产品遍及世界100多个国家和地区，更重要的是，它的价格和国际名牌的一样。

可以说，在这一点上，海尔的耻感教育做到了与华为同样的高度——砸中了员工的耻辱心。

总体上说，耻感教育会使人们自省自勉，勇敢地面对自己的错误。而对于企业而言，只有当全员都具有羞耻心，才会自主地激励和约束自身行为，由此构成企业前进的强有力的内驱力。

2.5.3 自我批判的形式

为了做好自我批判，华为设计了两种具体化、制度化的自我批判形式：一种形式是开展"民主生活会"，主要就个人的思想作风、行为等加以批判，所以我们称之为"思想批判"；另一种形式是建立一种特别的组织——红蓝军组织，由于这一组织是完全就组织发展模式，针对组织发展战略决策层面进行批判，所以我们称之为"组织批判"。

（1）思想批判：民主生活会

在华为公司，自我的"思想批判"是非常严肃的，被认为是加快个人进步的好方法、好武器。华为对那些还不能掌握这个武器的员工的办法是暂缓对他们的提拔。两年后，如果还不能掌握和使用这个武器的干部，要降低对其重用程度。这就要求，华为在职在位的干部必须奋斗不息、进取不止。

华为：EMT 民主生活会和自我批判平台

2005 年 12 月，华为在马尔代夫组织召开了 EMT（公司级别的行政管理队伍）民主生活会，讨论干部队伍的廉洁自律问题。EMT 成员共同认识到：作为公司的领导核心人员，我们必须要正人先正己，真正做到以身作则。会上，与会者通过了《自律宣言》，并要求在此后的两年时间内完成关联供应商申报与关系清理，并通过制度化宣誓方式来覆盖所有干部，而且积极接受全员监督。2008 年春节前夕，华为在公司总部召开了宣誓大会。面对与会的 200 位中高级干部，EMT 成员集体举起右手，庄严宣誓。同年 5—6 月，华为各部门、子公司也陆续开展了宣誓活动。

心声社区是华为的内部网站，被称作"透明的玻璃社区"。全世界任何一个人都可以看华为的心声社区，看员工们如何自我批评，如何批评自己的公司和公司的方针政策。一次，心声社区的负责人找任正非，说有一条信息批评了公司某位高管，这位高管要求查发信息的员工的工号。任正非说，好啊，把我的工号告诉他。而这位高管拿着任正非的工号去查时，发现是老板的工号，突然领悟了任正非之意，不禁惭愧万分。此后，这个平台便形成了一个规则：大家什么话都可以讲，但任何人都不允许去查发言人是谁。

此外，华为内部还建立起了自我批判的平台和阵地，通过这些平台和阵地，董事会发表了《炮轰华为》、中高层干部发表了《我们眼中的管理问题》等，广大基层员工也可以在心声社区上发表批评，这些声音会受到相关部门和人员的密切关注，最终不断解决和优化存在的问题。华为的《管理优化报》，除了进行知识共享，也是用来自我批评的阵地。

华为希望通过这些形式，将公司完全置于一个民主监督的透明环境中。而这样一个监督与被监督的环境，也造就了一种自主进行思想批判的氛围，使得思想批判有效地在华为内部推广开来。

此外，华为还通过"民主生活会"，在一定程度上使组织监督的气氛得到了明显改善，员工之间的距离也拉近了。后来，连任正非都欣慰地描述道："今天，许多人明显感觉到我们与同事共处的时间多于与家人和亲友共处的时间，当我们有条件去选择自己的工作环境时，我们应该选择和同事像兄弟姐妹共同操持一份家业一样操持我们的事业，我们之间没有压迫，没有钩心斗角，没有告密，没有出卖，没有争宠，没有背叛。我们用各自的肩膀弧线支撑，我们像亲人般地互相关怀，我们有共同的兴趣、共同的目标，我们愿意在工作之余互相倾诉互相倾听……"

任正非和华为人的坚持，让华为公司和员工都得到了期望的结果，员工把各自的主张和诉求通过合理的渠道释放出来，并有效地进行自我提升；而员工之间的关系也在毫无猜忌隐瞒的气氛中得以进一步固化，为员工创造了较为友好和谐的思想批判环境。

（2）组织批判：红蓝军组织

为了实现从精神到实践的落地，华为特别设立了自我批判组织结构——红蓝军组织。"红军"代表着华为现行的战略发展模式，"蓝军"代表着华为主要竞争对手采用的战略或当下的创新战略模式。蓝军组织最早是由华为前高级副总裁郑宝用主要负责的，蓝军的核心任务是在华为的经营管理过程中唱反调，大胆虚拟各种可能发生的问题，甚至发出一些近乎危言耸听的警示语。通过这样的自我批判，再为公司董事会提供一系列有效建议，从而保证华为始终面向未来，走在一条正确的道路上，而不至于发生偏差或背离初衷。

华为："蓝军"参谋部

华为公司顾问田涛和吴春波在其著作《下一个倒下的会不会是华为》中介绍过，"蓝军"参谋部主要职责包括：（1）从不同的视角出发，观察公司的战略与技术发展情况，进行逆向思维模式的思考，审视并论证"红军"战略/产品/解决方案中可能存在的问题；（2）模拟对手的策略，指出"红军"战略/产品/解决方案中可能存在的漏洞；（3）建立"红蓝军"的对抗体制和运作平台，采用辩论、模拟演练等方式，对当前的战略思想进行逆向分析讨论和批判性辩论，从技术层面上深入探索差异化的颠覆性技术和产品。

2008年，华为计划将子公司华为终端出售给贝恩资本。当时，"蓝军"组织在研究中发现了终端的重要价值，并提出了"云管端"战略（即云计算结合终端），全力阻止华为"脱手"终端业务。如今，根据市场研究公司 Strategy Analytics 第三季度数据，华为终端已经成为全球第三大手机厂商，仅次于苹果和三星。

当然，在制度层面上，华为对"蓝军"以及"蓝军"所代表的反对声音给予了极大的宽容和理解。按照规定，其在华为内部创造了一种保护机制，力求让"蓝军"有地位。任正非说："'蓝军'可能胡说八道，有一些疯子，敢想敢说敢干，博弈之后要给他们一些宽容，你怎么知道他们不能走出一条路来呢？"

现在看来，自我批判在华为不仅被纳入个人行为活动中，而且还被演化为正式的组织形式，设定为专门的组织结构板块，用以促动自我批判行动的推进和自我批判成果的实现。这一创举是非常成功的，也是非常值得业界学习和借鉴的。

第 3 章　战略定力

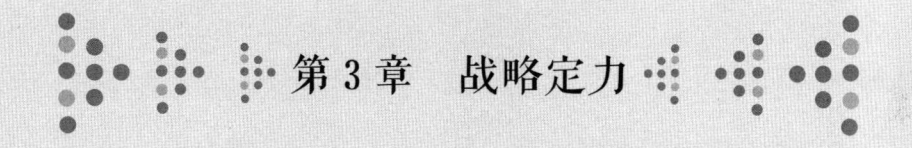

> 现在有人在网络上描述华为的战略是针尖战略，我认为他说出了真理。我们收窄战略面，在针尖领域，踩不着别人的脚。我们在主航道上是针尖战略。针尖战略就是冲到最前面，不与别人产生利益冲突。我们要从战略格局构建我们未来基本技术理论和思想。
>
> ——任正非

带着问题阅读：

1. 华为为什么要坚持聚焦管道战略？

2. 如何通过针尖战略实现边缘崛起？

3. 战略与创新到底是怎样的关系？

4. 如何平衡短期效益与长期发展？

5. 如何进行战略规划和落地？

3.1 管道战略

对企业而言,战略是用来开发企业核心竞争力、获取市场竞争优势的一系列综合性和协调性较强的行动规划。对华为来说,其最具特色的就是管道战略。

在全球ICT(Information Communication Technology,即信息、通信和技术)产业中,不同的公司有自己独特的战略选择。它们可能选择聚焦于开发芯片、开发基础软件、提供贴近客户的电子消费终端、企业运营管理……而华为选择聚焦的是管道。也就是说,华为所有业务都是沿着管道进行整合与发展的。2012年,华为公司正式明确了管道战略,这意味着华为将坚定不移地聚焦管道业务。

·管道战略·

3.1.1 聚焦管道战略

什么是管道?实际上,管道是一种获取资源和输出资源的途径和模式,其本身是一个完整的生态系统。当一个企业能够获得一条有效的管道,让希望获取的资源源源不断地进入企业时,所谓的"管道"便建成了。

（1）管道战略的总体设计

2012 年，华为开始试水管道战略。这一战略中的管道是从技术、产业视角出发的，一套用来承载信息的数字管道体系。华为人开始高呼："我们也是互联网公司，是为互联网传递数据流量的管道做铁皮的……"毋庸置疑，华为对互联网模式的认知是崭新而深刻的。

具体而言，华为的移动/固定宽带，发挥着类似于输水管道一样的资源输送和短时存储功能，客户可以借助这个管道获取信息资源；因特网协议（IPVideo）平台和会话描述协议（SDP）平台等信息管道的使能平台，则可以帮助客户更大程度地发挥出信息管道的价值，并为企业创造营收；基站设备（BSS）可以称得上是管道的运营和计费系统，网络能源则为管道供电。华为的这些设计都是服务于管道体系的，可以帮助客户更好地使用和管理管道体系。

（2）管道战略下的业务聚焦

在整个管道战略管理中，华为始终意志坚定地保持聚焦于某一领域，围绕这个管道体系进行业务拓展；同时，华为还会适当投资一些产品解决方案，以增加信息管道的容量，拓展管道的覆盖面，使管道得到更有效的管控和维护，进而使得客户和华为都能获得更大的发展空间。

这样看来，华为的管道战略本质上又是一种集中型战略。具体而言，面向消费者时，华为着力开发能够产生流量和消费流量的网络终端，而非连接的消费电子产品；面向企业和行业时，华为聚焦的是企业和行业所需要的ICT基础设施，只做ICT基础设施产品提供商，而非细分领域的应用软件；面向运营商网络时，华为聚焦的是E2E（端到端）大管道架构，将企业解决方案设计的目标设定为"高带宽、多业务、零等待的客户体验"。

基于这种战略定位，华为集中面向消费者、企业/行业、运营商三类客户，分别成立了各自的事业群，针对性地架设管道体系，为三类不同的客户提供ICT解决方案。同时，这些管道又是紧密相通、相互促进的，它们在技术上更是垂直整合的。比如，IT 技术在企业中使用的是服务器，在运营商网络中使用的是专用设备；无线通信技术在消费者中使用的是手机，在运营商网络中使用的是基站。总体上说，华为技术的系统整合与针对性共享，使得华为在服务于各类客户群体时，都能够提供更优质、更有竞争力的产品解决方案。

华为：管道战略下的业绩

在 2014 年全球分析师大会上，华为轮值 CEO 徐直军对华为实施管道战略后的业务情况进行了总结：在消费者业务方面，华为将通过口碑来强化消费者对华为的信赖，着力点包括手机质量、消费者体验以及服务；面向企业的业务收入占华为收入的比例为 6%，华为对企业业务的定位是做产品，与其他合作伙伴一起完成销售和服务；而运营商业务收入占华为总收入的 70%，华为在该领域已经构筑了领导地位，这块仍是最主要的利润来源，华为要成为运营商的最佳合作伙伴，帮助运营商降低成本。

这样，华为就打造了面向技术和产业视角的管道，致力于为存在管道需求的客户提供优质的服务。虽然客户需求始终在发生变化，但是华为坚持以客户为中心，无论哪类客户，只要需要管道并且能给华为带来利益回报，华为就向它开通管道，为之提供最优质的产品和服务，这也是华为在管道战略指导下的坚持。而且，华为这种管道聚焦，将始终面向人与人、人与物、物与物之间的连接，绝不会涉及信息或内容。

3.1.2 抢占管道高地

建立管道，必须打好基础，唯有如此才能创造出适宜的管道，满足客户的更多需求。在不同的时代和技术发展阶段，这些基础涉及不同类型的内容。

最初，华为的管道战略是以数据为基础的。要保障管道的覆盖面和应用率，企业必须抢占大数据制高点。任正非指示："在大数据流量上，我们要敢于抢占制高点。我们要创造出适应客户需求的高端产品；在中低端产品上，硬件要达到德国、日本消费品那样永不维修的水平，软件版本要通过网络升级。高端产品，我们还达不到绝对的稳定，一定要通过加强服务来弥补。"

在此过程中，任正非谈到了一些细节："超宽带时代会不会是电子设备制造业的最后一场战争？我不知道别人怎么看，对我来说应该是。如果我们在超宽带时代失败，也就没有机会了。这次我在莫斯科代表处讲，莫斯科城市是一个环一个环组成，最核心、最有钱的就是大环里，我们十几年来都没有打进莫斯科大环，那我们的超宽带单独在西伯利亚能振兴吗？""如果我们不能在高价值区域抢占大数据流机会点，也许这个代表处最终会萎缩、边缘化。这个时代在重新构建分配原则，只有努力占领数据流的高价值区，才有生存点。"他认为，从2012到2017年，华为必须抓住"大数据"潮流，这是华为抢占战略制高点的关键时期。

那么，大数据的制高点在什么地方呢？在10%的企业或地区。如果从世界范围看大数据流量，那么，在日本，3%的地区汇聚了70%的数据流量；在中国，10%左右的地区汇聚了未来中国90%左右的流量。

基于此，任正非指出，华为要集中力量，进行战略聚焦。形象地说，当华为发起攻击后发觉某个区域难以攻克时，便要将队伍调配到能够攻克的地方去。华为的目标是：只需要占领世界的一部分区域，而不奢望将自己的市场覆盖至全球。

随着技术的进步与发展，管道战略所依附的不再是大数据，而是图像。2016年，华为选拔了2000名有15～20年研发经验的高级专家及高级干部深入前线，"占领图像高地、云化时代"。

华为：抢占管道高地

2016年10月28日，任正非在深圳举行的"出征·磨砺·赢未来"研发将士海外出征大会上发表讲话表示,"我们错过了语音时代、数据时代,世界的战略高地我们没有占据,我们再不能错过图像时代"。任正非在讲话中表示,在当前行业数字化及网络转型的时机,华为从研发集结了2000名高级专家及干部,奔赴战场,与几万名熟悉场景的前线将士结合在一起,瞄准机会窗口,"纵向发展,横向扩张"。

可以说,从制定管道战略之始,华为就必须集中优势力量,全力拼向战略制高点,从而保障企业管道的覆盖面和应用率,促进管道的有效建设。

3.1.3 建设战略生态

在第13届华为全球分析师大会上,华为常务董事、产品与解决方案总裁丁耘强调说:"华为的产业战略,就是希望通过我们的投资来更加高效和整合的数字信息物流系统,实现人与人、人与物、物与物的连接,而华为坚持的管道战略的核心,就是聚焦在信息的传送、存储、分发以及呈现上。"

如果将华为聚焦管道战略更进一步地具体化,那就必须做好两个方面的工作:一是释放潜能,释放联接的潜能、释放带宽的潜能、释放数据的价值;二是帮助运营商进行数字化转型,构建生态系统,这是华为聚焦管道战略落地的重点工作。

(1)释放潜能

释放潜能是指在联接、带宽、数据三个方面入手。

一是释放联接的潜能。为此,就必须使能千亿联接。从华为发布的《全球联接指数报告2016》中我们可以看到,有55%的联接是发生在2B领域的,而剩余45%的联接则是发生在以人为中心的个人消费领域。未来,IoT(物联网)是一个非常有挑战性的产业。因此,华为必须聚焦于联接,以"1+2+1"战略使能千亿联接。在"1+2+1"战略中,两个"1"分别是指轻量级操作系统 LiteOS 和基于云的 IoT 联接管理平台,"2"则是指通过有线连接和无线连接这两种方式打造万物之间的互联关系。

二是释放带宽的潜能。在无线宽带领域,4.5G 是华为目前发展的重点所在。2016 年,华为部署了 60 张以上的 4.5G 网络。而在有线宽带领域,华为努力在光纤接入领域实现 Gbps 级的连接速率,并在传统铜线领域实现单用户 Gbps 速率并规模商用。与此同时,华为还在 5G、全光交换以及 ADN(应用驱动的网络)这三大领域进行极大的投入。其中,5G 是华为最为核心的投资方向,并为之积极推进了一系列革命性的技术测试。例如,5G 涉及的重要技术——切片技术领域,华为曾在 MWC2016 上与德国电信共同展示了两种场景下的端到端切片技术。

三是释放数据的价值。只有把 IT 基础设施向云架构转移,才能够以更低成本挖掘数字经济的价值:第一,通过硬件架构的重构来解决效率和速度问题;第二,通过软件优化解决资源共享问题;第三,通过挖掘数据的价值来支撑业务的创新。

(2)生态系统支持运营商转型

健康的生态系统是促进管道战略落地的外部环境。在生态建设方面,华为可供研习的行动有很多,其中最值得称道的是华为在运营商转型方面作出的诸多努力和支持。华为的目的恰如丁耘表示的那样:"华为聚焦管道战略,长期战略投入,厚积薄发,以产品和解决方案的创新和实践,支撑运营商的数字化转型。"

华为:投资建设数据平台

在展望行业前景时,华为轮值 CEO 郭平指出:"未来二三十年内,人类社会一定会演进为信息社会。预计到 2025 年,全球将新增 40 亿的宽带用户,超过1000亿的物也将被联接起来，每个人消耗的流量也将增长500倍以上。滚滚数据洪流水，浪花淘尽英雄，我们切莫辜负了信息时代慷慨的成长机遇。"在这样的时代背景下，华为必须选择有效的行为，去做粗管道。

为此，华为在建设BES、IES、大数据这三大平台方面投下了巨资，并着力与客户、供应商、竞争对手、运营商等多方合作，以期打造出一个开放的、互联网化架构的运营系统。比如，2016年11月，华为宣布将在2017年年初在日本东京建立研发中心，与日本企业携手合作，一起开发物联网和5G无线网络技术。

需要注意的是，在建设生态环境，实现企业面向未来的发展过程中，组织运营者还必须做好准备，去面对各种错综复杂的局面。如何使战略在现实中按预期落地，这是企业经营者无法逃避的问题。我们也必须坚信，只有一个生态系统具备生命力，才能保障一套先进战略进一步具体化，最终得以有效落地。

3.2　针尖战略

针尖战略是一种形象化的战略定位描述，是指将所有资源集中于一点，以期通过压强原则和力出一孔实现边缘崛起。

华为在成立之初是一个资源、能力比较一般的企业，其业务市场很难拓展。为了快速、有效地打开局面，华为从其他大企业看不上的"行业盐碱地"开始，在技术上强调针尖战略，坚持集中力量只做一件事，最终得以在市场上立足和成功。

3.2.1　赢得局部优势

在华为的财经变革项目规划汇报会上，任正非曾提到一个概念——"盐碱地"。在地质学上，盐碱地是盐类集积的一个土壤类型，这种土壤中所含有的盐分对作物的正常生产有极大的影响。在一些盐分含量较高的盐碱土壤地区，植物几乎是无法生存的。

同理，在很多市场（国家和地区）中，受到国际环境等诸多因素影响，企业即便辛勤耕耘，最终也可能颗粒无收，毫无所获，这些行业市场边缘（国家和地区）被任正非形象地称为华为的"盐碱地"。在西方大公司看不上的"盐碱地"上，在狭窄的市场空间里，华为坚持不懈地一点一点清洗耕耘，由此实现了所谓的"边缘崛起"。

在成立之初，华为先行锁定的"盐碱地"是农村，并设定了"农村包围城市"战略。之所以要从农村做起，是由当时的环境因素决定的。因为在华为初涉通信领域的时候，诺基亚、爱立信、摩托罗拉、西门子、富士通等国际巨头几乎垄断了整个市场。以华为当初的实力，想要打破这种垄断几乎是不可能的，华为随时都有被"吃掉"的危险。

同时，任何一个产品从研发到占领市场，都会经历一个非常漫长的过程：包括产品的稳定性，一定要经过很多的实验，包括线网实验、产品验证等环节。因此，站在客户的角度，那时，一些追求产品稳定性和品牌公信力的企业也不敢轻易使用一家小公司所研发出来的交换机。在这种大背景之下，弱小的华为只能从农村市场切入。

正如任正非在《天道酬勤》一文中描述的那样："放眼望去，所能看得到的良田沃土，早已被西方公司抢占一空，只有在那些偏远、动乱、自然环境恶劣的地方，它们动作稍慢，投入较小，我们才有一线机会。"

实践证明，华为的战略是非常正确的。它从农村市场向城市市场拓展的脚步也十分迅速，在几年之内就占有了非常高的城市通信市场份额。1998年，华为进入了第二次创业时期。这一年，华为的销售额比1995年激增6倍，到达惊人的89亿元，华为基本实现了"农村包围城市，最终夺取城市"的战略目标，在国内的主要城市都有华为的核心产品。在交换机市场，华为超越了世界巨头朗讯和西门子，成为两家最大的供应商之一，切实实现了从通信行业市场边缘崛起的理想。

不过，在华为不断进步与发展，成为通信设备领域的领路人后，若依旧采用过去的战略战术，必定给企业带来沉重的成本负担。于是，华为对"针尖"的方向作出了调整，在机会成熟的情况下，重点选择对公司有价值的客户作为战略伙伴。任正非指出："我们要敢于不在乎一城一地的得失，占据一部分地区、一部分客户，服务好他们。"

华为：针尖战略的方向性调整

2013年，华为开始调整战略，主攻方向从农村转为发达国家市场。在年度举行的全球分析师大会上，华为透露了今后发展的"路线图"。时任公司轮值CEO的徐直军表示，华为未来5年的运营商业务，将主要聚焦在发达国家，并使其成为新的增长点。

在企业业务方面，华为的主要拓展市场是欧洲、中国以及26个大企业较为集中的地区。在消费者业务方面，华为将进入30个智能手机需求较发达的国家。

任正非指出："我们现在是'针尖'战略，全力往前攻，我很担心一点，'脑袋'钻进去了，'屁股'还露在外面。如果低端产品让别人占据了市场，有可能就培育了潜在的竞争对手，将来高端市场也会受到影响。"

华为是从低端市场入手，完成积累后，逐步进入高端市场的。因而，即便在进行针尖战略的实践转向，进行主攻方向的调整时，华为仍然不忘对已占领的行业边缘市场的把握。

3.2.2 指向核心技术

如果仔细分析华为的发展历程，我们就会发现：华为从创立伊始便长期致力于核心技术——通信核心网络技术的研究与开发,在配置强度上大大超过竞争对手,以求重点突破,然后迅速扩大战果,最终达到系统领先。简单地说,华为的针尖一直锁定在核心技术上,并围绕核心技术进行优化与改进。

当年,华为把代理销售取得的点滴利润几乎全部集中到研究小型交换机上,通过局部的突破,逐渐取得技术的领先和利润空间的扩大。技术的领先带来了机会和利润,然后,华为又将积累的利润投入到升级换代产品的研究开发中,如此周而复始,持续创新。

华为:针尖战略的实施过程

20世纪90年代,华为从代理HAX交换机后,就开始积累技术,并投入了全部的"家当"生产JK1000产品,希望借此缩小与其他同类厂商的技术差距。紧接着,华为还试了万门级程控交换机的研发,在巨龙等竞争对手的挤压下,华为成功地研发出C&C08,很快就获得了订单,至今都对华为有着重要的市场贡献。

1995年,华为又研制了7号信令,让华为的产品有了明显的优势,全国邮电部门全网开放了华为的新产品。同年5月,随着华为推出了全数字的ISDN排队机、智能平台、200号平台、双向CT2、7号信令的监视仪等多种产品,全面拉动了华为的销售,使得华为的业务领先于国内其他企业。

2014年5月2日,任正非在伦敦接受外国媒体采访。路透社记者珍妮·巴雷特问道:"有关研发方面,您觉得华为在5~10年后,技术方面会发展到什么程度?"任正非回答:"我不太管具体事情,所以现在我不能汇报具体业务数字。现在华为公司战略就像'针尖'战略,收缩到窄窄的一点,投入在这点超强力量。我们有七八万研发人员,每年投入五六十亿美元或者更多,瞄准未来大数据流量,华为应该处在领先位置。有限的力量聚焦在窄窄的面上,华为才有可能长期处于领先位置。"

专注于通信核心网络技术的研究与开发，使华为始终保持在技术领域的领先地位，并形成了企业的核心竞争力。任正非说："华为知道自己的实力不足，不是全方位的追赶，而是紧紧围绕核心网络技术的进步，投注全部力量。又紧紧抓住核心网络中软件与硬件的关键中的关键，形成自己的核心技术。"

当然，华为的针尖指向也并非始终坚定如一，事实上华为也曾经做过一些尝试性的调整，并意图实施多元化经营战略。

华为：针尖指向房地产？

早期，华为也差一点进军房地产业。2002年，华为与摩托罗拉谈判，决定将华为硬件体系以100亿美元的价格出售给摩托罗拉。但是，双方草签合同后，摩托罗拉董事长人员更迭，新上任的领导未通过原有合同协议，双方最终未能达成此次合作。毫无疑问，华为高层当时是非常沮丧的。但时至今日，华为应该感谢这位新上任的董事长，若非他的否定，中国企业界不过是多了一家地产商，但世界电信的格局却将因此而改变。

此次交易失败后，华为内部召开了一次关于未来战略的大讨论，结论是：华为坚持只做一件事，资源更加集中，这样华为就会成功。《华为公司基本法》的诞生，恰恰是华为针尖战略的设计体现，它保证了华为后来发展的战略路径不再走偏。

毋庸置疑，任何企业拥有了核心竞争力，它就会赢得在市场上的主动和竞争优势。华为将针尖锁定在核心技术领域后，倾全力于技术，终于得以一步一步前进，逐步积累到世界先进水平。如今，华为已经是全球通信行业事实上的领导者，身负产业换代的技术探索责任。

华为：5G 技术的革命性研究

在 2015 年的 ITU 会议上，华为定义了 5G 的三类典型应用场景。从 ITU 的定义来看，无论是上网速率、连接数还是端到端时延，4G 网络及其演进技术都无法满足。因此，华为呼吁产业界持续加大投入，通过革命性的技术创新来做强移动宽带，使万物能移动互联。

对于针尖战略下的技术发展历程，华为总结道："2G 时代华为是照着国外产品做，3G 时代我们跟着国际标准做，4G 时代我们参与了标准的制定，5G 时代华为有了充足的积累，可以在标准制定之前就进行早期投入，推动全球发展统一的 5G 标准。"

目前，华为已与全球移动运营商联盟组织 NGMN 的成员进行了密切合作，探讨 5G 需求、定义 5G 场景，包括中国移动、日本 NTT DOCOMO、韩国 LGU+、KT、欧洲沃达丰、德国电信等在内的 20 多家全球主流运营商，均与华为正式签署了 5G 合作备忘录。其中，华为与俄罗斯 MegaFon 合作为 2018 世界杯场馆提供 5G 试验网络覆盖，与中东 Etisalat 合作为 2020 世博会提供 5G 商用网络覆盖。

在与垂直行业的合作方面，华为是欧洲 5GVIA（5G 垂直行业使能器）的创始人之一。近年来，华为一直联合行业组织、标准组织、运营商和设备商等组织单位，在辅助驾驶和自动驾驶、智慧医疗、智能制造、智能电网等领域，共同推进 5G 技术的广泛应用。2016 年，华为与 KUKA（世界四大工业机器人制造商之一）签署了战略合作协议，共同推进 5G 技术在工业 4.0 和智能制造领域的应用。

纵观华为发展的全部历程和各个阶段大事件，我们几乎都可以看到其对针尖战略的全面实践与落实。而华为也确实像任正非说的那样："公司各个层面都要聚焦到机会窗，我们整个队伍都要聚焦起来。我们公司在技术上强调'针尖'

战略，正因为我们这二十几年来，坚持只做一件事，坚持像'乌龟'一样慢慢地爬，才有可能在几个领域里成为世界领先。"

3.2.3 确保针尖战略

针尖战略的本质是力出一孔，这也成为华为的著名战术。对于力出一孔，任正非这样解释："水和空气是世界上最温柔的东西。但大家又都知道，同样是温柔的东西，火箭是空气推动的，火箭燃烧后的高速气体，通过一个叫拉法尔喷管的小孔，扩散出来的气流，产生巨大的推力，可以把人类推向宇宙。像美人一样的水，一旦在高压下从一个小孔中喷出来，就可以用于切割钢板。可见力出一孔，其威力之大。15万人的能量如果在一个单孔里去努力，大家的利益都在这个单孔里去获取。如果华为能坚持'力出一孔，利出一孔'，下一个倒下的就不会是华为。"

华为面对巨大的通信市场，如果全方位投入竞争，那么必定无法承受压力。因而华为强调集中力量打歼灭战，也就是"力出一孔"的战术。选准一个突破口，把人力、物力、资金全集中在这个点上。任正非说："这样就可撕开一个口，撕开一个口就有市场，有市场赚了钱再加大投资，加大投资又会有更大的突破，有突破又会有更多的市场，这样就会形成一个良性循环。"

华为从创业伊始就把代理销售取得的利润全部集中到小型交换机的研发上，力出一孔形成局部的突破，逐渐获得了技术上的领先。抓住机会窗后，又将积累的利润投入到下一代产品的开发中。就这样周而复始，到了今天，华为依然坚持这个战术，集中力量开发核心技术。

当年楼市、股市一片繁荣，互联网也呈蓬勃态势。华为在业务方面仍聚焦主航道，把精力集中到一点上突破，遭到了外界的挖苦与嘲笑。任正非却说："大家知道，坦克在稀泥沼泽上可以通行无阻，但是针落到强硬的地板上，地板却经不起压强。就是说，我没钱，我就把它集中在一点上来投，压得死死的，我可能在这里面就有突破。"有人将华为的这种战术比喻为针尖战术,任正非认为这道出了真理,在针尖大的点上形成优势,进而突破。

隆美尔:"沙漠之狐"的"闪击战"战术

被称为"沙漠之狐"的隆美尔在北非战场上经常采用"闪击战"这种战术。1941年11月20日,隆美尔的军队在英军的右翼方面施加压力。当天的战斗,隆美尔的两个师都获得了胜利,并进入一个良好的基地,足以进攻敌人中央纵队的后方。由于隆美尔的兵力处于劣势,所以他决定把全部机动兵力集中在一起,采用各个击破的战术,逐一消灭英军部队,直到打垮对方整支队伍。此时,英军却把装甲旅分成独立的单位,分别应敌。这让隆美尔在每次战斗中都能获得局部优势。

隆美尔说:"闪击战的意义在于集中兵力于一点,强行突破对方阵地,向两边卷动以确保侧翼的安全,再像闪电一样透入,不让对方有反击的时间。"无论是战场还是商场,这个战术都同样适用。华为的精兵组织就是用来贯彻这一战术的,通常华为用精兵强将来做畅销产品。当其他产品卖不动时,华为就会迅速征召这些兵力,去抓、去抢市场畅销产品的销售机会。这造就了华为强悍的市场能力,令各大电信巨头头疼不已。

华为的"力出一孔"的战术十分看重人力资源的规模。《华为公司基本法》第8条规定:"我们强调人力资本不断增值的目标优先于财务资本增值的目标。"第13条规定:"机会、人才、技术和产品是公司成长的主要牵引力。这四种力量之间存在着相互作用。机会牵引人才,人才牵引技术,技术牵引产品,产品牵引更多更大的机会。加大这四种力量的牵引力度,促进它们之间的良性循环,就会加快公司的成长。"华为公司在1995年取得程控交换机的入网许可证后,便开始大规模引进人才，人数从当年的 1200 多人，一直增长到 2016 年的 17 万人。2016 年，华为实现销售收入 5216 亿元人民币，是国内互联网三巨头 BAT 销售收入的 1.4 倍。

华为轮值 CEO 郭平在 2016 年新年致辞中说："28 年来，我们从几百人对准一个城墙口冲锋，到后来，几千人、几万人、十几万人对准同一个城墙口持续冲锋，从不畏惧，决不屈服，英勇奋斗。我们现在每年投入 1000 多亿人民币，研发约 500 亿、市场服务约 600 亿，仍然对准同一个城墙口：大数据传送，终于取得了突破，处在世界领先位置。"对于企业经营者而言，应当发挥资源优势，收窄业务宽度，集中兵力突破，利用压强原则抢占市场。

·压强原则·

3.3　创新发展

虽然华为奉行"拿来主义"，但这并不意味着它会盲目追求复制而忽视创新。事实上，华为深刻地认识到："在当前全球经济一体化、信息化的趋势下，创新才是企业生存的根本，是发展动力，也是成功的保障。只有本着'客户是上帝'的原则，保证产品与顾客需求的同步化，企业才能在市场的洪流中处于领先地位。"而华为也在战略上始终坚持创新，谨记"不创新，就死亡"的教训，不断创造着辉煌。

3.3.1　不创新就死亡

很早以前，很多企业经营者习惯于把创新视为一种冒风险行为；然而如今，对于企业来说不创新才是真正的、最大的风险。很多人可能为一个创新型企业的经营风险感到担忧，但是创新型企业自身却明白"我并不危险"。因为，虽然企业每年的科研和市场的投入是巨大的，但是它的潜力远大于表现出来的实力，这是企业向前发展的基础。企业注重内部管理的进步，愿意把大量的有形资产转变成科研成果和市场资源，虽然短期内利润有所下降，但是企业的竞争力却会大大增强。

对此，任正非表达了自己的见解："在知识经济时代里，企业生存和发展的方式发生了根本的变化：过去是资本雇佣劳动，即资本在价值创造的要素中占据着支配性地位；而现在却是知识雇佣资本。当知识产权和技术诀窍的价值和支配力超过了资本时，资本唯有借助知识，才能实现保值和增值的目标。过去人们把创新看作是冒风险，现在不创新才是最大的风险。""没有创新，要在高科技行业中生存下去几乎是不可能的。在这个领域，没有喘气的机会，哪怕只落后一点点，就意味着逐渐死亡。"

基于这种认知，华为从成立之初就主张创新，发展自己的核心技术，并把它看成华为的生命。就像安利创始人之一理查·狄维士描述的那样："如果我们永远不能自立，那么我们将永远不能摆脱贫困。只有自立，才能拯救自己。"

华为：从创立起始的创新坚持

与大多数技术公司一样，华为在初创时没有任何现成的技术，仅是一个代理香港的 HAX 交换机的小公司。同时，外国竞争对手对国内企业优势明显，让华为很难立足。任正非说："外国人到中国是为赚钱来的，他们不会把核心技术教给中国人，而指望我们引进、引进、再引进，企业始终没有独立。以市场换技术，市场丢光了，却没有哪样技术被真正掌握。我国引进了很多工业，为什么没有形成自己的产业呢？关键核心技术不在自己手里，掌握核心，开放周边，使企业既能快速成长，又不受制于人。"任正非清醒地认识到核心技术的重要性，并更加坚定了他对技术自立的信念。

在这种困难的情况下，任正非要求华为人发扬自助精神，开发自己的核心产品。可以说当时华为是孤注一掷。他不惜在技术研发上投入大笔资金，甚至将"按销售额的10%拨付研发经费"写进了1988年出台的《华为公司基本法》中,其目的就是拥有自己的核心技术。1992年,任正非累计将1亿元人民币投入到研制数字交换机上。在动员大会上任正非还特意站在5楼的会议室对全体干部和研发人员说:"这次研发如果失败了,我只有从楼上跳下去,你们还可以另谋出路。"

对华为来说,技术创新是一条漫长的路。每当香港HAX公司的工程师到现场维护,华为就会派工程师到现场学习;同时,华为公司还从全国各大高校高薪聘请技术人才。华为有了一定的技术积累后,就将全部的资金和人力投入到JK1000交换机的研发工作中。此后,华为又马不停蹄地研制万门级程控交换机。1994年,华为推出了**C&C08**交换机,奠定了自己在国内通信市场的技术领先地位。

时至今日,华为特别强调在面对未来的不确定性时要张开喇叭口,要"多路径,多批次,饱和攻击",要加大对研究的投入。所谓加大研究的投入,是指从销售收入的10%,进一步加大到15%。如此之大的创新研究投入,在业界是非常罕见的。

可以说,在华为的发展历程中,即使面临再大的挑战,也在坚持持续创新,因为他们深刻体会到"不创新,就灭亡"的残酷性。这就像一枚鸡蛋,如果能够从内向外去打破,我们会创造新生;但如果从外向内被打破,我们便可能变为一枚煎蛋。因此,在创新的道路上,华为人坚持不懈地用自己的双手,"挖开"了一条通向世界的道路。

3.3.2 反对过度创新

为了在市场上取得突破,抢占市场份额,任正非要求华为人每时每刻都要思考如何开发新技术,提升企业的核心竞争力。可是,任正非也强调,创新不是随意而为,它应确保在"度"上的平衡。基于此,华为提出了一个创新

· 华为的创新观 ·

的原则：要保持技术领先，但不能领先太多，而只能领先竞争对手半步，领先三步就会成为"先烈"。当然，华为这套较为现实的创新战略思想并非一朝一夕就形成的，它经过了一段较长而复杂的发展过程。

（1）盲目地创新

其实，任正非提出"技术开发只能领先竞争对手半步"的结论，是从早期盲目创新的失败教训中总结得出的。

华为：超前创新导致项目败北

1998年，华为在中国联通的CDMA项目招标中落选，这对华为而言是一次重大的打击。华为内部就此做了检讨和分析，当时公认的3G产品有两个版本——IS95版和IS2000版。两相比较，前者相对成熟，而后者采用了新的技术。华为在战略分析上认为，IS95版只是过渡产品，最终要向IS2000版过渡，况且它还可以兼容IS95版，于是投入大批资源来研发IS2000版本。

招标时，联通考虑到IS2000版是新研发出来的，性能不够稳定；而IS95版虽然较老，但可以保证系统运营的稳定性，权衡之下，联通选择了IS95版本。

华为的失败基本上是因为当时没有把握住客户的需求，过度创新导致的。任正非说："超前太多的技术，当然也是人类的瑰宝，但必须牺牲自己来完成。IT泡沫破灭的浪潮使世界损失了20万亿美元的财富。从统计分析可以看出，几乎100%的公司并不是因为技术不先进而死掉的，而是因为技术先进到别人还没有对它完全认识和认可，以至于没有人来买，产品卖不出去却消耗了大量的人力、物力、财力，丧失了竞争力。许多领导世界潮流的技术，虽然是万米赛跑的领导者，却不一定是赢家，反而为'清洗盐碱地'和推广新技术而付出大量的

成本。"直到 2017 年,任正非仍然在消费者 BG 年度大会上反复提醒人们:"不要无价值地盲目创新。面对不同的消费群有不同的终端界面,我理解,但是面对同一个消费群,有些创新就没有必要。"

技术创新是华为发展的核心动力,但是当技术创新远远领先于客户实际需求时,它不仅很难给企业带来价值,反而会造成极大的负担。创新过度不仅难以形成市场效应,有时也会影响企业战略聚焦,致使企业失去战略机会。因此,华为要求研发人员必须端正对创新程度的认知,并在实践中把握好创新的尺度。

(2)微创新

微创新,顾名思义,它并非大跨越式、革命性的创新,而是围绕用户的细小需求和体验提升开展的一种渐进式创新模式。

360 安全卫士:最早提出"微创新"的概念

"微创新"一词最早出自 360 安全卫士董事长周鸿祎。周鸿祎称:"你的产品可以不完美,但是只要能打动用户心里最甜的那个点,把一个问题解决好,有时候就是四两拨千斤,这种单点突破就叫'微创新'。尤其是对于小公司,因为大公司拷贝有优势。对于这一点,创业者没有什么可抱怨的,这就是现状,唯一要抱怨的就是自己没有创新。要做出'微创新',就要'钻进'用户的心里,把自己当成一个老大妈、大婶那样的普通用户去体验产品。模仿可以照猫画虎,但肯定抓不住用户体验的精髓。"

在互联网行业中,通过微创新的形式为企业开创新型商业模式,进而颠覆行业格局的例子并不少见。比如,2013 年开始引爆业界的互联网金融产品之于传统金融。这些创新成果围绕客户消费需求心理而诞生,因而它们在很短的时间内便得到了市场和客户的大力追捧，对传统业务模式造成了极大的冲击。

当然，微创新并非互联网行业的特有法宝。随着宽带的广泛存在和移动互联网的影响深化，所有行业开始在跨界和融合的大趋势中不断地接受洗礼和考验。

这种情况下，所有企业必须依赖敏锐的市场洞察力，围绕"用户体验至上"进行敏捷创新，才能实现持续的生存和发展。其中，吸引客户深入参与企业微创新的过程，为客户创造极致体验尤为重要。

对于华为来说，微创新也绝非新名词。2004年，华为的网络设备领域在荷兰实现了零的突破，这主要是源于为解决客户需求而在原有基站塔上安装3G基站的"微创新"。甚至华为的整个移动终端业务都可以被视为"为满足客户欧洲运营商3G数据业务普及而发展出来的"。正如任正非所指出的："创新不是推翻重来，而是在全面继承的基础上不断优化。"

（3）颠覆性创新

2013年12月31号，任正非发表了一篇文章，标题是《大公司如何做到"不必然死亡"》。在这篇文章中，任正非的核心问题是：在瞬息万变、不断涌现颠覆性创新的信息社会中，华为能不能继续生存下来？

任正非认为，华为就像"宝马"，正在迎接特斯拉的挑战。他说："宝马追不追得上特斯拉，一段时间是我们公司内部争辩的一个问题。多数人都认为特斯拉这种颠覆性创新会超越宝马，我支持宝马不断地改进自己、开放自己，宝马也能学习特斯拉的。汽车有几个要素：驱动、智能驾驶（如电子地图、自动换挡、自动防撞，直至无人驾驶……）、机械磨损、安全舒适。后两项宝马居优势，前两项只要宝马不封闭保守，是可以追上来的。当然，特斯拉也可以从市场买来后两项，我也没说宝马必须自创前两项呀，宝马需要的是成功，而不是自主创新的狭隘自豪。"

从这段话可以看出，任正非认为宝马经过技术学习完全可以摆脱特斯拉对它的颠覆，这同时也支持了他的观点："大公司不是会必然死亡，不一定会惰息保守的，否则不需要努力成为大公司；而大公司的死亡很大程度上是因为惰息保守。"同时，我们也会发现华为在坚持微创新的思想基础上，开始允许企业战略向大幅创新方向稍作倾斜。

事实上，在华为的发展历程中，有一个经营思想是一以贯之的，那就是：持续思考创新，平衡好创新的度，让创新适于华为的生存与持续发展。创新成为推动华为其他发展战略（如管道战略）实现的重要因素，而伴随着华为的发展，其本身也被视为华为行动中的一种战略。

3.3.3 开放性创新

为了加快创新的节奏、降低创新难度，华为在强调自主创新的同时，还特别设计了一种创新策略——开放性创新。开放性创新是指在前人创新的基础上作出创新，广泛吸收相关领域已有的技术和知识，厚积薄发。

对此，任正非创造性地提出"鲜花插在牛粪上"的创新理念，以此警醒华为人在创新的道路上要认清形势，不要闷着头乱来。他说："鲜花长好后，又成为新的牛粪，我们永远基于存在的基础去创新。在云平台的前进过程中，我们一直强调鲜花要插在牛粪上，绑定电信运营商去创新，否则我们的云就不能生存……当年定的鲜花必须插在牛粪上，是我们自己曾经有过的教训。"

他还提出，用"美国砖"修"万里长城"。他指出，"华为很多IT系统和工具软件，都是自主研发"，这是华为早期的研发模式，因为从零起步，不得不耗费大量的精力和时间做好入门工作。通常这样的新产品性能不够稳定，可靠性差。后来华为在研发上积极参考国际同类工具软件，这类软件已经投入使用了很长时间，口碑也好，成熟度高，完全可以借鉴其成果。

基于此，华为人在创新过程中，要站在巨人的肩膀上，多借鉴和吸纳外界已有的先进工具和经验，多用"美国砖"（业界先进的技术和工具软件）修"万里长城"（IT系统、工具和软件），凭借欧美先进软件包，建设高质量的IT系统。

恰恰瓜子：中草药香味的煮瓜子

像华为这样懂得借助业务领域中的现有知识技术的企业还有很多，比如恰恰瓜子。在恰恰瓜子占领市场之前，瓜子行业一贯坚持炒制工艺，而食用炒制瓜子容易引起上火，食用完之后脏手的现象非常普遍。洽洽瓜子的创始人通过分析研究市场现状后进行了创新：他将炒瓜子转变为煮瓜子，在其中添加中草药香味，避免出现上火的症状，煮制工艺使得人们食用起来不脏手，恰恰瓜子也因此深受客户喜爱。恰恰瓜子就是在原有工艺基础上进行创新并取得了成功。

在华为看来，自主创新存在一个明显的死结，就是容易陷入死胡同，或形成一个封闭系统，最后，做出来的产品不一定比别人好。而华为的这种开放性创新模式，就如谷歌经济学家哈尔·瓦里安指出的那样，人类正迈进一个"组合创新"的新时代，当环境中充斥着丰富的资源时，人们就可通过组合和再组合进行新的创造。例如，在19世纪，采用标准化设计的齿轮、滑轮、链条等机械装置，促进了汽车、造船业的发展；20世纪50年代，集成电路的普及带来了各类电器，如电视机、半导体收音机等。

为了使开放性创新有效推进，华为非常认可对知识产权的吸收。任正非指出："如果别人合理收取我们一点知识产权费，其实相对更便宜，狭隘的自主创新才是贵的。"

如今，华为自身也成了知识产权的所有者。2015年3月19日，世界知识产权组织（WIPO）发布了2014年国际专利申请件数统计数据。该数据显示，2013年位居第三位的华为公司，以3442件的申请数超越日本松下公司，成为2014年的最大申请人。可以说，华为在通信领域已经拥有了这个行业最具价值的知识产权组合。而知识产权申请使得华为的创新获得了法律保障，避免了其专利被不正当地滥用，同时也为华为带来了更大的竞争力。

事实上，很多企业（特别是 ICT 产业）的战略发展都与创新息息相关，这始终是企业战略管理中一个不可或缺的主题。对于每个企业而言，到底是像华为这样严格限定创新的尺度，还是无限制地放大创新带来的改变，以让创新成为战略发展的有力驱动因素，则是每一位经营者必须考虑的重点和难点。

3.4 商业成功

企业的营利性决定了企业战略必须追求商业成功。对此，任正非说："我认为成功的标准只有一个，就是实现商业目的。其他都不是目的。这一点一定要搞清楚。我们一定要有一个导向就是商业成功才是成功。"商业成功必须要平衡短期效益与长期发展。短期效益是维持企业基本运营和发展的基础，如果过度追求短期效益，又可能扼杀企业长期发展的机会。如果过度追求长期发展，忽视短期效益，又可能使企业"活下去"面临威胁。为此，华为提出"只获取合理效益""持续增长要从短期、中期、长期三个方面来衡量"的理念，以确保企业效益既能维持企业的短期运作，同时又能推进企业的长期发展。

3.4.1 以利润为导向

利润是企业效益的主要体现。以利润为导向是指企业要以增加营收、节约开支为中心，一切经营活动皆需考虑其投入产出比，实现经济效益的综合平衡。而在效益水平和资金管理等方面，华为无疑有着自己独到的观点和思考，并由此形成了华为的基本效益观。

（1）销售收入、利润、现金流三足鼎立

任正非曾经在 EMT 办公例会上有过这样的讲话："销售收入、利润、现金流三足鼎立，支撑起公司的生存发展。单纯的销售额增长是不顾一切的疯狂，单纯地追求利润会透支未来，不考核现金流将导致只有账面利润。光有名义利润是假的，没现金流就如同没米下锅，几天等不到米运来就已经饿死了。"

因此，华为在考核企业效益时将销售收入和利润都赋予了一定的权重，并以此作为导向去引领华为的效益管理工作。当然，仅以这两点作为导向是远远不够的，华为还格外侧重对现金流的管理。

任正非举了一个有趣的例子，他说："我们可以给客户的合同做得漂亮，价格卖得很贵，账面利润也不错，却是5000年后一次付款。我们若只有账面利润，没有现金流，我们要饿5000年等着收款，到那时你们已经饿瘪了，没有力气吃饭了，因此，一定要加强现金流的控制和管理。"可见，华为对销售收入、利润、现金流三者的平衡关系是非常重视的。

2017年6月，任正非连续4天出访泰国、德国、波兰和俄罗斯4个国家，其在讲话中多次强调"有利润的增长和有现金流的利润"。如果尚未具有适宜的条件，泛网络的销售规模可以降下来，收入下降时就考虑减低费用。在全球经济不景气的时代，运营商日子难熬的境况下，不能逼着企业盲目增长，以免把企业逼至绝境。

（2）保持销售与利润增长的状态

2014年5月，任正非在《喜马拉雅的水为什么不能流入亚马孙河》的讲话中，首先肯定了华为公司的发展，认为"基本踩对了鼓点"。为什么这样说？因为在世界整体经济发展不景气的时候，华为仍然在强调规模化增长，并坚持以利润为中心——销售量是为利润服务的，而不是奋斗目标。

"华为的财务曾算过账，华为公司的现金够吃三个月，那第91天时，华为公司如何渡过危机呢？"任正非认为，企业必须坚持依据战略贡献来选拔优秀干部，也就是说，干部获得提拔的充分必要条件之一是要能使所在部门盈利。这从一个侧面也反映出，企业的一切行为都要以利润为中心，必须实现效益增长。

华为：从规模增长到利润增长

2009 年，任正非在与 PMS 高端项目经理的座谈中提到，华为公司在前面 20 年是以规模为中心，是因为那个时候的市场潜在空间很大，利润还比较丰厚，只要抢到规模就一定会有利润。但是现在华为正在发生改变。华为强调每个代表处、每个地区部、每条产品线都必须以正的现金流、正的利润和正的人均效益增长为中心做进一步考核，我想三年内会发生比较大的变化。如果继续以规模为中心，公司会陷入疯狂。以利润为中心一定是我们最后的目标。

事实证明，恰恰是"以利润为中心"的理念持续刺激着华为一步步实现效益增长。年报显示，华为 2014 年实现全球收入 2882 亿元人民币，同比增长 20.6%，净利润 279 亿元人民币；2016 年实现全球收入 5216 亿元人民币，同比增长 32%，净利润增长至 371 亿元人民币。

3.4.2 获取合理效益

虽然华为的效益观念是以利润为中心，但是这种对利润的追求并不过高、过分。华为认为，在行业市场里，保持合理的效益水平即可。

在市场上，很多企业在效益方面追求的目标是实现最大化。为此，它们可能会大力挤压同行的生存空间，绞尽脑汁将可能收到的钱纳入自己的囊中。但是，这种做法往往会把企业引至一种绝境。

王安公司：奢望赚尽市场，最终却分文难取

1980 年的王安公司是电脑业界的老大，特别是其经营的文字处理机已经初具台式 PC 的雏形；而当时的 IBM 正在铆足劲迎头赶上，不仅在 PC 上大量投入研发，而且开放相应的技术标准。20世纪80年代初，消费者开始对个人电脑产生极大的兴趣，文字处理机开始受到冷落。王安公司不得已开始搞个人电脑，并在几周后迅速问世。然而，王安公司设计的个人电脑却存在一个致命弱点：不与IBM软件兼容。这是王安公司故意为之，其希望可以全面为消费者提供硬件和软件，这样便可以使公司维持垄断地位，并为公司收获更多利润。

至1984年，IBM的PC机已经可以运行100多种软件，王安公司却不允许任何一种别家软件在自家电脑上动土。待王安公司决定生产与IBM相匹配的个人电脑时，IBM的PC标准已经成为整个行业的标准。而三年间，王安公司财务急剧恶化，亏损额高达4.24亿美元，股票下跌了90%。就这样，王安电脑的历史写到1992年，再也没能写下去。公司申请破产保护后，王安电脑连同创始人瞬间销声匿迹。

由此可见，以效益最大化为企业目标，并非一种明智的策略。如果我们结合王安公司的实例便会发现，通过共赢合作实现的效益合理化，要比通过企业垄断实现的效益最大化，更容易保障和促进企业的长期发展。

（1）不垄断，在合作中赢得发展空间

在企业发展过程中，妄图吃独食，很可能最终什么也吃不到。因为企业的资源很难覆盖所有领域，如果企业主动放弃一些市场，与其他同行业者合作，有时会为自身赢得更广阔的生存空间。

以华为与美国3COM公司的合作为例。就华为当时的能力来说，要想短期内赢得全部市场利润，难度极大，甚至是不现实的。而企业之争又都是利益之争，如果大家都愿意分蛋糕，创造一个好的大环境，那么最终大家都可以吃蛋糕；如果你争我抢，恶化市场环境，那么最终可能谁也吃不到。所以，当华为不追求最大化效益，而选择与美国3COM公司合作时，反而为自己赢得了未来发展的机会。

（2）不低价倾销，避免破坏行业价值

对此，任正非这样解释："你要把价格卖贵一点，为什么卖那么便宜呢？你把东西卖这么便宜是在捣乱这个世界，是在破坏市场规则。西方公司也要活下来啊，你以为摧毁了西方公司你就安全了？我们把这个价格提高了，那么世界说，华为做了很多买卖，对我们价格没有威胁，就允许它活下来吧。"

（3）利润合理，以保障持续发展的资本

对此，任正非在《华为的红旗到底能打多久》一文中是这样论述的："华为公司不需要利润最大化，只将利润保持在一个比较合理的尺度。华为追求什么呢？华为依靠点点滴滴、锲而不舍的艰苦追求，成为世界级领先企业，来为华为的顾客提供服务。"

基于这样的认知，华为将产品和服务定价在原有基础上略微调高，设定合理的毛利水平。如此一来，既保障了自身的销售收入，又不至于在市场上被同行业者排挤。这为华为的持续发展留下了基础空间。

3.4.3 向管理要效益

任正非说："华为随便抓一个机会就可以挣几百亿，但如果我们为短期效益所困，就会在非战略机会上耽误时间而丧失战略机遇。所以，华为公司要坚持跑马拉松，要具有马拉松精神，一步步地跑，慢慢跑，要持续盈利。"也就是说，华为是追求长期发展的，为了长期发展可以放弃一些短期效益；而为了实现长期发展，华为又必须关注是否能够确保短期效益的实现，因为短期效益是企业实现长期发展的基础。

为此，华为对外让利，保障长期发展的机会空间；对内把控，保障短期效益的实现。这便是华为的一个经营策略：向管理制度要效益。对此，任正非曾在1997年华为内部的一次讲话中这样阐释："市场部在抓组织改革的同时，要加强管理制度建设，依靠管理减低成本。向管理要效益，要对外国通信巨头的竞争有充分的思想准备与组织适应准备。不屈不挠地坚持管理制度改革。"

任正非认为，管理就要像"拧麻花"一样，越拧越紧，哪怕过了4000年，还要像埃及金字塔里的麻绳一样，仍然结实牢固。所以，管理制度的设计必须严谨有效。

当然，"拧麻花"的方法有很多种，制定管理制度的方法也有很多种。在管理中，你可以用前后"拧麻花"的方法，要求在管理制度中增加一个时间的维度，一个时期强调一种主要倾向，一张一弛，波浪式发展；也可以采用上下"拧麻花"的方式，遵照制度要求，让企业高层领导向战略方向上"拧"，中基层主管和员工往效率和效益上"拧"；还可以从里向外"拧麻花"，内部追求股东和员工利益，外部则满足顾客和合作者利益，维护哪一方利益都必须以其他方面利益的合理实现为前提，损害哪一方利益都会损害各方面的利益。

为了能够坚持向管理制度要效益，任正非还在2006年提出了全面效率化管理的口号，从制度上要求把华为的组织效率提升作为管理核心，从注重规模化扩张的粗放式管理向注重组织效率的精细化管理过渡。

任正非的这种做法是十分明智的。事实上，企业要想以制度化促进管理的进步，进而向管理要效益，在实践中并不是一件容易的事。

首先，管理者必须从大局着眼，制定出规范化、合理化的管理制度；继而以制度为基准，加大管理力度，通过人力、财力和其他资源的合理配置，使得企业以最小的投入得到最大的产出，这是解决规模与效益的主要手段。

其次，在加强管理制度建设的同时，还需要企业不断加大对服务的投入，尤其要注重对客户的服务以及对员工的服务，如此才能在用制度规范人才的同时留住人才，用制度服务客户的同时吸引更多的客户。

毋庸置疑，一流的管理制度不仅能够实现企业的规范化管理，还能够给予企业高额的效益回报。因此，企业管理者应当勇于探索优秀的管理制度，以此实现真正意义上的战略平衡，这是所有企业经营者应该具备的常识。

·向管理制度要效益·

3.5 谋篇布局

企业必须进行谋篇布局，做好自己的战略规划。但是，许多企业的战略都有"空洞"的问题，难以落地实现。原因主要是缺少对现实目标的关联和从战略到实践的解码。

华为坚持以客户为中心，以目标为导向，通过"五看三定"模型来进行战略规划，而后再通过战略解码来系统谋略辅助战略推行。在实践中，华为也通过战略解码设计了一系列严谨的战略实践举措，保障了战略目标的成功实现。

·战略布局·

3.5.1 战略规划模式

任何一个企业都需要战略规划。没有科学的战略规划，企业的未来走向便充满了不确定性。那么，华为的战略规划是如何进行的呢？

从严格意义上讲，华为的战略规划最早是从 2001 年做起的，到 2004 年左右，华为开始与英国电信、沃达丰展开部分合作，构建战略性合作伙伴关系。应对方要求，华为将公司制作的"战略规划"交付给它们，结果沃达丰和英国电信不约而同地回复道："这不是战略规划，顶多算是明年的重点工作，甚至是一些工作方向。"

这使得华为不得不开始重视战略规划的有关问题。于是，华为于 2005 年正式引进了战略管理项目——"五看三定"模型框架（见图 3—1），至 2009 年，华为开始将战略规划与公司预算、组织 KPI 相结合。

其中，五看，即看行业/趋势、看市场/客户、看竞争、看自己、看机会；三定，即定控制点、定目标、定策略。

因战略解码后的执行效果未能达成预期，华为于 2010 年引进 IBM 的业务领先模型 BLM，随后又于 2012—2013 年再次引入了战略规划咨询，核心任务是战略解码。图 3—2 是华为战略解码最核心的部分。

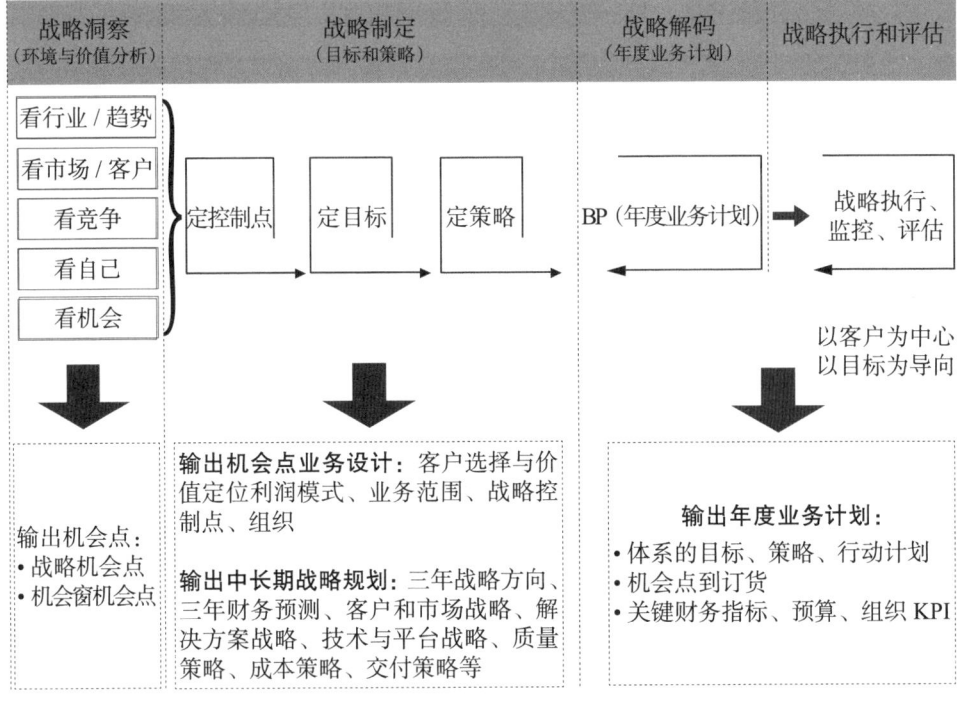

战略洞察 （环境与价值分析）	战略制定 （目标和策略）	战略解码 （年度业务计划）	战略执行和评估
看行业/趋势 看市场/客户 看竞争 看自己 看机会	定控制点 → 定目标 → 定策略	BP（年度业务计划）	战略执行、监控、评估
			以客户为中心 以目标为导向
输出机会点： • 战略机会点 • 机会窗机会点	输出机会点业务设计：客户选择与价值定位利润模式、业务范围、战略控制点、组织 输出中长期战略规划：三年战略方向、三年财务预测、客户和市场战略、解决方案战略、技术与平台战略、质量策略、成本策略、交付策略等		输出年度业务计划： • 体系的目标、策略、行动计划 • 机会点到订货 • 关键财务指标、预算、组织 KPI

图 3—1 "五看三定"模型

从图 3—2 可以看到，华为战略解码的核心原则是"价值创造决定价值分配"，而战略解码的核心输入有两个。

一个是对企业战略和业务目标的支撑。简单地说，即将企业战略分解到各个部门，转化为部门业务目标和对应的考核指标。这也决定了整个过程必然是这样的：公司层面的战略洞察→将战略分解到指标体系→确定各个部门的 KPI→确定个人 PBC。整个战略解码的过程中，必须保证组织 KPI 和个人 PBC 从上到下的一致性。这样，在落实目标行动计划时，人们能够自然而然地落实被分解的 KPI 指标，让全员执行任务时能够真正实现"力出一孔"。

图 3-2 战略解码过程

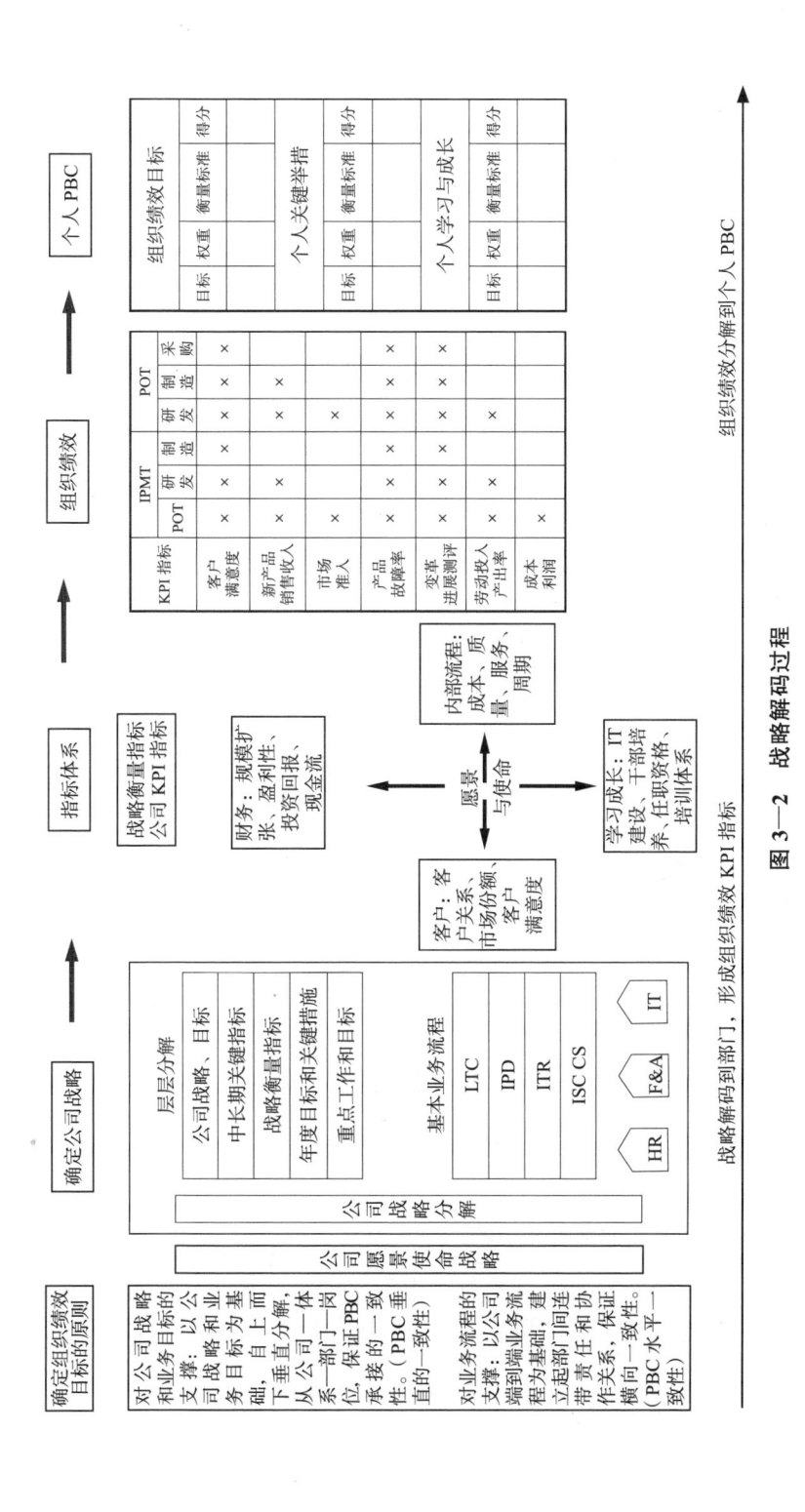

确定组织绩效目标的原则

对公司战略和业务目标的支撑：以公司战略和业务目标为基础，自上而下垂直分解，从公司一部门一岗位，保证一体系的承接（PBC垂直的一致性）。

对业务流程的支撑：以公司端到端业务流程为基础，建立起部门间连带责任关系和协作关系，保证横向一致性（PBC水平一致性）。

确定公司战略 → 指标体系 → 组织绩效 → 个人PBC

层层分解：
- 公司战略、目标
- 中长期关键指标
- 战略衡量指标
- 年度目标和关键措施
- 重点工作和目标

基本业务流程：LTC、IPD、ITR、ISC CS、HR、F&A、IT

公司愿景使命战略分解

战略衡量指标 公司KPI指标：
- 财务：规模扩张、盈利性、投资回报、现金流
- 客户：客户关系、市场份额、客户满意度
- 内部流程：成本、质量、服务、周期
- 学习成长：IT建设、干部培养、任职资格、培训体系

愿景与使命

公司KPI指标

KPI指标	IPMT			POT		
	POT	研发	制造	研发	制造	采购
客户满意度	×					
新产品销售收入		×	×	×		
市场准入	×					
产品故障率			×		×	
变革进展测评	×					
劳动生产率				×		
成本利润						×

个人PBC

目标	权重	衡量标准	得分
组织绩效目标			
个人关键举措			
个人学习与成长			

战略解码到部门，形成组织绩效KPI指标

组织绩效分解到个人PBC

另一个是对业务流程的支撑。从本质上讲，所有业务流程只有一个核心目的——收益。因而，打造一个简单、高效、持续的业务流程是管理工作的重点所在。业务流必然横跨多个职能部门，而后者必须在支撑这个业务流程时实现高效协同；于是，便需要KPI之间互相关联，而这些KPI的集合就变成了后面整个组织KPI的核心输入。

可以说，设计KPI集合（华为称之为"KPI的Pool"，即KPI的池），是华为整个战略解码团队最核心的工作。这套考核指标必须按年度刷新。当出现战略调整、客户需求变化时，考核指标必然会随之发生变化。

华为在战略规划方面的探索几经周折，时至今日，仍然是一项不容小觑的艰难任务。而华为通过战略规划的实施获得了高效执行力，并实现了战略成功。

最为典型的案例就是华为成功发展无线项目。华为从1998年开始做起无线，它设置了强大的战略控制点，包括专利组合和客户关系，这是双轮驱动的战略控制点。同时，战略解码至个人PBC，使战略目标完全可以落地。截至2016年年底，无线已经构成了华为一个巨大的现金流。这一切恰恰是得益于华为对战略规划的系统性把控。

3.5.2 战略控制点

在华为战略设计的"五看三定"模型中，关注战略机会点并把握好战略控制点是必须予以重视的难点。战略机会点决定了企业下一步方向是否正确，而战略控制点决定了企业保障战略实现的控制层面。那么，在这方面，华为是如何做的呢？

（1）关注并精准抓取战略机会点

首先是看到战略机会点。战略机会点要足够大，最好是个海量的市场。像无线、固网、云计算，它们动辄是几千亿美元甚至上万亿美元的市场。这是华为极为关注的战略机会点，同时也值得各行业去借鉴。

需要注意的是，企业上下必须对这个战略机会点达成共识。事实上，很多企业管理者发现战略机会点并不存在太大难度，真正困难的是如何让战略机会点最终转变为销售额和利润，这需要企业管理层达成共识。如果企业高层对于重大的战略无法达成共识，那么必然不会投入大量的资金和精力去落实这件事情；而中基层管理团队如果没有达成共识，那么战略最终落地时也会大打折扣。故而，华为花了很多时间，尝试了很多方法，最终使得企业内部达成战略共识。

（2）把控战略控制点

最终助力战略成功的点，我们称之为"战略控制点"。这些战略控制点，可能是品牌，可能是专利，可能是客户关系，可能是性能、功能比别人领先，也可能是性价比。

战略控制点的强度，在不同市场也许并不具有一致性。比如，斯莱沃斯基将版权列为中等强度的控制点。而一些强大的战略控制点，企业可能碍于自身能力而难以实现。比如，控制价值链显然需要深厚而持久的能力积累，而在手机领域，苹果和三星各自控制着自己的优势价值链。苹果的优势是基于 iOS 的内容和应用生态，三星则在显示屏、内存等领域具有强势地位。因此，两家企业能够占据手机行业 90% 以上的利润也就不难理解了。

虽然具有一定难度，但是如果企业努力去把握，仍然是有机会取得成功的。在从战略机会点到战略控制点的把握上，华为取得的成功典型当属重装旅组织。

华为：为了战略控制而成立的重装旅

2014 年 3 月 7 日，任正非在"重装旅组织汇报会议上的讲话"，标志着解决方案重装旅筹备成立。2014 年 3 月 25 日，HRC 会议通过重装旅组织预算；2014 年 4 月 11 日，重装旅与区域举行研讨，明确其组织和运作机制；2014 年

·华为重装旅·

5月9日，解决方案《重装旅训战大纲》通过片联审批；2014年6月30日，50门FBB课程、MBB课程开发成功；2014年7月17日，重装旅组织正式宣布成立，下设HRBP部和亚太、欧洲、美洲三个分部。

华为重装旅的所有作战岗位是根据项目难易度和未来战略进行配置的，而不是依据个人和资历来配置的，也就是我们常说的因事设岗。这有利于人才的能力发挥，减少不必要的行政束缚。在重装旅的管理上，任正非强调把各地优秀员工循环起来充电。他说："特别是长期在艰苦地区工作的干部要循环出来，让他们去参加400G路由器、沙特石油等项目作战，然后派到其他地方，他的能力也提高了，这才能体现忠诚的价值。"此外，重装旅平时要做战略规划，对全球主要代表处进行研究，以找出战略机会点，并确定如何调配专家，提供何种程度的支援。任正非说："我们培养重装旅的目的，就是要攻下战略机会点。"重装旅也同样注重人员的培训，把业务部门当成培训对象，按需对其培训。

当然，一个企业可以有很多战略控制点，有上进心的企业也不会满足于被别人扼住自己的咽喉。纵观华为这些年的发展，其隐含的主线之一，就是不断向更多、更强的战略控制点迈进。

巴菲特曾发表"护城河"说。巴菲特表示，企业最重要的护城河是低成本和品牌，"一种竞争堡垒是成为低成本生产商，另一种竞争堡垒是拥有强大的全球性品牌。"这样的护城河越宽越好、维持时间越久越好。"一家真正称得上伟大的企业，必须拥有一条能够持久不衰的'护城河'。"

这些持久不衰的"护城河"，实际上就是我们所说的战略控制点。但是，至少在科技行业中，并不存在所谓的"持久不衰"。任何人想要长期维持战略成功，就必须经常随着时代变化和市场变化，去改变其战略行为。这也意味着，战略控制点将持续保持跃进的状态。

3.5.3 长短期战略

企业战略有长短期之分。为什么一个企业要区分长期战略和短期战略呢？从战略的作用来说，长期战略能够在大方向上为企业提供行动指引，而短期战略则是为了企业更现实的生存需要。这是长期战略与短期战略之间的明显差异。两者之间也存在着关联——短期战略是为了实现长期战略而服务的，因而长期战略和短期战略之间必须是协调的。

（1）长短期战略的关联

战略是对经济形势的判断所作的应对性策略。我们知道，经济发展具有一定周期规律。当企业经过了初期努力生存的阶段，积累了一定的实力后，其面对的市场环境往往已经发生了根本性变化。此时，短期战略与长期战略的分别设定，将给企业发展带来截然不同的影响。

围绕当下的市场经济环境，华为对自己的未来与现在，形成了很多独特、深度的思考。任正非曾说："对于个人来讲，我没有远大的理想，我思考的是这两三年要干什么，如何干，才能活下去。我非常重视近期的管理进步，而不是远期的战略目标。活下去，永远是硬道理。"

华为：坚持 10 年内不上市

华为这种看似看重短期战略的观点并不意味着华为没有长期战略。华为曾经提出一个备受热议的战略观点——坚持 10 年内不上市。这个战略观点是任正非在持股员工代表大会上提出的。他认为，任何公司的发展都不是只有上市一条路，一些企业完全可以缓慢地积累增长。这些企业是以管理经营为主，而不是以资本经营为主。

华为副董事长徐直军也对此作出了进一步解释："未来 5～10 年，公司不考虑整体上市，不考虑分拆上市，不考虑通过合并、兼并、收购的方式，进入资本游戏，也不会与外部资本合资一些项目，以免被拖入资本陷阱。未来5～10年，公司将致力于行政改革，努力将公司从一个中央集权的公司，通过将责任与权力前移，让听得见炮声的人来呼唤炮火。如此便可以推动机关从管控型向服务、支持型转变，形成一个适应现代需求的现代化管理企业。"

也就是说，华为的长远战略就是专注于企业的扎实稳定发展，而短期战略则是聚焦于管理经营。在这种战略思维下，华为的"未来"发展完全是对"现在"长期积累后的必然结果，这是一种真正意义上的战略平衡。

（2）战略后亦要考虑革新

华为在选定战略领域后，并不是一味因循守旧，而会为了使企业获得更有利的发展细化甚至革新企业战略。

华为：针尖战略的持续革新

华为的业务重点一度是运营商市场，但是运营商市场的发展潜力有限。华为的余承东曾公开声称，运营商市场如果做到400亿美元，就已经基本达到极致了。尽管传统设备市场仍然有上升空间，但是蛋糕大小已经是有限的了，所以，"我们要拓展边界，从CT向ICT转变。"

事实上，从2010年开始，华为已经开始在云计算领域发力。2010年11月，华为极为高调地发布了云计算战略及其端到端解决方案，同时启动"云帆计划2011"。这是华为战略重心发生转移的显著标志。2011年年初，华为在更大的范围内进行了内部组织架构调整，设立了运营商基础网络、企业、个人消费和其他四个业务集团。当时，华为计划到2015年全球销售额达到150亿美元以上，力争达到 200 亿美元。

2011 年 1 月，华为在深圳举行的云计算大会上，正式发布"云帆计划 2012"。在该计划发布中，华为首次明确了其云计算的三大战略：大平台、促进业务和应用的云化、开放共赢。为了保障该战略的有效实现，华为特别成立了 IT 产品线部门，下设云平台领域、服务器与存储领域、数据中心解决方案领域和媒体网络领域，进而以云计算为平台基础，重新打造 IT 产品。

这一系列战略行动的背后，恰恰是华为加快推进云计算战略的实施步骤。任正非表示，华为从 IT 走入云与其他企业是截然不同的，华为是通过绑定电信运营商来做云，"我们做的云，电信运营商马上就可以用，容易促成它的成熟"。

当然，华为战略选择都是为了实现企业不断发展、持续进步。对于企业而言，唯有不断发展、持续进步，才是企业战略规划的根本出发点。

第 4 章　领导视野

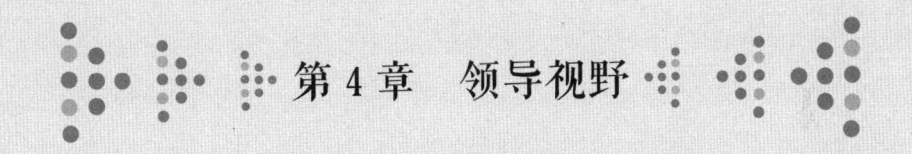

> 一个领导人重要的素质是方向、节奏。他的水平就是合适的灰度。坚定不移的正确方向来自灰度、妥协与宽容。这也是华为文化的精髓。
>
> —— **任正非**

带着问题阅读：

1. 员工与企业如何成为价值共同体？

2. 如何"折腾"出干部队伍的活力？

3. 如何使各路英雄各显神通、群体奋斗？

4. 领导为什么要有合适的"灰度"？

5. 领导者需要具备哪些基本素质？

4.1　价值观领导

价值观，我们可以简单理解为组织或个人判定是非或人、事、物价值大小的一种思想和观念。华为的一大特色是坚持价值观领导，并且使所有员工和企业成为一个价值共同体，进而形成目标一致的行动。任何一个企业，都需要有意识地去建立一个价值共同体，这样才能让企业中的所有人自然而然地遵循企业价值观，进而保持一致的、正确的行动。

·价值观领导·

4.1.1　价值观为本

企业价值观是企业文化的核心，是企业及其员工的价值取向，也是企业在追求经营成功过程中所推崇的基本信念和奉行的目标。麦吉尔大学管理学教授、战略管理学会主席亨利·明茨伯格曾经说过："人力资源管理的所有工作都是环绕企业的核心价值观展开的，企业的核心价值观是实现人力资源管理内在一致性，并且实现人才持续发展的主线。"而美国著名社会学家菲利浦·塞尔日利克则说："一个组织的建立，是靠决策者对价值观念的执着，组织的生存，其实就是价值观的维系，以及大家对价值观的认同。"

作为一家面向全球的公司，华为有着多达十几万人的庞大员工队伍。这十几万名来自世界各地的员工有着不同的文化背景、不同的价值取向、不同的思维方式和不同的行为习惯，如果每个人都按照自己的理念去做事，那么华为势必要乱成一团。如何才能让十几万华为人齐心协力地推动华为这条巨型战舰在主航道上平稳前行呢？任正非首先想到的是制度约束和利益诱导。然而，随着华为内部腐败现象逐渐滋生，任正非开始意识到，仅仅依靠制度和利益的影响是不够的，还需要一种崇高的精神来加持，那就是企业的价值观。

华为价值观的解读

华为坚持"以客户为中心，以奋斗者为本，长期坚持艰苦奋斗和持续自我批判"的核心价值观，这是任正非对企业实现长治久安的根本性思考。"以客户为中心"强调的是华为的价值从哪里来；"以奋斗者为本"回答的是谁创造了价值，并指明要按贡献给予回报；"长期坚持艰苦奋斗"强调的是要为客户创造价值；"持续自我批判"强调的则是不断创新、不断自我更新的过程。

为了强化华为价值观的统领作用，引导和约束华为人的价值理念，华为制定了《华为公司基本法》。华为的价值观是华为人对华为理念高度总结概括的结果。事实上，对于任何一个企业，这样的价值信条都是值得称道的，就像华为前副总裁胡彦平曾经说的："军队要有灵魂，企业也要有灵魂，这个灵魂就是文化和核心价值观。企业家必须像军队的统帅一样，为自己的组织注入灵魂，以文化和核心价值观为纽带，凝聚干部和员工的共识，借此形成强大的精神力量，把企业发展不断推向高峰！"

胡彦平的这种认知正是来源于任正非的管理理念。任正非坚持认为："价值观是一个组织的核心与灵魂，一个顶尖企业的形成过程一定是建立在企业创始人和核心团队以及骨干员工的共识基础之上的。"而我们也必须承认，一个好的企业价值观确实可以促进企业员工的凝聚力和创造力，它既能成为一个企业的精神支柱，也是一个企业和企业员工的基本特性，同时也是员工行为的关键导向和规范。这也是为什么IBM坚持"帮助客户带来价值"、阿里巴巴坚持"让天下没有难做的生意"、百度坚持"给人们提供最便捷的信息查询方式"的根源所在。

"经营之神"松下幸之助曾经断言："真正激励员工全身心投入工作，使员工不断前行的，不是金钱一类的外部条件，而是内在的企业文化信仰。得到员工高度认同的企业文化，会成为影响员工行为的最大因素。在这种文化的驱动之下，员工会将企业的信仰当成自己的信仰来加以落实。"

由此观之，华为将为客户服务视为自己存在的唯一理由，坚持自我批判、开放进取、以奋斗者为本，在这些价值框架的引导之下，将华为团队由利益共同体上升为价值共同体、命运共同体，无疑是有积极意义的。

4.1.2 价值观进化

今天，华为的核心价值观被概括为：以客户为中心，以奋斗者为本，长期坚持艰苦奋斗和持续自我批判。但是早期不是这样，早期为了"活"下来，就需要成天跟客户交流，慢慢地提炼出了华为早期的价值观——"产品好、价格低、服务好，以客户需求为导向"。20年前华为的核心价值观是这样的，不是今天看到的这样有着完整的逻辑。所以，华为的企业价值观实际上也经历了一个不断传承、发展与优化的过程。

华为价值观的优化主要经历了三个里程碑。

（1）第一个里程碑：1998年《华为公司基本法》的颁布

这让华为真正明确了自己的信仰和方向。1998年3月，经过三年讨论、八遍修改的《华为公司基本法》（简称《基本法》）终于定稿，华为公司的核心价值观体系也随之横空出世。这是改革开放以来国内企业首个系统的价值观体系。

华为：《基本法》第一章中对核心价值观的概括

愿景与使命　华为的追求是在电子信息领域实现顾客的梦想，并依靠点点滴滴、锲而不舍的艰苦追求，使我们成为世界级领先企业。为了使华为成为世界一流的设备供应商，我们将永不进入信息服务业。通过无依赖的市场压力传递，使内部机制永远处于激活状态。

员工观　认真负责和管理有效的员工是华为最大的财富。尊重知识、尊重个性、集体奋斗和不迁就有功的员工，是我们事业可持续成长的内在要求。

技术观　广泛吸收世界电子信息领域的最新研究成果，虚心向国内外优秀企业学习，在独立自主的基础上，开放合作地发展领先的核心技术体系，用我们卓越的产品自立于世界通信列强之林。

精神　爱祖国、爱人民、爱事业和爱生活是我们凝聚力的源泉。责任意识、创新精神、敬业精神与团结合作精神是我们企业文化的精髓。实事求是是我们行为的准则。

利益观　华为主张在顾客、员工与合作者之间结成利益共同体。努力探索按生产要素分配的内部动力机制。我们决不让雷锋吃亏，奉献者定当得到合理的回报。

文化观　资源是会枯竭的，唯有文化才会生生不息。一切工业产品都是人类智慧创造的。华为没有可以依存的自然资源，唯有在人的头脑中挖掘出大油田、大森林、大煤矿……精神是可以转化成物质的，物质文明有利于巩固精神文明。我们坚持以精神文明促进物质文明的方针。

社会责任观　华为以产业报国和科教兴国为己任，以公司的发展为所在社区作出贡献。为伟大祖国的繁荣昌盛，为中华民族的振兴，为自己和家人的幸福而不懈努力。

此后,《基本法》对华为未来发展的展望和描述,逐步转变为华为的实践——华为持续探索着自己的商业模式、内部运营模式和企业文化内涵,并取得了成功。换言之,华为的实践在不断地验证着《基本法》所构建的蓝图是多么宏大,验证着其核心价值观的正确。

(2) 第二个里程碑:2005 年华为新的核心价值体系的确立

到 2005 年,《华为公司基本法》已经出台八年。经过八年的洗礼,尤其是经过行业严冬的考验之后,华为公司那些具有强烈批判精神的领导们对企业的核心价值观体系开始了更为深刻的反思:"《基本法》里也是有泡沫的。"毕竟,这套价值观体系是在一个充满"泡沫"的时代里应运而生的。华为进入发展阶段后,反思并重新梳理核心价值体系也是很容易被理解和接受的事。随着华为推行的诸多变革(如 IPD、人力资源管理体系、干部管理和培养体系等)以及国际化的实践,华为人的思考空间被更大范围地拓展,同时也开始呼唤着有新的核心价值体系,以促动企业朝向更长远的未来发展。就这样,华为新的价值观体系诞生了。

对此,外界曾有些说法,说华为"已经抛弃了《基本法》",这种说法是非常值得商榷的。事实上,《华为公司基本法》从制定之初到其后的实践,始终是一个不断扬弃的过程。所以,《华为公司基本法》不是被华为人抛弃了,而是被新的价值观体系超越了,被华为企业经营管理的实践超越了。

2005 年上半年,华为重新梳理了核心价值观,提出了新的核心价值观体系,并以此取代了原《华为公司基本法》中确定的核心价值观体系。

华为:2005 年重新明确的华为核心价值观

重新梳理后的华为新的核心价值观体系由三部分组成。

第一,愿景:丰富人们的沟通和生活。

第二,使命:聚焦客户关注的挑战和压力,提供有竞争力的通信解决方案和服务，持续为客户创造最大价值。

第三，战略，主要包括四个方面：

①为客户服务是华为存在的唯一理由；客户需求是华为发展的原动力。

②质量好、服务好、运作成本低，优先满足客户需求，提升客户竞争力和盈利能力。

③持续管理变革，实现高效的流程化运作，确保端到端的优质交付。

④与友商共同发展，既是竞争对手，也是合作伙伴，共同创造良好的生存空间，共享价值链的利益。

愿景表述的是公司期望达到的一种状态或对于目前的一般看法，来自企业内心的真正的愿望、期盼，是企业未来的一种图像式和展望式的描述。使命界定的是公司存在的理由和目的，反映的是公司的业务范围、生存和发展目标、主要顾客、经营原则、社会责任等定位生存的目的。战略界定的是公司在实现自己的愿景、完成自己的使命过程中，对未来所作出的一种智慧的选择和持之以恒的承诺。正如管理大师德鲁克所说："一个企业不是由它的名字、章程和条例来定义的。企业只有具备了明确的使命与愿景，才可能制定明确而现实的战略目标。"

华为新的核心价值观体系中，愿景所表述的是华为未来的追求与向往；使命确定的是华为的生存理由与价值；战略界定的是华为如何实现愿景和完成使命的途径和安排。

（3）第三个里程碑：2016年的价值观优化

2016年6月2日，一份由任正非亲自签发的电子邮件流出，题为《华为价值观搭载与传播策划》。邮件共分六部分内容，全面讲解了华为的价值观传播策略以及新的发展。

华为：新价值观的调整和传播策略

关于华为新价值观搭载的内容，邮件的第三部分指出，"华为价值观没有边界，坚守核心、多维表述、不求全，一次讲清楚一个问题"。邮件强调，不要认为价值观一定要完整、系统；华为的价值观不是数学公式，不是方程式，没有边界；价值观是一个模糊的东西，需要潜移默化地传递。

在具体操作上，可紧紧围绕"以客户为中心，以奋斗者为本，长期坚持艰苦奋斗和持续自我批判"的核心价值观，从"深淘滩，低作堰""在大机会时代，拒绝机会主义""坚持针尖战略""踏踏实实做实业，不投机取巧""发挥工匠精神，就是要踏踏实实地做东西""厚积薄发""至诚守信""开放进取""开放、妥协、灰度""华为坚决不走低价格、低成本、低质量的道路""一杯咖啡吸收宇宙能量""蓬生麻中，不扶自直""让听得见炮声的人呼唤炮火"等不同维度加以表述。

坚守核心、多维表述、不求全，这一操作指引既符合品牌传播"力出一孔"的极致化原则，也体现出华为原则性与灵活性并重的务实态度。

纵观华为价值观的演变进程，不难发现：华为的新核心价值观体系从来没有否定原价值观体系，而是在原核心价值观体系的基础上加以升华而形成的。这种优化与进步是必然的。比如，华为的原核心价值观体系是以华为为出发点，新核心价值观体系是以客户为出发点；原核心价值观体系推动了华为的发展壮大，而新核心价值观体系则是华为走向世界的动员令和宣言书；原核心价值观体系通过引进外脑主导完成，而新核心价值体系则凝聚了华为高层领导和全体员工的智慧与心血。

对于每个企业来说，企业价值理念的构筑、传承和不断优化、提升，绝不可能一朝一夕便能完成，必须经历一个长期的、循序渐进的演变和完善过程。在这个过程中，广大企业成员及客户会更好地了解这样的价值观，并在参与过程中认同这样的价值观，进而成为企业大生态的一部分。

4.1.3 价值观文化

任正非提出："世界上一切资源都可能枯竭，只有一种资源可以生生不息，那就是文化。"而企业价值观作为企业文化的核心部分，自然也会给企业带来极大的影响。为了强化人们对企业价值观的认知，企业必须有意识地去建立一个价值共同体，这样才能让人们自然而然地遵循企业价值观行动。

（1）价值观宣导：让员工了解企业的价值观

很多企业在创业之初招聘人员的时候只谈工作内容、薪资和能力，几乎不谈企业的价值观，这让企业从一开始就缺少凝聚力。等企业壮大之后再统一价值观，其难度很大，这是不利于企业发展的。事实上，良好且端正的价值观会让企业成员形成一种归属感和使命感，同时，好的价值观也会培养出具有非凡能力和魅力的组织成员，促进企业发展。

华为非常关注内部成员对企业价值观的认同，因而，华为大学的课程内容虽多，但文化课程占了一半。例如自我批判、艰苦奋斗、诚信、创新、团结合作、互助、责任心与敬业精神、服从、以客户为中心等。华为试图借助这些培训，让企业成员逐步认同、接受华为的价值观并融入华为的价值文化中。

此外，企业价值观转化为全员理念的过程，实际上是一个让全员接受并能够自觉落实价值观的过程。在这一过程中，企业家和企业领导者的作用是举足轻重的。企业家或企业领导者必须以身作则、言行一致，恪守自己所提倡的价值观。只有领导者做出了好的表率，对员工才有说服力。

同时，企业领导者应在日常管理过程中向员工不断灌输企业价值观，对员工不厌其烦地阐述企业行为准则。在内部文化较为强势的企业中，领导者甚至会明确地向员工指出企业的要求。通过向企业员工灌输价值观，使员工内心对企业价值观产生共鸣，把企业价值观转化为员工头脑中的信念。这样一来，员工便会对企业价值观的实质形成全面而深刻的理解，他们才会在企业价值观的牵引下积极地付诸实施。

（2）确认与沟通：强化员工的价值观认知

企业倡导的价值观只有转化为普通员工的信念，才能成为一个企业真正的价值观；否则，它不仅对企业经营管理发挥不了作用，甚至还可能对企业外部形象造成难以估计的扭曲和损伤。

GE（通用电气）：以360度考核强化对价值观的认知

为了准确把握员工与企业价值观的契合程度，GE（通用电气）采用了360度考核法。这种考核方法不是用来考核新进入公司的员工，而是用来考核在GE工作时间较长的员工。

360度考核法把人员分为四组，这四组的构成分别是跟被考核者存在关联的上级、同级、下级、服务的客户。考核内容包括：企业理念、企业战略、客户价值等。四组人员根据对被考核者的了解来评价其行为是否符合价值观的要求。对于同一位被考核者，每一位同级、上级、下级和服务客户可能会对其给出不同的评价，最后由专门顾问公司对结果进行综合分析，得出被考核人的评价结果。被考核者如果发现在某个方面有的组比其他组给的评价较低，那么他可以找到这个组的几个人进行沟通，大家敞开心扉，互相交换意见，并会从评价者那里得到自我改善的有效建议。

通过360度考核，让每一位GE员工都清楚地认识到自己在哪些方面尚未达到与公司契合的程度，随后便可以有针对性地加强该方面的养成训练。

这种有效的方法也被华为公司采用。不过，除了通过考核来确认员工的价值观外，华为还非常重视充分沟通——人们将充分沟通视为建立共同价值观的重要基础。

华为：以内外部沟通强化价值观认知

在公司内部，华为充分利用多种多样的沟通渠道和手段，促使员工针对共同价值思想进行充分交流，使其内心想法尽可能多而真实地得以呈现，进而在工作中更好地调整自己的位置、行为和心态。

在公司外部，华为通过企业的对外宣传、服务、公益活动，以及员工的言行举止、仪容仪表、待人接物、品质修养等诸多方面，更直接地向外界传递企业价值观，展现企业道德风尚、员工风采，增强员工对企业的自豪感与责任感。

总体上讲，价值共同体的塑造极大地促进了企业价值观的生成，乃至影响着人们在世人面前表现出契合价值观要求的行为。如今，华为价值观之所以被世人如此称道，恰恰得益于华为良好的价值观体系设计和华为人对企业价值观的严格践行。

·价值共同体·

4.2 干部要折腾

毛主席说，政治路线确定后，干部就是决定的因素。在企业中同样如此。一个企业中，干部队伍最忌讳的就是温水煮青蛙，腐化保守，失去活力。华为一直提倡能上能下的干部成长路线，而干部的选拔也要参照流程责任制，那些不能承担责任，不敢承担责任，明哲保身，得过且过的干部，要从管理岗位调整到操作岗位上，甚至是淘汰掉。"长江后浪推前浪，没有新陈代谢就没有生命。"华为干部队伍的活力必须从"折腾"中来。

·干部要折腾·

4.2.1 能上能下

华为作为高新技术企业，对人才尤其是领导干部的需求是十分迫切的。让干部们能够自主进步，让干部队伍保持活力，这是必须关注的问题。1998年，任正非在向中国电信调研团的汇报以及在联通总部与处级以上干部座谈会上发表了《华为的红旗到底能打多久》的发言，并指出："我们要求每个员工都要努力工作，在努力工作中得到任职资格的提升。我们认为待遇不仅仅指钱，还包括职务的分配、责任的承担。干部的职务能上能下，因为时代在发展，企业在大发展，干部要折腾，而个人的能力是有限的，这是组织的需求，个人要理解大局。"为了实现能上能下，华为主要依循三个原则来推进。

（1）机会均等

机会均等是能上能下政策实施的基础性前提。如果因人而异地设定岗位人选，那么必然会造成某些岗位能上不能下，部分非优秀者长期占据领导者岗位，未发挥突出才能；而优秀人才却始终没有一展才华的机会。

不可否认，在华为，机会均等的实现也存在阻碍，而最大的阻碍莫过于行政权力的垄断。一些老领导干部近水楼台先得月，将机会几乎全部垄断，这使得"公平竞争，不唯学历，注重实际才干"的方针难以贯彻。为此，任正非提出了"不断清零的人才观"，打破现有任职资格体系，人员全部下岗，重新竞聘。

华为：市场部集体递交辞职报告

1996年1月28日，包括分管市场部的华为副总裁孙亚芳在内的26位办事处主任同时向公司递交了两份报告——一份是1995年的工作述职报告，主要是检讨前一年的工作，提出下一年的工作计划；另一份是辞职报告。在这两份报告中，公司根据个人的实际表现、发展潜力和公司市场发展需要，批准其中的一份。

在市场部集体递交辞职报告的高潮中，历时一个月左右的市场部整顿活动正式落下帷幕，华为的管理优化却刚刚开始。随后，华为人开始竞聘上岗答辩，公司则根据个人实际表现、发展潜力及公司发展需要再次选拔领导干部。在此次竞聘上岗中，华为30%的领导干部都被撤换下来。

这只是华为打破行政权力垄断的一个缩影，它在其他管理方面也在进行革新和优化。通过"不断清零"，保障了内部员工之间的公平竞争。在竞聘上岗、机会均等的氛围下，任正非这样激励员工："华为公司人才流动是一种很正常的现象，所有应聘的机会你们都可以去挑战。努力是个人争取机会、创造机会、发展自己的唯一道路，而不是等到人家对你有个什么说法，我想也不会有。《国际歌》里有句歌词：'从来就没有什么救世主，也不靠神仙皇帝。要创造人类的幸福，全靠我们自己。'我们的女员工一定要注意，提升你们的不是经理，也不是男员工，而是你们自己，只有你们自己才能创造你们自己的历史，创造自己的前途和机遇。这些问题，要在工作中慢慢去体会，克服自身缺点，表现自己的优点，发挥强项，使得自己适合时代潮流。华为公司大发展的滚滚洪流，是不以人们的意志为转移的。领导干部使用中任人唯亲的现象也不会更多发生，将会为大家提供越来越多的机会，这些机会也靠你们自己去创造，我想是可以创造出来的。"

2016年，任正非公开表示："我们每年要破格提拔4000多名员工，以激活奋斗的力量。让优秀人才在最佳时间、最佳角色，作出贡献。"可见，华为始终在激励每一个华为人抓住机会、争取机会、创造机会的背后，是对员工的期望，希望他们能够通过努力为华为创造利润，同时实现自我价值的提升。

（2）持续流动

有人会说："领导干部往往都是业务精英或管理能人，应该不能下吧？"然而，在华为并不存在不可能。对此，任正非的直接反应是："不迁就任何人！""对干部进行末尾10%的淘汰！""烧不死的鸟是凤凰。"

随着外部市场环境的变化，华为公司的发展需求趋向于"大市场、大科研、大结构、大系统"。在这样的发展需求下，华为市场部将述职报告和辞职报告一并提交的举措，震动了整个业界，甚至是对华为管理初衷的质疑。然而在这个时期，华为却发出了这样的声音："那些被降职的领导干部，要调整好心态，正确地反思，在新的工作岗位上振作起来，不要自怨自艾，也不要牢骚满腹，在什么地方跌倒就在什么地方爬起来。"

华为：一位"一帆风顺→末位淘汰→浴火重生"的干部

2001年，尹玉昆以网优工程师的身份加入华为，2002—2004年在国内办事处工作，以优异业绩实现了网规网优经理、服务经理到客户经理的跨越。2005年3月，他主动申请到刚果金拓展市场，在"机会"加"努力"的作用下，一直晋升至销售副代表。然而，在2010年年底，尹玉昆却因工作业绩不佳而被干部末位淘汰了。

在尹玉昆还在煎熬徘徊时，公司领导委派尹玉昆到埃塞俄比亚迎接挑战，再次奋斗。在重大项目部领导的指导下，尹玉昆负责项目团队的日常组织和具体项目运作以及部分核心客户关系，分析竞争对手情况，发掘各种可能的机会点。2011年8月初，任总访问埃塞俄比亚，受到鼓舞的尹玉昆及同事把一线工作推向全面拓展的高潮。而尹玉昆也因顺利完成公司交予的重大项目和关键任务而得到再次晋升的机会。

我们可以明显看出，华为的这一举措并不是简单地要求领导干部接受"降职"，而是使他们通过进一步承受挫折，来更进一步地提升自我，并创造崭新的业绩。

（3）不前进者免职

任正非在生产系统领导干部就职仪式上的讲话中指出："华为的领导干部没

有终身制,从总裁到工段长无一例外。我们的队伍越来越庞大,领导干部水平越来越高,考核也会越来越严格。公司将建立一套合理、公正的人员评价与考核系统,不称职的领导干部将被免职,去从事适合他的工作;怠惰者将被撤销职务、降低收入,直至辞退。"

任正非认为,领导干部要踏踏实实、一丝不苟地去做好自己管辖的事情。当管理者无法发挥自己的职能——带领团队达成业绩、建设团队、培养人才时,应坚决予以免职,以保证公司的长远发展。

华为的"能上能下"始终遵循着这三大原则:从给予所有人以晋升与竞争的机会,到干部的工作流动,到对不进步者的免职,以此实现华为干部队伍的优胜劣汰和持续成长。

4.2.2 内部循环

任正非在 2016 年华为战略预备队建设汇报的讲话中说:"华为公司想不死,就要新生,要增强组织的血液循环,给优秀干部专家赋予新能量,然后走上战场、承前启后,英勇奋斗。"事实上,为了保障企业内部处于循环流动的状态,华为设计了两种方式——建立片联组织和落实轮岗制度,为干部的循环流动奠定一套最为基本的模式,保障了干部流动对企业和干部双方的有益性。

(1)片联组织

只有保持干部人员的流动性,企业的生命力才会更加持久。为了真正做到保持干部的流动性,华为有一项新的创举:成立片联组织。

华为:成立"片联组织"

2013 年 7 月 19 日,任正非在华为内部会议上将"片联组织"的职责进行重新定位:主管华为内部干部队伍的循环流动。

所谓片联，即片区联席会议。根据华为的定义，它是代表公司协调和监督权力以及干部管理的特派员机构。片联组织独立于正常公司运营流程之外，其作用是激活流程的流动性。

华为的片联组织要求，其成员必须是具有资历、经验、威望的华为资深管理层。之所以有这样的素质要求，与片联所担负的组织责任有着莫大关系。任正非希望以片联组织的形式，推动华为干部呈"之"字形成长，从实践中选拔优秀管理层，破除地方主义和部门利益对公司发展所带来的损害。

可以说，片联组织是华为探索的一项管理创新。其主要出发点可以理解为通过一个相对独立的机构推进人才发现和选拔，以人才发现和选拔的方式拉动人才成长，盘活人力资源，推动干部循环流动。

（2）轮岗制度

如果说片联组织是通过需求触发的方式来引导干部流动的执行，那么轮岗制度就是华为推动干部流动、发掘工作潜力的一种方式。很多成功的公司如IBM、摩托罗拉、西门子、爱立信等都已经在公司内部或跨国分公司之间建立了岗位轮换制度。

华为：批量轮岗

1996年年初，华为正式开始实行轮岗制，著名的"市场部集体辞职"事件，就是轮岗制的开端。除了少数几人之外，其他高管层成员也全部加入了轮换的队伍中，主管技术的郑宝用被调到了后勤部门，主管研发的李一男被派去了子公司。任正非希望通过这样的岗位轮换制度，保持干部的斗志。

麦肯锡：岗位轮换

麦肯锡公司认为，岗位轮换就是企业按大体确定的期限，有计划地让员工或干部轮换担任各种不同职位的做法。麦肯锡公司还建议，企业可以通过以下几种方式来实行轮岗制，即委任给某个管理者更大职责的新岗位、扭转一个新的业务局面、领导启动一个新的业务、让其重新负责一个具有重大影响力的项目、委派其去国外工作。这些项目均涉及重大的角色转换，可以使企业管理者和员工的能力迅速得到提升。

事实上，无论是两种模式中的哪一种，其操作逻辑都是以某种形式拉动内部循环的流动性，刺激干部认识到自己还有更大的发展空间，进而主动寻求个体的进步，最终为华为培养出一支有实战经验和能力、活力四射的干部队伍。

4.2.3 任职资格

为了激励内部人才向上向下或向左向右自由且顺畅地流动，并给人员"上下"提供客观的依据，华为建立了一套用于上下的任职资格等级体系，这也是激活干部队伍活力的基础性工作。说到这里，有人可能会好奇：华为是如何建立起这套体系的？

（1）建立任职资格体系

华为任职资格体系是人力资源管理体系的基础工作，它立足于薪酬建立薪酬制度，同时通过KPI体系贯穿于整个任职资格构架中。任职资格基于工作分类，并最终形成职位族。华为的职位族粗分如表4—1所示。

每个职位族按照工作内容的复杂度、所需技能等进一步细分为不同的等级。

任职资格划分，是指对承担职务（岗位）资格与能力的制度性区分。它包括：纵向划分：分层与分类，分层是按资格能力的高低，分出不同的高低层次；横向划分：按承担职务（岗位）的性质，分出不同内容的资格能力。

表 4—1　华为的职位族粗分

领导族	营销族	专业族	技术族	操作族
五级管理类、四级管理类、三级管理类	销售类、产品类、营销策划类、市场财经类、公共关系类	计划类、IT类、流程管理类、财经类、采购类、人力资源类、项目管理类、产品数据管理类、销售管理类、投标商务类、合同管理类、质量管理类、监控类、订单管理类、行政类、法律类、更名宣传类、编辑类、基建类、医务类	系统类、软件类、硬件类、测试类、机械类、技术支援类、特殊技术类、专项技术类、技术管理类、资料类、制造类、电源技术类	事务类、司机类、保安类、基层管理类、现场工程师类、技术员类、装配类、调测类、物料类、检验类、设备操作类

（2）划分任职资格等级

任职资格等级划分主要是按任职资格构成要素与评定基准，对任职资格能力的制度性区分，是在类别划分中的细分。华为实施任职资格等级划分的目的是为了提高任职资格能力而预先设定的晋升阶梯。这种资格晋升可以是横向上升（晋级），也可以是纵向上升（升等）。任职资格等级划分模型如图4—1所示。

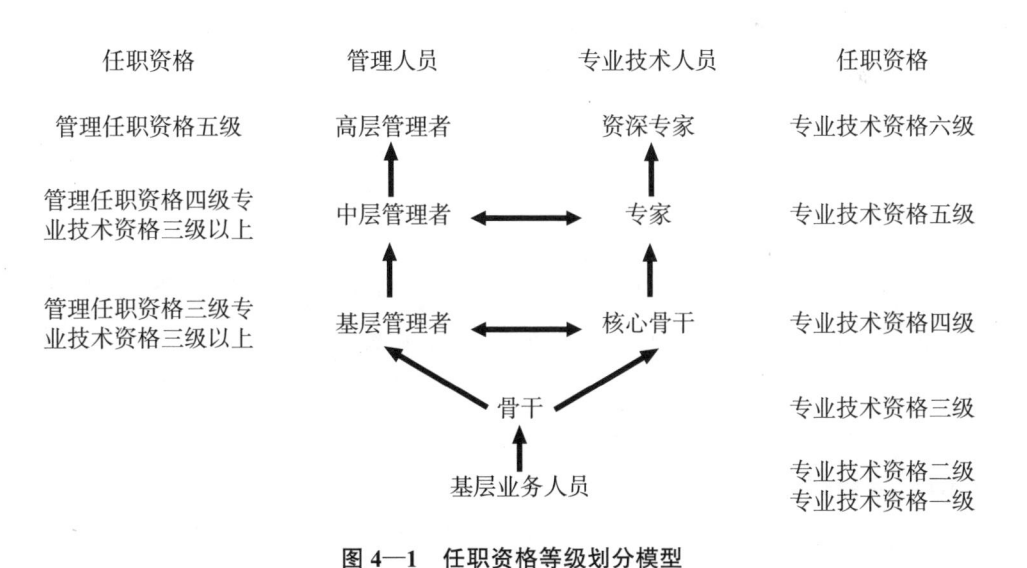

任职资格	管理人员	专业技术人员	任职资格
管理任职资格五级	高层管理者	资深专家	专业技术资格六级
管理任职资格四级 专业技术资格三级以上	中层管理者 ↔	专家	专业技术资格五级
管理任职资格三级 专业技术资格三级以上	基层管理者 ↔	核心骨干	专业技术资格四级
	骨干		专业技术资格三级
	基层业务人员		专业技术资格二级 专业技术资格一级

图 4—1　任职资格等级划分模型

通常，华为的新员工会先从事技术职位工作，专业技能达到一定水平，且管理能力出众，这时便可以应聘管理类职位。继续从事技术类职位的员工也可予以晋升，一般可达到四级或五级。

在这里值得注意的是职位等级上下限的确定。由于个人能力大小各异，所以华为并未设置统一的起点和终点。我们看到，华为是对各层类的任职资格划分出等级下限和上限，下限是能力起点，上限则是能力目标。

在这样的晋升机制下，华为的人事任命并非终身制的，不存在按资排辈、只上不下的现象。任正非的观点是："我们不能懈怠，领导干部能上能下一定要成为永恒的制度，成为公司的优良传统。"

对此，他解释道："每个人都不可能有永恒的高速度，每个人的素质、个人学习努力的程度、自我改造的能力差异都很大，怎么可能步调一致地推动企业前进？"因此，企业必须建立一条能上能下的组织管理通道，将优秀的人才选上来，将鱼目混珠的人选下去或淘汰掉，这才是华为正常的组织管理模式。

时至今日，能上能下——能者上、平者让、庸者下，可以称得上是华为干部管理的一项重要制度。

4.3 团队打天下

一个成功的团队必然由各路英雄集结而成，当团队合作以一种适宜的形式呈现出来时，它必将产生一股强大且持久的力量。而这就需要团队中的每位"英雄"都保持危机意识，并取长补短、各展所长，由此才能呈现出"团队英雄各显神通、群体奋斗"的局面。

4.3.1 群狼战术

华为刚创立时，任正非在与美国某咨询公司女高管的一次会谈上，第一次系统阐述了华为的狼文化。说到华为要如何对付甚至打败跨国公司时，任正非打了一个比喻。他说："跨国公司是大象，华为是老鼠。华为打不过大象，但是要有狼的精神，要有敏锐的嗅觉、强烈的竞争意识、团队合作和牺牲精神。"任正非欣赏狼文化，他希望华为人在面对强大的对手时，也能够像狼一样，用团队的力量拿下"猎物"，因此，他提出了"企业就是要发展一批狼"的号召。

对于狼群作战的壮观局面，曾有几名探险者来到非洲大草原上，切身经历并记录了一幅令人震惊的画面。

非洲草原：狼的追逐

在非洲大草原上，有一群饥饿的狼紧紧盯着一群数目庞大的野牛。烈日下的狼总是三三两两的，看上去无精打采，似乎已经跟着野牛群好几天了；野牛群则继续警惕而又悠闲地漫步在草原上，似乎并没有把狼放在眼里。随着头狼的一声长啸，所有的狼都恢复了神气，它们慢慢跑动起来。野牛似乎也觉察到什么，可是为时已晚，一场屠杀开始了——只见六头凶悍的狼疯狂地扑向母牛和小牛聚集的地方，牛群开始四散奔逃，根本不管同伴死活。那些跑得慢的小牛和老牛则更加惊慌。最后，一些老、幼、病牛被赶到了一个狼群早已设计好的陷阱里。接着，又出现了一批狼，它们迅速围攻、屠杀，最后只剩豺狼的狞笑。

或许在很多人眼里，这是非常残忍的画面。可是，在弱肉强食的动物世界，这就是生存之道，就像诺贝尔文学奖获得者拉迪亚德·吉普林说的那样："弱肉强食如同天空一样古老而真实，信奉这个原理的狼得以生存，违背这个原理就会灭亡。"

华为就是在弱肉强食的市场竞争中不断发展壮大的。不久之前，中国电信制造业中还有着巨龙、大唐、中兴、华为四家企业，它们代表着中国本土电信制造业的最高水平。现如今，我们已经很少能够听到巨龙和大唐的名字，更多的只有华为。其实，这跟华为人像狼一样的团队协作精神是分不开的，狼文化从华为早期创业阶段开始就一直存在。

华为：以"狼群包围"战术拿订单

1996年，信息产业部、邮电部在北京召开全国交换机订货会。这次会议集结了各个省、市电信系统的主要官员和行业负责人，因此，这次会议关系到第二年装机计划的市场份额，华为公司自然非常重视。为了推广华为自主研发的C&C08万门局数字交换机，华为在短短的几天时间内，从各个办事处和总部抽调了近400人的队伍。这批由各地办事处主任、项目经理和高层主管等组成的高素质队伍，每天的任务就是全天候跟进各个省、市的主要领导和电信局局长们，坚决保证在每个省、市都能拿到第二年的订单。据统计，参加会议的领导不过40人，而华为参加会议的人数却高出了近10倍。

狼群战术获得了很好的效果，华为成功地击败了上海贝尔、青岛朗讯等竞争对手，硬是从"老虎"的嘴巴里抢到了一大沓订单。华为的成功让很多竞争对手肃然起敬，他们纷纷效仿华为，组成一支庞大的队伍。只不过与华为人不同的是，这些人缺乏协作意识，更没有强大的后援团队。他们不像华为人一样有包括技术方案设计、外围关系拓展等强大的后备资源，因此，当他们再次遭遇华为的时候，依然溃不成军。

华为的"狼文化"反映了严密高效的协调合作对于团队的重要性。当一个行业处于硝烟四起的激烈竞争环境时，那些懂得团队合作的组织更容易获得成功。没有团队协作精神，再多的人也无济于事，"群狼战术"不成，反倒成了"群狗战术"。

·群狼战术·

美国零售业巨头西尔斯公司的管理者罗伯特·伍德说:"无论多么强大的士兵都难以战胜敌人的围剿,但是如果他们联合起来就会战无不胜,瓦解掉阻挡在面前的一切障碍。"或许,用这句话来概括华为人的奋斗与合作最好不过了。华为人正是凭借狼一样的嗅觉、奋不顾身的奋斗精神,以及像狼群一样的团队合作精神,围剿并拿下了"猎物"。

4.3.2 危机意识

从本源上说,奋斗精神是团队中每个人施展自我能力的精神支撑,而危机意识则是激发奋斗精神的内部驱动力。

2006年,任正非在华为公司内刊《华为人》上发表了题为《天道酬勤》的文章。他警告华为人:"华为走到今天,在很多人眼里看来规模已经很大了、成功了。有人认为创业时期形成的'垫子文化'、奋斗文化已经不合适了,可以放松一些,可以按部就班,这是危险的。繁荣的背后,都充满危机,这个危机不是繁荣本身必然的特征,而是处在繁荣包围中的人的意识。艰苦奋斗必然带来繁荣,繁荣后不再艰苦奋斗,必然失去繁荣。千古兴亡多少事,不尽长江滚滚来。华为必须时刻保持危机感,面对成绩保持清醒头脑,不骄不躁。"

在企业界,任正非不是在成功时仍然呼喊危机意识的第一人。日本著名企业家松下幸之助在总结成功经验时曾说:"长久不懈的危机意识是使企业立于不败之地的基础。"在这方面的成功企业范例俯拾即是。比如,三星电子"永远抱有危机意识的经营秘诀"、可口可乐公司的"末日管理",等等。它们的管理核心都是通过制造危机,在企业中树立忧患意识,让人们产生危机感和责任感,进而不断进取。

IBM:危机意识欠缺引发的惨败

IBM曾被誉为"电脑界蓝色巨人"。大型电脑为IBM带来巨额利润之后,整个 IBM 内部开始沉溺在一片安逸悠闲的氛围里，危机感逐渐消散。在市场环境逐渐发生变化，越来越多的人开始出现对小型电脑的需求时，IBM 对此完全不予理睬，丝毫没有意识到市场危机的降临。或者说，在企业不断成长的过程中，IBM 忽视了市场需求的巨大变化，始终沉醉于大型主机电脑打造的辉煌业绩中，按部就班，继续加大大型主机电脑的市场比重。最终 IBM 自己打倒了自己。

孟子云："生于忧患，死于安乐。"企业发展也不例外。如果一个企业的领导者长期沉溺于过去已经取得的成绩，匮乏忧患意识、危机意识，在顺境面前盲目乐观，不思进取，时间一久便会被习惯性思维控制，丧失斗志。而整个企业便可能如温水煮青蛙一样，对生存环境的巨变浑然不觉，继而逐渐失去竞争力；待意识到巨变到来之时，企业已无力应变，自然而然便会被市场淘汰。

因此，企业必须端正对危机的认识。华为的危机意识是从高层领导开始的，而后渗透到整个企业上下；甚至不是从今天，而是从 2001 年华为的利润开始占据全国电子百强首位时便已开始。

华为：危机管理大行动

2001 年 3 月，任正非在企业内刊上发表了一篇题为《华为的冬天》的文章。文中大谈危机和失败："公司所有员工是否考虑过，如果有一天，公司销售额下滑、利润下滑甚至会破产，我们怎么办？我们公司的太平时间太长了，在太平时期升的官太多了，这也许就是我们的灾难。泰坦尼克号也是在一片欢呼声中出的海。而且我相信，这一天一定会到来。面对这样的未来，我们怎样来处理，我们是不是思考过。我们好多员工盲目自豪、盲目乐观，如果想过的人太少，也许就快来临了。居安思危，不是危言耸听。"华为关于危机的持续呼喊，激励着华为一步步成功地走到海外。再后来，华为的干部离职又重新应聘，这一危机感下的特别行动，大大激发了人们的动能，由此带来了华为的持续大发展。

可以说，几乎华为每次大动作地打"危机牌"时，接下来必然会看到华为呈现出的又一次腾飞。所以，所谓的"全员降薪""华为最好的时候已经过去"让高层有使命感，让中层有危机感，让基层有饥饿感"等论调的发出，实际上是华为各路英雄各显神通、实现群体奋斗的动员令。从任正非到管理高层，人们的眼睛都投射在危机上，在面对危机时保持理性和坦然，并以群体搏杀的姿态，竭尽全力避免危机向华为袭来。

·全员危机意识·

4.3.3 合作协同

独木不成林，三树聚成山。任正非说："一个人，不管他多聪明，他一生中也只能发出几次智慧的光芒，所有开发人员的光芒聚集起来，华为的未来就有光明。"基于这一认知，合作协同是任正非对华为员工最基本的要求，更是华为公司得以发展壮大的必备品质。

在华为30多年的发展过程中，华为人也正如任正非希望的那样，始终发扬狼群的合作精神，团队中的每一个人都发挥着自己的能力，与团队实现共同成长。

华为：一个互帮互助的小组

2006年，华为在吉林的维护组刚从开发部调来3名新员工，就接到了某地网络故障的报告，客户要求华为人立即前往。由于新员工陈路（化名）在业务上负责支路，于是，项目组长决定让他去现场。可是，陈路没有任何现场维护经验，当他听说要到客户机房现场定位时显得很没自信。组长看到这种情况，并没有责怪他，而是立即召集了整个项目组员工，决定一起把问题都梳理一遍。其他团队成员并没有觉得那是跟自己无关紧要的事情，反而积极活跃，纷纷献计献策。大家一起对问题定位，最后形成了一份详细的问题清单。为了增加陈路的信心，项目组临时决定在现场简单地演练一次，等到会议结束的时候，陈路的心里就有了底气，一副信心十足的样子。后来，陈路仅用了不到两天的时间，就圆满完成了任务，一线还特意发来了表扬信。

对华为人来说，一个人的成功并不是真正的成功，整个团队目标的实现才是真正的成功。显然，案例中的华为人也清楚地认识到"独行侠"和"个人英雄主义"只能让自己与目标渐行渐远，唯有保持合作才能共同成长。

而在团队合作的过程中，最为重要的便是取长补短，以你之长板补我之短板，使所有人各自发挥优势，这样才能让团队发挥出最大的能量。就像任正非说的那样，"只要将公司内部的人黏合在一起，就能够创造出协同效应"。

华为：QCC 圈各展所长、多方支持

华为员工杨龙（化名）在担任 QCC 圈长后不久就遇到了麻烦。当时，他们不仅缺乏定量数据，而且问题分类也不明朗，很多工作他都要从头开始，数据收集的工作量很大。开始几天，杨龙都在独自奋战，可是没有一点头绪，他都要打退堂鼓了。他找到了辅导员，说："如果做不好前期数据分析工作，我就放弃做圈长了，否则就是让大家的努力建立在一个不牢靠的基础上。"

辅导员看着情绪有点激动的杨龙，笑着说："不用因为个人技能不足就觉得愧对圈员，可以和大家一起学习啊。"杨龙这才恍然大悟，为什么自己不知道向圈员求助呢？他高兴地跑了回去。

杨龙把圈员召集起来，开始向大家征求意见，圈员也非常配合。那些熟悉数据收集工作的人主动承担起收集数据的工作，那些擅长数据分析工作的人则开始分析数据。同时，杨龙又向QCC交流园地求助，得到众多圈友的支持和有用的建议。没过多久，工作就明朗了，他也不再犯愁了。最终，杨龙的QCC走上了正轨，数据收集工作也获得了系统的解决方案。

"役其所长，则事无废功"，只要发挥一个人的长处，则凡事不会不成功。同样的道理，如果我们能够借助别人的长处弥补自己的不足，那么，就绝不会有完成不了的工作。而且，在集思广益的过程中，人们会针对自己所长，畅所欲言，参与热情也会大大提高，由此也会在团队中形成一种积极、向上、热烈的奋斗氛围。

4.4　灰度领导

在实践中，领导并不是观点鲜明、非此即彼、非黑即白，而是介于黑白中间的各个不同状态，呈现不同的灰度，即黑白管理的二元平衡。对此，任正非说："一个清晰方向是在混沌中产生的，是从灰色中脱颖而出的，而方向是随时间与空间而变的，它常常又会变得不清晰。并不是非白即黑，非此即彼。合理地掌握合适的灰度，使各种影响发展的要素在一定时期里达到和谐。这种和谐的过程叫妥协，这种和谐的结果叫灰度。"

·灰度领导·

4.4.1 灰度就是妥协

西方所强调的黑白哲学，是制度体系和流程体系的基础。华为在制度与流程上坚持向西方学习黑白分明，坚持流程与制度神圣不可侵犯。然而，在变革中，黑的、白的观点虽然容易鼓动人心，但是我们恰恰不需要黑的或白的，我们需要的是灰色的观点。

华为：提出灰度管理的概念

2007年12月，任正非在中国香港与美国前国务卿奥尔布莱特进行了一次会谈。在这次会谈中，任正非阐述了华为成长和成功的思想逻辑，他第一次将"开放、妥协、灰度"三个词并列在一起，认为这是华为公司从无到有、从小到大、从弱到强快速发展的秘密武器。

任正非还说："我们不是生死敌人，是同一个战壕中的战友。同一个战壕中的战友，哪里搞脏了一点，洗掉就行了，没啥了不起。不要那么纯洁，至少干部部门不要那么纯洁。如果戴着有色眼镜看人，世界上就没有好人。你们要反复学习'开放、妥协、灰度'。"

实际上，灰度是一种制度制衡与领导者权变完美结合的管理艺术。在《华为公司基本法》中充满了这样的段式："我们既要如何，我们又要如何……"整部《基本法》处处可见悖论，处处可见对立。综观任正非这30年来的文章与讲话，也是如此。

2015年年初，任正非在人力资源委员会干部处人员的座谈会上讲道："开放、妥协、灰度是华为文化的精髓，也是一个领导者的风范。一个不开放的文化，就不会努力地吸取别人的优点，逐渐就会被边缘化，是没有出路的。一个不开放的组织，迟早也会成为一潭死水的。我们在前进的路上，随着时间、空间的变化，必要的妥协是重要的。没有宽容就没有妥协；没有妥协，就没有灰度；不能依据不同的时间、空间，掌握一定的灰度，就难有合理审时度势的正确决策。"

在任正非看来，坚持正确的方向与妥协并不矛盾，相反，妥协是对正确方向坚定不移的坚持。方向和原则不能妥协，但实现目标过程中的一切都可以妥协，只要有利于目标的实现，妥协一下也没什么不可以，不用非得一头撞上南墙。

有关妥协，任正非做了如下论证

"妥协是双方或多方在某种条件下达成的共识，在解决问题上，它不是最好的办法，但在没有更好的方法出现之前，它却是最好的方法，因为它有不少的好处。"

"妥协并不意味着放弃原则，一味地让步。明智的妥协是一种适当的交换。为了达到主要的目标，可以在次要的目标上做适当的让步。这种妥协并不是完全放弃原则，而是以退为进，通过适当的交换来确保目标的实现。相反，不明智的妥协，就是缺乏适当的权衡，或是坚持了次要目标而放弃了主要目标，或是妥协的代价过高遭受不必要的损失。"

"明智的妥协是一种让步的艺术，妥协也是一种美德，而掌握这种高超的艺术，是管理者的必备素质。"

"只有妥协，才能实现'双赢'和'多赢'，否则必然两败俱伤。因为妥协能够消除冲突，拒绝妥协，必然是对抗的前奏。我们的各级干部真正领悟了妥协的艺术，学会了宽容，保持开放的心态，就会真正达到灰度的境界，就能够在正确的道路上走得更远，走得更扎实。"

在一些人的眼中，妥协似乎是软弱和不坚定的表现，似乎只有毫不妥协，方能显出英雄本色。这种非此即彼的思维方式，实际上是认定人与人之间的关系是征服与被征服的关系，没有任何妥协的余地。而在管理实践中，最理想的状态是确保目标的实现，而不是为了争一时之气。在坚持正确的方向和原则的前提下，只要有利于目标的实现和进步，皆可在一定程度上作出妥协。

因此，在企业管理中，我们必须尝试找到双方都能接受的模式或方法，在必要时用适当的妥协化解异议、矛盾或冲突，实现异常状态向理想状态的平缓过渡，在混沌中找到准确的方向，在一段时间内保持和谐氛围，这就是所谓的灰度管理，也是一种更为明智的选择。

4.4.2 坚持开放心态

开放，是华为的核心价值观，也是灰度管理最基本的态度。它是华为能够适应瞬息多变的市场环境，并且在变化中始终保持创新精神和正确的前进方向，在市场竞争中立于不败之地的法宝。

不过，这条内容曾在行政管理团队的讨论中，有较长时间的争议："华为是一个有较强创新能力的公司，开放难道有这么重要吗？"而领导层则反思：由于华为在国内外取得了极大的成功，华为人越来越自信、自豪和自满，这未尝不是一种自闭。

任正非曾说："华为公司一定不能重蹈覆辙。一定要在控制有效的基础上，进行转制改革。要像新加坡的方法一样管得很严，在严管的情况下，逐步释放能量，释放过快就成了'原子弹'。但是，我们认为这种很严厉、苛刻的管理不利于公司长期稳定地发展建设，我们想逐步放松、再放松。"这实际上便是一种开放的态度。

华为：从粗放式到开放式的管理环境

华为成立之初，市场竞争激烈。为了快速抢占市场，华为采用了严格的管理和控制体系，号称"严刑峻法"。1999年以后，随着华为逐步走进平稳发展期，华为的"羽翼"也逐渐丰满，各项管理变革得到落实。不过，管理实现了流程化和制度化以后，华为开始逐步放松了严格的管理。此时，任正非才认识到，以前粗放的管理已经不能适应发展要求，只有让管理更加富有人文色彩、更加开放化，才能适应华为当下的发展需求。

禁欲主义不行，拜金主义也不行，人必须在一个非常宽松的环境中发展。任正非说："当企业发展到一定阶段，必须保持适当的宽松，不骄不躁，保持36℃的体温，激励创新。36℃的体温，为华为人提供了开放舒适的环境，激励他们爆发出更多的能量。"

华为除了在管理环境上坚持开放外，在日常管理上也坚持开放，以开放的态度接受不同的意见，像鸡毛掸子一样掸掉思想上的灰尘，使企业上下团结前进。

华为：以开放的态度接受不同意见

2008年，某地一线人员偶然听到客户不经意地说了一句："我们的机房空间有限，却要安装三套你们的网管系统，或要摆几台电脑。我不明白，都是华为的设备，为什么不能统一网管，搞得这么麻烦？"

当时由于传送、接入、城域、IP等产品领域各自为营，网管自然没有统一的解决方案。于是出现客户口中的有几类设备，就要摆几台网络管理终端的情况。

听到客户的抱怨后，产品线决定开发统一网管解决方案，来协助客户优化管理。不过在开发过程中却出现了专家互相"打架"的局面：传送网管的技术专家坚持按"设备"管理方案；接入网管的专家坚持按"特性"管理方案……几方人员互不相让，讨论了十几轮，依然悬而未决。

这时，一位主管说："我们每个域专家不能只看到自己方案的优点，每个人都自我批判一下，别人的方案究竟有没有真正出色的地方？"大家听完后愧疚不已，开始心平气和地交流。最终融合原有设计，顺利解决了架构难题。

在2009年的网络技术专家反思会议中，专家们再次提及这些经历，不少人感慨道："之前的确是因为自己心态不够开放，习惯于从自己的角度考虑问题。其实我们更需要如海绵一样开放的心态，去接纳和欣赏别人。"

华为的网络技术专家由最初的互不相让，到后来的相互接纳，正是因为他们坚持开放的心态，乐于接受新的思想观念，进而使团队成员的看法更容易达成一致，通力合作，完成了架构难题。

任正非指出，我们强调开放，更多一些外向型学习，向优秀企业学习，向优秀的同事学习，我们才会有更新的目标，才会有真正的自我审视。而由于我们能够扩大思想的边界，也更容易看到现有观点以外的思考，更容易真正达到灰色的境界，从而在正确的道路上走得更远。

4.4.3　决不求全责备

宽容是灰度管理的核心思想，它是领导者在管理实践中的应用原则和手段。显然，领导者的宽容能为企业带来和谐的发展环境，只有宽容才能有效地处理好企业内部与外部的种种错综复杂的关系。

有人说宽容就是妥协，而妥协的管理似乎就是软弱和不坚定的表现。在他们的眼中，管理过程中只有毫不妥协才能显示出管理者英雄的本色。其实，宽容是一种坚强，而不是一种软弱。宽容才能真正体现管理者的气质，因为只有能勇敢面对变化管理异常或非理想结果的人，才懂得宽容。

对于外界对华为"妥协"的误解，任正非这样解释道："妥协其实是一种非常务实、通权达变的丛林智慧，凡是丛林里的智者，都懂得在恰当的时机接受别人的妥协，或向别人提出妥协。"

任正非说过："不要试图做一个完人，做完人是很痛苦的。要充分发挥自己的优点，使自己充满信心地去做一个有益于社会的人。"经营企业也是如此，不要试图让每一个人都能像设想的那样做一个完人，那样不仅会使干部和员工的心理压力很大，也会让企业面临无人能用、无人可选的尴尬处境。尤其是对于年轻的干部，更要看到他们的优点，而不要老盯着缺点看。只有不做事的人才不会犯错，没缺点的人也往往没有业绩。企业选拔人才是要组建军队，是要攻占山头的，如果只挑选那些一点错误都没有、什么活都不干的人，对企业发展而言，毫无作用。

华为：宽容地对待干部的缺点

在华为的某外国研究所，一部分中方主管要求撤换该研究所的一名该国主管，理由是他不好合作，经常因业务分工问题和国内的对应部门吵架，并且脾气暴躁、牢骚太多。接到反映后，人力资源部展开了周边调查，调查组发现该主管的合作性得到了团队的普遍认可，只是在与国内的对应部门合作时，有一些业务分工上的问题。并且，这名主管从事的是预研工作，所领导的团队只有6名员工，与国内需要配合的地方很少，脾气虽然有些暴躁，但不至于影响工作，发牢骚也是对上不对下，有问题能与上级及时沟通并不是坏事。

总而言之，虽然这名国外主管与国内部门吵架吵得比较多，但是他的技术水平、管理能力、公正性深深折服了他团队中的每一个成员，并且从不对成员抱怨、发牢骚。此外，他所从事的工作需要的是有明白人带领团队聚焦于关键技术的研究，而不是与国内部门接洽，因此他的这些缺点对工作并没有很大的影响，同时在他的领导下，该团队有着很高的绩效，为公司作出了很大的贡献。

因此，经过一番调查之后，该研究所决定继续留用这名主管，两年后，这名主管所带领的团队还获得了公司重大专利奖。

正如故事当中的这名主管一样，所有的干部都避免不了会有这样那样的缺点，就连任正非也不例外。但是，只要这些缺点没有妨碍他在这个岗位上贡献价值，不是触及原则和底线的大是大非，则完全不必过分苛求。

可以说，宽容为华为聚集了一大批精英型人才，使华为在处理异常问题时更为快速有效、易于接受，也是基于这一点，才为华为创造了辉煌的今天，才使得华为在正确的道路上走得更远。

4.5　领导者素质

根据华为战略领导力素质模型，"干部九条"是指九个关键素质：关注客户、建立伙伴关系、团队领导力、塑造组织能力、跨部门合作、理解他人、组织承诺、战略思维和成就导向。这九个关键素质被用于对干部进行评价。经过一段时间检验后，"干部九条"被高度概括为"领导四力"，即决断力、执行力、理解力和人际连接力。在华为，"干部九条""领导四力"被作为领导干部的基本素质要求，领导者须以此为标准要求自己，成为企业上下的典范。只是，对于不同层级的领导，这种素质要求是有差异的。

4.5.1　领导力模型

身为华为的领导者，必须具有战略领导力，这也被作为华为人才评估、选拔、晋升的依据。而为了科学且高质量地推进领导者的评判工作，华为建立了规范的领导力评估标准体系。

1997年,华为邀请了HAY(合益)咨询公司,担任人力资源开发顾问;而后于2005年,再次与HAY(合益)咨询公司合作,对干部能力进行更加细致的要求,建立了华为战略领导力模型。

华为战略领导力模型包括三大方面:发展客户能力、发展组织能力和发展个人能力。

(1)发展客户能力

主要是指关注客户,建立伙伴关系。关注客户是指致力于了解客户需求,并主动采取有效方法来满足客户需求;建立伙伴关系是指愿意并能够发掘华为与合作伙伴的共同点,与之建立互利共赢的伙伴关系,从而更好地为华为客户服务。

(2)发展组织能力

主要是指团队领导力、塑造组织能力和跨部门合作能力。团队领导力是指通过激励和授权等方式,来促使团队成员关注重点事务、鼓舞团队成员积极解决问题以及运用团队智慧领导团队的行为能力。塑造组织能力是指通过辨别机会,不断提升其组织能力、流程和结构效能的行为能力。跨部门合作能力是指为了实现整体利益而与其他团队开展主动性合作以及全面提供支持性帮助的行为能力。

(3)发展个人能力

主要包括理解他人、组织承诺、战略思维和成就导向。理解他人是指准确地了解他人的各类想法、心态或情绪;组织承诺是指为了推动企业发展而承担各种职责和挑战;战略思维是指用创造性或前瞻性的思维方式来制订解决方案;成就导向是指关注团队最终目标和带来可能收益的行动。

这三大核心模块包括了九个关键素质，后来又被高度概括成"领导四力"。其中，决断力就是敢于做决定并善于做决定；执行力就是尽最大的努力把事情达成；理解力就是能够理解文字和语句背后的含义；人际连接力就是能够吸引并唤醒周围的人，使其愿意沟通并跟随。

其中，决断力、执行力和理解力，是华为选拔干部最为主要的标准。任正非解释说："理解力就是说，一个干部，他都听不懂你在讲什么，那怎么去执行、怎么能做好呢？第二个就是要加强中层干部的执行力，高级干部要有决断力。后来增加了人际连接力，成了'四力'。有了这'四力'，你才会有团队协作、意志力。决策力是通过关键事件行为考核的，包括理解能力、执行能力和人际能力，都是在关键事件行为中考核的。不是你来考试，而是完全通过他过去的关键行为来考核。"

在公司对领导力的重视和培养下，涌现出了很多优秀的领导干部，也给华为未来的发展带来了巨大的益处。在2008年金融危机中，华为的销售额逆市增长43%，几乎超过了所有同行业者。2008年，华为实现合同销售额233亿美元，实际销售额183亿美元。

华为领导力培养实践的成功使之得到了业界的认可，其领导力培养和发展系统被视为华为的一项非常规武器。《创富志》主编张信东认为，华为的领导力培养水平可谓登峰造极，"即便任正非退休了，华为凭借现有的人才储备和领导人培养机制，依然可以较长时间内屹立不倒"。

4.5.2 领导者角色

领导者必须对自己形成健全的认知。这种认知主要是基于领导者的角色。在每一个企业中，领导者总是处于显著地位，人们总是期望领导者能够明晰自己的权力与责任，善于根据角色要求行动，起到楷模作用。

领导者的角色作用主要是统帅引领，被领导者的角

·找准角色定位·

色特征是服从执行,这是彼此角色差异所造成的天然差别。领导者必须充分认识到这一点,让自己的领导角色得到主动发挥,同时让被领导者的角色得以最佳呈现,解决好两者之间可能存在的矛盾,让公司的整体协作效率达到最高点。

华为:为什么他们不理解领导者角色

在华为刚刚开始发展壮大时,令任正非最为苦恼的就是那些技术研发骨干不善于领导。当时,华为的规模扩张得很快,公司考虑从内部提拔一部分领导者去担任"导师""领头人",以推动公司项目向前发展。然而,任正非很快发现,这些被提拔上来的领导者们,仍然做着过去的技术研发工作,甚至因部分新员工效率不高、能力不足而将工作大包大揽;结果,这些骨干们累得身心俱疲,而新员工又未能得到良好的管理。更要命的是,一部分投机取巧的人从中发现了问题,他们开始以各种理由来推拒工作任务,将工作留给"更有能力去做的人"。一时间,企业内部人员只知获取权利而不去履行义务,不公平气氛越演越烈。

事实上,之所以会出现这种情况,恰恰是由于华为当时未能明确领导者角色定位所致。聪明的企业领导者在成为领导者之初就要明确自己应当做什么、管什么,而同时也要让自己的下属认识到自己应该如何落实领导者分配的任务,担当好"被领导"的角色。

当领导者进入角色时,他必须从心理和行为上认同自己的角色,用角色标准(领导力模型)来严格要求自己,否则就会因违背人们的角色期待而遭受挫折和失败。

当然,领导者角色所对应的标准也是不同的,因为领导岗位与层级有所差别，对于正职与副职、高级干部与低级干部，也都有不同的素质要求和选拔标准。

华为：关于正副职的差异化要求

在2006年第27号EMT决议中，华为对机关正职和副职的任职资格作出了规定。文件中说："机关副职的责任承担者要逐步地由具有成功实践经验的职业经理人来担任。而机关正职的责任承担者则应从一线成功管理者中选派，并定期与一线主管轮换，原则上不在机关尤其是在原机关的副职责任承担者中选任用，杜绝把机关副职直接提升为正职。"

其中，正职要有鲜明的特质，即清晰的方向感、正确的策略、周详的策划，擅长组织和能力建设，以及敢于承担责任和决断力；副职一定要讲精细化管理，撕开口子后，要能精耕细作，守得住。

就像任正非在2007年的员工座谈会上所说的："在管理干部的要求上，高级干部与低级干部的素质要求很不一样，低级干部要求的绩效很好，高级干部要求的素质很高，将来我们的专业技术人员要求的时候就应该片面化，主要强调你担负责任的那一部分，而不是全部。管理干部的综合素质适当要求高一点。"

在成功的决断力、正确的执行力以及准确的理解力这三个核心能力当中，仅具备准确的理解力，适合在机关做干部；具备正确的执行力，可以做部门的副职；具备成功的决断力，可以做部门的一把手。

2011年，任正非在英国代表处的讲话中也曾详细提到过他对正职和副职的要求："我认为副职一定至少要精于管理，大大咧咧的人，不适合做副职。副职一定通过精细化管理，撕开口子后，要能精耕细作，守得住，具备正确的执行力，来实施组织意图，这就是狈的行为。正职必须要敢于进攻，文质彬彬、温良恭俭让，事无巨细、眉毛胡子一把抓，而且越抓越细的人是不适合做正职的。正职必须清晰地理解公司的战略方向，对工作有周密的策划，有决心，有意志，有毅力，富于自我牺牲精神。能带领团队，不断地实现新的突破，这就是狼的标准。我们在评价正职时，不一定要以战利品的多少来评价，应对其关键事件过程行为中体现出的领袖色彩给予关注。"

这种对领导角色的差异化定位和要求，既对领导者的提升空间作出了架构，同时也保证了组织的稳定发展。

4.5.3 以身作则

在一个企业中，领导者就如同一支雁队的"领头雁"，其他成员的视线会始终紧盯着"领头雁"，"领头雁"飞向哪里，雁队就跟着飞向哪里。所以，领导者必须率先垂范、以身作则，从而确保企业的每项管理制度都能够得以顺利贯彻实施。任正非深谙这个道理。他建议，领导者首先要敢于并时刻准备着"拿自己开刀"，这样员工才会心服口服地遵守规则。华为内部一直流传着这样一个故事。

华为：任正非亲力亲为产生的示范作用

多年前，华为还处在起步期，任正非偶然听到两个业务员的谈话，得知公司有一个单子跟了好久，始终没有进展，原因是对方的项目负责人经常出差，华为的业务员很难与其见上一面，导致跑了很多次"空车"，每次都无功而返。任正非在了解详情之后，并没有如同一般领导那样简单地给予员工几句鼓励了事，而是思索片刻说："不要泄气，能把对方资料给我看看吗，有机会我去上门试试。"业务员以为任正非是在开玩笑，不过他还是认真地将资料整理了一遍，交给了任正非。没想到，三天之后，任正非突然打电话告诉他，三天前的那张单子已经谈好了，通知他下午便可以去签约了。

签约时，华为业务员才了解到事情的真相。原来，任正非竟然真的说到做到，亲自跑去了对方公司。为了在第一时间见到对方负责人，他竟然连续三天，每天都会抽出一个下午的时间到那位科长的办公室等候，有一天甚至晚饭都没有吃，一直等到晚上九点钟，等对方公司加班的员工都下班了，他才离去。而合作公司的那位科长得知为了签这份合同华为总裁竟然亲自等他三天，感动至极，当即决定与华为签约。业务员深受教育，不禁自责道："任总还是那个任总，如今有钱了，有地位了，却仍然没有忘掉艰苦奋斗，我要是也有这种毅力，这笔生意怎么还会劳烦任总亲自出马！"

尽管当初的华为还没有达到今天的高度，但也是家喻户晓、妇孺皆知。任正非仍然能够为了一个小单子放下身价亲自出马，并以身作则地为员工提供榜样，从而凝聚了一大批优秀人才一同打下华为的天下。

就这样，任正非要求包括自己在内的每一位华为领导者在异常艰苦的条件下，也要怀着"以身作则，从我做起"的精神，一步一步地跋涉。正如华为某项目主管在《华为人》报上写的一样："无论是开发过程的小问题定位，还是每周一次的体育活动，我都尽量不缺席，点点滴滴中建立起兄弟般并肩战斗的情谊。"

华为：刘普身先士卒的带头效果

1996年，华为ETS成功进入海南。为了配合华为在"红十月"完成全省放号的计划，万宁市将所有的ETS固定台全部销售，并最终向用户承诺国庆节即放号使用。由于海南属于亚热带地区，第三季度热带风暴比较集中，9月底遭遇了一次台风。客户为了能够兑现对终端客户的承诺，要求刘普（化名）带领的华为项目组必须赶在 9 月 28 号之前完成 ETS 铁塔的安装工作。当时天下大雨，风力较强，这加大了铁塔安装工作的风险。但是，刘普二话没说就脱下雨衣，开始竖塔，一点点往上攀上 30 多米高的铁塔。项目组其他成员在刘普的带领下，也不怕危险地迅速投入到安装工作中。最终，刘普带领的项目组按要求完成了工作。

在华为，像刘普这样以身示范的领导者不在少数，也恰恰是这样一群领导者，为华为树立起端正的领导风气。

事实上，无论在哪一家成功企业，我们仔细观察其领导者，无不具有以身作则的行为品性和特征。也恰恰是这样，他们才得以在员工心里树立起榜样，使广大员工心甘情愿地紧紧跟随其后，这才是真正有价值的领导行为呈现，而具备这种素质的领导者才算得上是卓越的领导者。

第 5 章　管理科学

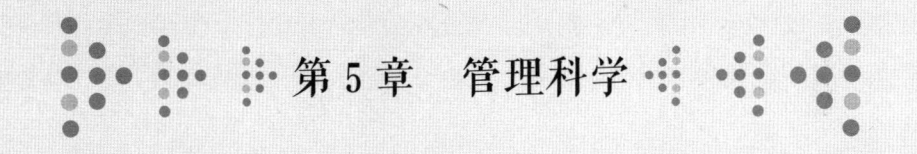

> 以前我们就讲过华为公司什么都不会留下,就剩下管理。为什么,所有产品都会过时,被淘汰掉,管理者本人也会更新换代,而企业文化和管理体系则会代代相传。因此我们要重视企业在这个方面的建设,这样我们就会在奋斗中越来越强、越来越厉害。
>
> —— 任正非

带着问题阅读：

1. 如何平衡授权与控制之间的关系？

2. 管理为什么要以结果为导向？

3. 如何让制度成为一种有生命力的文化？

4. 面对人才，企业如何选、育、用、留？

5. 牵引机制如何拉动员工奋斗和企业发展？

5.1 授权与控制

从某种程度上说,授权是组织运作的一大关键,是将完成一项工作任务所必须具备的权力分授给下属的过程。这要求既要科学授权,又要确保结果可控。在授权过程中,授权者应坚持"用人不疑,疑人不用"的原则,并通过限制性授权、授权者的主动牵制和被授权者的汇报反馈等形式保障授权的可控性。

·授权与控制·

5.1.1 先分权再授权

自创立之初,华为始终因应着环境和自身发展变化,步步为营地探索着一套适合自己的授权之道。时至 2009 年,华为内部开展了组织结构和人力资源管理机制的改革,确定了"以'铁三角'为基础的,轻装及能力综合化的海军陆战队式"的作战队形。这种管理模式变革的核心在于:打破过去的决策集中和滞后,采用"先分权再授权"的模式来促进决策与行动反应的速度,让员工当家作主。华为之所以会如此设计,是源于华为管理实践中遇到的一个难题。

原来,随着华为组织规模的不断扩大,拥有较多权力和资源的华为决策机构开始远离业务一线，而为了控制企业运营风险，华为不得不设置了许多流程控制点。但是，由于授权不足，华为内部出现了严重的官僚主义及教条主义问题。于是，一线工作人员除了花不到 1/3 的时间去找目标、找机会以及将机会转化为结果之外，其他时间完全被用在与后方的频繁联系上。也就是说，面对规模越来越大的市场，华为的管理线被越拉越长，而对机会的把握越来越不得力，甚至很多时候坐失良机。所以，必须让一线工作人员拥有更多的决策权，才能在遭遇变化时作出科学决策，在机会面前作出最快速的反应。

就在这时，一份来自华为北非地区的工作汇报触动了任正非思维的一角。在华为北非分部，员工围绕做厚客户界面成立了一个特别的工作小组——它是由客户经理、解决方案专家、交付专家组成的，形成了面向客户的"铁三角"作战单元。而"铁三角"的精髓所在就是为了目标打破功能壁垒，形成一套以项目为中心的团队运作模式。华为的各种先进设备和优质资源，都应该在前线发现目标后在第一时间内给予有效的支持，而不是坐等后方那些拥有资源的管理者慢慢赶来指挥作战。

这种管理上的尝试，为华为组织结构变革和管理创新提供了一条新思路——采用新型分权管理模式，把决策权根据授权规则授予一线团队，而后方仅起到监督和保障作用。从 2009 年起，华为建立"铁三角"新型分权形式，在此前提下选择适宜的人员进行授权管理，一线员工被授予了"将在外，军令有所不受"的决策权，而总部则依靠分级授权、定期汇报等形式，来确认和保障授权效果。

这种策略很快便见到成效。2012 年上半年，华为营业收入达到 1027 亿人民币，同比增长 5.1%。诚然，如此喜人的业绩离不开华为终端市场的突破，但从分权再到授权管理带来的组织运营效率提升也功不可没。任正非曾感叹："哪怕每年提高千分之一的效率都是可喜的。"分权与授权的管理变革使得华为在前进中不断优化、厚积薄发，而华为在面对未来日益复杂的市场变化时的反应也更加敏捷、游刃有余。

5.1.2 充分授权

授权有两个必须关注的点：一是信任度；二是被授权者。通俗地说，就是：用人不疑，疑人不用。

（1）用人不疑

授权的第一前提是信任。授权时最忌讳的一种现象就是：明明已经授权给他人，却又不相信，总是横加干涉。这样的授权只会适得其反，让被授权者不知所措，不得不重新依赖于授权者。华为的授权始终坚持以"用人不疑"为原则。在华为，至今仍流传着任正非和郑宝用的一个故事。

华为：任正非对郑宝用的信任

1993年的某一天，郑宝用按惯例主持一次非常重要的研发项目立项评审会议。突然，郑宝用看到总裁任正非也来参加会议了，马上跑了过去，并对任正非说："任总，这个会您不用参加了，我会把结果告诉您的。"任正非听到郑宝用的话之后，很平静地离开了会议现场。

1989—1995年正是华为史上最艰苦的时期，身为华为总裁的任正非的日子很不好过。如此重要的项目评审会议，任正非将最后的决策权交给郑宝用，甚至还在公开场合说："郑宝用，一个人能顶一万个。"

任正非认为，华为在当时的情况是，本应后方解决的问题让前方协调，拖了前线的后腿，好钢没有用在刀刃上。所以，华为坚决授权，将必要的工作任务交给合适的人，由其全权负责，这在很大程度上避免了时间、机会、人员等方面的浪费。

(2) 疑人不用

授权不可盲目，在用人之前必须确保所选择的授权对象是可信任的。那么，华为通常会授权给哪些人呢？在任正非看来，那些长时间脱离前线的人，往往会失去对"战场"的敏锐感，失去现场解决问题的能力。所以，华为强调"让听得见炮声的人来呼唤炮火"，并把真正的决策权交给这些人。

2013年，任正非提出了"少将连长"的人才模型。他说："华为需要的少将连长不是简单地遵照指令坚决执行的人，是具有综合素质的一个团队的队长，要具有培养、锻炼队员及合理组织工作的能力；与客户的沟通能力；将客户需求转化为产品组合的能力；不断学习新知识的能力；随市场而动，敏锐嗅觉的能力；能够敢于向不正确指令提出个人建议的能力等。这就是我们需要的'少将连长'。"当然，华为不会直接从机关调集人员去做"少将连长"，这些人需要从一线中来，经历过实践考验。

华为：经过实践考验的"少将连长"

2000年9月，李一凡（化名）正式成为华为的员工后，就被分配到无线技术支持部的第一线，从事GMSC35新产品的技术支持工作。李一凡每天的工作就是现场开局、现场割接支持、远程支持问题处理等。一年以后，华为开始实施中国移动GSM目标网全网升级项目，李一凡则负责组织全网项目实施以及做好远程支持工作。工作任务很多，李一凡几乎每个月都有20天在公司过夜。在两年时间内，他现场支持了40多个重大工程项目的割接，个人也积累了扎实的专业知识和一线工作经验。第三年，李一凡就成为无线产品二线技术支持工程师、国内GSMNSS产品责任人。第四年，李一凡就被调入北京分部，担任移动软交换长途汇接网项目的技术总负责人。就这样，不到4年的时间，李一凡从一名普通的一线技术员，成长为华为的技术骨干。

类似李一凡这样的人才就是任正非和华为眼中"少将连长"的不二人选。任正非说，刚开始华为会重点关注具有"出色组织能力、敏锐捕捉机会能力和主动思考能力"的人员。然后，把他们送入华为大学进行系统的专业培训，提高其带领小团队实践的能力以及培养相应的综合素质。凡具备这两项能力的少将将会成长为"少将连长"。连长配了个少将衔，是指破格提拔优秀的一线基层主管、骨干，同时提升职级、待遇等达到少将水准，但他还是连长而不是少将。

华为公司培养和选择好"少将连长"后，就赋予连长"呼叫炮火"的权力。这些权力包括团队人员的选择、管理和任免；资源的自由调度；资金的使用额度；呼叫技术支撑的权限等。任正非指出："只要是以市场发展、公司受益为目标的权力需求，公司都考虑给予下放。"

2010年年初，华为从过去的集权管理过渡到分权制衡管理，让一线拥有更多的决策权，以便在千变万化的市场中及时作出准确决策。因而，人们也一次次见证了任正非让一些年轻人挑起大梁，放心地将大客户交给那些刚走出校门的小伙子们进行管理；让那些不到30岁，没有任何海外市场经验的技术和市场人员到异国他乡开拓市场；甚至三个人组成一个决策小组，集体作出决策且经费在5000万元以下的项目可以直接上马运作……如今回顾起来，正是任正非有着充分授权的意识和用人不疑的胸怀，才会让更多的华为人敢于冒险、艰苦奋斗，奠定了华为在国际上的地位。

5.1.3　授权机制

华为非常重视授权的可控度。任正非曾说："授权而不彻底放权，对权力加以监督和干涉。"因此，华为的授权绝非简单的拍脑袋行为，而是通过一系列围绕授权展开的控制机制和措施，来保障管理效果的实现。

（1）限制性授权

限制性授权　是指授权之初即对所授出的权力有所限制，使被授权者预先了解自己所掌握的权限。常见形式如单项授权、条件授权。

单项授权 是指只针对某个项目授予决策或处理的权力，待问题解决或项目结束后，权力即行收回。华为业务常常以项目制形式开展，即围绕某项业务的开展而选定组长和项目成员，每个人的任务和权限也是围绕本次业务开展而设置的。一旦该项目结束，那么相关人员的任务及权限也随即终止。比如，为了开拓联通或移动的市场，那么华为会先任命一位副总裁，然后由该副总裁抽调几个人组成项目组，并具有对应组织调配权等。待这个项目成功完成、所有人得到对应的奖励后，该授权也结束了。

条件授权 即只在某一特定环境条件下，授予员工某种权力；一旦环境条件发生改变，权限也应随之改变。比如，如果面对某次客户投诉，那么华为会选定某个员工担任负责人，由其全权接洽此次问题，直到该客户问题得到彻底解决，获得客户满意。

这两种授权方式可以使被授权者在特定情境下获得并行使某些权限，而不是在任何时候滥用权力。

（2）授权者的主动牵制

在华为，任正非虽然常常强调，要给予员工充分的信任，将权力下放，让员工更加自主地完成工作，但并不是一味授权而没有限度的。在充分授权的同时，他也时刻注意着权力的平衡与制约。他常说："授权不等于彻底放权，把权力都放出去了，企业还要管理者做什么？"

华为：授权者的权力分配

一次，华为的一个技师同生产组组长争执了起来，任正非知道后仔细了解事情经过。原来，华为新开发了一款交换机，技师认为，新的交换机应该在换频案板上加一个自动控制钮,生产组长却觉得多此一举,交换机一旦使用,就很少有人去手动调控了。

任正非觉得两人说得都有道理。一个是从机械结构着眼,要求科学合理;另一个是从实际操作着眼,经验准确。两人都想把新交换机定型得更加完美、更加实用,都是为公司好。但是根据公司的授权规定,两人也都有修改产品生产工艺的职权,究竟按照谁的想法来安排工艺流程,实在是个让人头疼的问题。

后来,任正非想出一个两全其美的办法,把两者的权责划分得更加清楚,在公司原有部门之外,再设一个开发部,由那位技师主持,专门从事产品改进研究。如此一来,开发部与生产小组分权并立,既不冲突,又可以相互扶持,很好地做到了权力的合理分配。

牵制是一种四两拨千斤的管理技巧。在授权后,管理者仍然要保留一定的、必要的牵制权,以此来确保企业内部出现权力分歧时,高层领导能够在第一时间作出相应的调整,保障企业整体的健康运营。

上述方法都是从授权者角度出发而建立的授权效果维护机制。此外,华为还从被授权者的角度出发建立了授权效果维护机制。

(3) 被授权者的汇报反馈

授权者要提前在团队内部设计好工作汇报机制,要求被授权者及时汇报,以了解工作进展情况。这种方法对被授权者的主动性有更高的要求。

华为:主动汇报,方便上级尽早掌握情况

华为的一位项目经理这样回忆自己刚做管理者时遇到的问题:"由于华为

的项目时间要求都非常紧张,所有成员都加班加点地工作。我将部分任务授权给项目成员处理后便去忙其他事情了。经过一个月的努力,到了第一阶段集成的时候,一位项目成员负责设计的系统出现了问题,与其他人设计的系统存在很大的偏差。于是,我不得不召集其他人一同帮忙修正,为此多花费了一周的时间。"

事实上,很多人都习惯于埋头做事,遇到问题便自行解决,这便导致管理者发现问题的时候常常为时过晚。因此,授权者应当认识到:即便项目成员的一个很简单的决定或者工作中的一个小问题,自己也应该有所了解。如果任务比较复杂,纵然管理者授权出去,也要把控过程。

在此过程中,工作汇报就显得尤为重要。通过定期汇报,授权者可以随时了解被授权者的工作进展情况,也可以在工作汇报中与被授权者共同探讨可能遇到的问题,进而使得授权任务可以顺利完成。

值得注意的是,切忌使得定期汇报沦为"反授权"的机会。一些偷懒的员工可能将自己职权范围内的工作问题、矛盾,借工作汇报的时机反推给管理者去处理,让管理者帮自己工作,这是华为授权管理过程中最禁忌的事情。如果管理者总是被员工牵着鼻子走,处理一些本应由员工处理的问题,那么管理者将无暇顾及自己应做的工作,企业管理也会越来越乱套。

德鲁克曾断言:"任何企业如果将责任和决策都集中在少数管理者身上,必会招致毁灭。这样的组织就如同恐龙一样,试图用一个微小、集中的神经系统来控制无比庞大的身躯,但因为无法适应环境的快速变迁,终致灭亡。"而授权则是将神经系统延展到每一个角落,这样企业才能始终保持一种自适性,保障运作结果达成预期状态。

·管理成本与适度管理·

5.2 用结果说话

行为过程决定最终结果达成。"强调过程"能够帮助我们将行为水准维持在可控范围之内,控制"缺位"和"失位"现象的发生。面对突发情况时,如果仍拘泥于过程操作,则可能导致结果的不尽如人意。因此,不妨"以结果为导向",逆推行为过程,进而在最大限度内去努力保证目标结果的达成。

5.2.1 以结果为导向

经常有人问:"过程重要,还是结果重要?"其实,过程与结果之间存在着一种特别微妙的关系:一个过程必然通向一个结果,一个结果必然会经过一个过程。

对企业来讲,这个结果必须是预期的,否则便失去了意义。就像德鲁克在揭示企业本质时曾说过:"没有利润,就没有企业。企业不是慈善机构也不是培训组织,没有利润,就无法存活下去。"也就是说,企业期待的结果可以是某个具体利润额,如果企业上下无法获得利润额,那么企业可能面临破产,其所经历的过程无论多么惊险、值得赞叹,都缺少了实际价值。所以,一切企业行为都必须为结果负责。

·用结果说话·

但是,要让工作结果得到预期效果,又必须进行严格而有效的过程控制。比如对过程中的细节控制无论是管理者还是基层员工,都必须做到少浪费、零浪费,事事一次就做对,最终才能最大化地产生成果。然而,不少人在工作中有忽略细节的坏毛病,最终不得不返工再来一遍,结果造成了极大的资源浪费。这一切,归根结底,都是对工作过程的控制不力所导致的。

华为:不严谨的过程与失利的结果

在华为,曾发生过这样一件意外的事情。1999年春节,华为样板局意外地爆出了基站的问题，东北用户的投诉不断。大年三十，以开发经理为首的"救火队"紧急出动，前往严寒的东北。"救火队"到达目的地后，面临着一个难题：基站在30多米高的铁塔上面，如果要分析故障的原因就必须上铁塔，可是在严寒的冬季，上铁塔是一件非常危险的事情。"救火队"成员顾不上那么多，冒着生命危险爬了上去。为了找到故障发生的原因，在之后的几天时间里，他们在东北严寒的冬夜里，还要多次外出试验。

一个星期后，他们才得出结论，是因为温度太低导致基站不能正常工作。不过在得知这个结果后，开发人员的第一反应是"不可能"，因为他们确定基站已经顺利地通过了零下40℃的低温环境测试，而且还有实验数据为证。最后，"救火队"只能回到深圳后立即召开会议，通过对以前的实验报告进行分析，他们终于发现了问题所在。

原来在发货之前，由于市场要货时间紧急，开发人员就跟测试人员联合起来做环境实验。那时候，搭建测试环境的环境实验箱搭在西乡的富成大楼，而用于基站连接的交换机在建成大楼。大伙儿就想出了一个"取巧"的办法：基站不用和交换机连，直接使用一个测试软件来测试。结果，基站的隐患就被忽略了，它们"顺利"地通过测试。

在工作中，像华为开发人员这样想出"取巧"办法的事例不在少数。而这种工作过程中的不严谨、不细致，也给华为带来了负面影响。就像这一项目问题就给华为造成了极大的人力、物力浪费，同时严重地破坏了产品形象，在客户心中造成了不好的影响。

为此，任正非希望华为人能够像日本、美国和德国等国家的员工一样，工作踏踏实实，华为的产品才能与世界一流企业的产品媲美，华为才能逐渐赢得客户的信任和尊重，实现"做一个世界级设备供应商"的预期结果。

如今，就像任正非希望的那样，华为人做任何事都极为认真，这保证了华为的过程管理与预期结果直接对接，预期结果也往往能够一次实现。

所以说，对企业管理而言，过程与结果都是重要的。过程决定结果，结果是过程的必然反映。我们要确保结果会成为所认定的过程的必然产物，而为此我们必须先以结果为导向去做好过程控制。

5.2.2　结果逆推行动

在以结果为导向的情况下，企业管理者必须适时预判结果。工作就好比打猎，猎物就是最终工作结果，先要弄清楚结果在哪里，然后才能采取行动。

弄清楚工作预期结果是第一步。只有先将预期结果弄清楚，接下来才不至于把事情做错，才能够更好地完成每一步目标。这个道理听起来很容易被人理解，但是在工作实践中却往往被人抛之脑后。即使是华为这样成功的企业，在它的创业初期，也有很多员工忽视了这个工作原则。

华为：创业初期"未瞄准乱开枪"问题

华为公司创立初期，曾一度出现工作结果和预期不相契合的问题，使得企业多次陷入危机。那时候，无论是计划部门还是员工，都承受了很大的压力，华为不得不派人调查原因。在访问了一些员工后发现：大部分华为员工在领导分配任务后，竟然不清楚自己应该在什么时间执行任务、什么时间完成、怎么去操作、具体完成到什么程度才算合格……这些员工习惯于听到任务后，什么都不考虑，卷起裤腿就埋头干起来，根本就不懂得花时间考虑自己的预期工作结果是什么。这样一来，员工工作时就没有方向感。有时候，员工还会在中途调整工作方向，更严重的情况是，等到工作结束后才发现自己的工作结果与预期不符合。

大多数情况下,最后的胜利者不属于那些整天都在盲目埋头苦干的人,而是属于知道自己预期工作结果的人。前者的工作态度值得鼓励,后者的工作方法更值得我们去学习。正是在这样的情况下,任正非提出"先瞄准,再开枪"的工作理念,就是要提醒华为人有目的性、有方向性地工作,不要浪费宝贵的资源。

无独有偶,英特尔在成长过程中,也是始终坚持以结果为导向,及时调整工作安排和行动,并因此取得了极佳的市场效果。

英特尔:以结果为导向的工作调整

1984年,英特尔正在进行80386的开发。原本386的设计要加入高速储存器,公司高层认为这是提升处理器性能的重要因素,但是工程部门在具体实施上遇到了一些困难。公司高层坚持让工程部门无论如何都要找到解决的方法,然而有几个持有不同意见的人找到了高层领导,就高速储存器的优劣得失进行了一番争论。他们表示,摩托罗拉已经率先推出了32位元的产品,如果英特尔执意加入高速储存器,不仅会延误上市的时机,还要花费更多的时间去劝说用户接受。毕竟此前从未有过将高速储存器放入微处理器的先例,此消彼长,就是在给竞争对手充裕的时间去提升市场占有率。

英特尔的高层干部采纳了他们的建议,拿掉了386中的高速储存器,使其较原计划更早地上市了。后来事实证明,这个决定使英特尔在32位元微处理器的比拼中大获全胜,将摩托罗拉远远甩在了身后。

因为英特尔的员工坚持以结果为导向,所以才能直言不讳地指出高层的决策失误,进而保障了研发工作能够取得最佳时效。

总体而言,在任何企业中,业务执行都应以成果为导向,只有这样,才能全面确保行动的可控性。任正非曾这样强调:"面对国际的残酷竞争,我们必须提升对未来客户需求和技术趋势的前瞻力,未雨绸缪,从根本上扭转我们作为行业的后进入者所面临的被动挨打局面;我们必须提升对客户需求理解的准确性,提高打中靶心的成功率,减少无谓的消耗;我们还要加强前端需求的管理,理性承诺,为后端交付争取宝贵的作业时间,减少不必要的急行军。"

那么,华为人怎么做呢?就拿华为的销售人员来说,通常情况下,他们会先找准客户,然后充分调查客户的信息,把销售当成个项目来做。在销售的执行过程中,华为员工也是按计划一步一步设定未来需要达成的结果要求。例如,一般情况下,他们会按计划一个项目最低拿下 50% 的份额,准备得好要拿下 80% 的份额,可以挑战拿下 100% 的份额。接下来,项目组开始朝着 100% 份额的结果方向作出努力,把项目涉及的所有客户的详细信息、所有竞争对手的策略及优势和劣势、自己的优势和劣势都写在黑板上,拟订详尽的行动方案。之后,项目组成员分头行动。

这样一个"预期结果—步骤—行动"的过程,使华为的销售业绩稳定增长,使结果真正达成。很明显,如果人们不考虑结果,率性而为,不考虑整体而只顾自己眼下的情况,那么任何形态和时间长度的过程也不过是在浪费资源和机会。

5.2.3　用结果来考核

任正非曾说:"无论你人格如何高大,品德如何高尚,学问如何渊博……你得到人们承认的,一定是通过一定形式表现出来的。"结果是能力和素质的外显,企业只有坚持以结果为导向,才能够更好地选拔出有利于企业发展的人才。而干部也只有坚持以结果为导向,才能够为企业创造价值,才能够提升自身的价值。

在华为,为了更好地推动结果导向的执行思维和行动力,所有工作都要遵守和接受以结果为导向的工作评价原则。

华为：一位 PL 对结果导向的看法

华为的一位 PL（项目组长）说过这样一段话："当我还没有成为一个主管时，经常加班到深夜，周末也不休息。每天过着'两点一线'的生活。每天都认真地工作，这得到了主管的赞许。那时候，我认为'加班＝艰苦奋斗'。等到我升为 PL 以后，每天向项目组成员强调要加班，这样才能体现出你的价值。但我的上级告诉我，评价一个人的工作成效并不是看他累不累，加不加班，而是看他在工作中交付的结果。"

加班不等于艰苦奋斗，同样，艰苦奋斗也不是加班就能涵盖的。这位华为主管指出，工作评价要以工作结果为导向，其实就是一切评价以商品化为导向。一个部门、一个员工，即使再努力，但没有效率，没有成果，对公司而言都是有害无益的行为，因而工作评价应以结果为导向。如果不注重商品化，哪怕产品做得再好，工作再努力，只会破坏和降低公司的绩效。

为了辅以促进结果导向的工作评价展开，华为实施了一个特别举措——干部绩效承诺制。对不达标的干部，要实施相应的惩戒措施，来保证制度的权威性和公正性。对不达目标的干部实行零奖金，就是其中的重要措施之一。

华为：颁发"从零起飞奖"

华为的"从零起飞奖"是颁发给在过去一年当中，因为没有达成底线目标，而主动放弃奖金的高层管理者。这些获奖者带领团队经历了奋勇拼搏，虽然取得了重大突破，但结果却并不尽如人意。在这种情况下，这些高层干部践行"不达底线目标,团队负责人零奖金"的承诺,主动放弃奖金。"从零起飞奖"是对这种勇于承担的精神的嘉奖。

2013年1月14日,华为公司召开大会,对过去的一年进行总结。在会上,除了对取得优秀经营成果的办事处进行了隆重表彰之外,还为徐文伟、张平安、陈军、余承东、万飚五人颁发了"从零起飞奖"。同时,公司2012年的销售收入任务差2亿元没有完成,轮值CEO郭平、胡厚崑、徐直军,CFO孟晚舟,片联总裁李杰,甚至包括任正非和孙亚芳,都没有年度奖金。

2012年,华为公司的年终奖共计发放了125亿元,但多位高管却一分钱奖金都没有拿到。不达目标就要零奖金,连高级干部也不例外。这样,华为在全公司范围内带动起一种对结果负责的态度,尤其是鼓励基层干部员工努力工作,成为奋斗者。

5.3 制度规范化

在汉语中,"制"有节制、限制的意思;"度"有标准、尺度的意思。这两个字结合起来,表明制度是限制人们行为的标尺。从企业管理的角度来说,制度可以这样定义:制度是要求企业上下共同遵守的行为规程或准则。从某种程度上来说,它是为组织实现某一特定功能和特定目标而设立的一系列规范体系。

·制度建设"四步走"·

5.3.1 从制度到文化

如果制度仅仅以条款文件形式存在于企业组织之中,那么它是没有生命力的。但是，当任何一个组织开始打造制度文化，让人们从内心中认同这一制度所承载的理念，能够对人们的行为切实产生一种独特的影响力时，这个制度就拥有了自己的生命力。

当一个组织生成了一种文化后，制度本身便有了价值。这时，它不会因为组织目标的变化而消失，而是会对目标重新加以界定。在这个过程中，制度对企业的意义在于，它使企业管理中一些难以避免的矛盾从人与人的个体对立，转变为人与制度的对立，从而更好地约束企业上下人员的行为，减少对立或降低对立的尖锐程度，逐渐形成有自己特色的制度文化。

华为：好的制度是企业文化之载体

自创立品牌以来，华为在业界始终以注重制度而著称。而当年为了强化制度管理，在华为内部建立一种有生命力的文化，1995年，华为聘请了数位中国人民大学知名教授，经过多次研讨起草了《华为公司基本法》。

如今，华为的每一个管理环节在脱离固有管理者后都依然能实行规范化运作，彻底实现了"无生命式管理"。而这种成就，得益于《华为公司基本法》的有效落实。

需要注意的是，制度文化的建立并不是无条件的、轻易而成的。这也是管理实践中组织制度很多，而有影响的制度文化却不多的原因。

事实上，制度文化管理有个前提条件，那就是"得到员工认可"。因为制度的最终效力在于人的认同，制度文化产生效力的地方不在别处，而在人的心灵，在人的认同。而这种发自内心的认同，通常来自严谨的制度建设活动。

·刚性与柔性·

5.3.2 公平公正无歧义

有人说:"张瑞敏给海尔画了张图,而任正非则为华为建立了一套制度,这个制度确保华为在未来若干年内能运行在正常的轨道上。"在很多人总结华为管理的成功经验时,将很大比例的原因归结为制度管理。那么,华为的制度到底好在哪里,又有什么突出特征呢?

华为的制度建设成功的根源就在于——公平公正无歧义。这表现在制度设计和制度贯彻两大方面,以此来确保员工对制度理解、认同和自我约束,保障其顺利达成企业目标。

(1)制度设计要精准

制度内容必须是精准的。因为当制度内容存在歧义时,员工们会不知道怎样做,也不知道应该做到什么程度才算符合要求,这对企业而言就等同于没有规则,进而出现"公说公有理,婆说婆有理"的问题。如此一来,员工或管理者之间便会产生矛盾,使本来就混乱的状况雪上加霜。

解决这种情况的根本做法是在制度设计之初即做到具体、细致,毫无歧义,让员工一看到就知道自己应该怎么做,以及不这么做的后果。这样一来,就不会发生规则无法执行的情形了。

华为:华为的日常行为要求

华为制定了非常细致的行为准则。在华为,所有在厂区内的员工,都必须靠右侧通行;离开座位时,必须将椅子推进桌洞里;用餐完毕后,必须主动用抹布把桌面擦干净,并倒掉垃圾;班车司机接员工上班时,必须分秒不差。无论员工违反了上述哪一项,都会被罚款。

所以，只有细致的制度，才能保证制度没有歧义，而员工也很容易去理解。这样才能保证员工行为标准的一致性。当然，好的规则和员工的规则意识并不是一天两天就能形成的，这是一个潜移默化的过程。其他企业可以学习华为，将员工规则意识的培养落实到日常工作中，这样久而久之，自然就会打造一支纪律性过硬的员工队伍。

（2）制度贯彻要公平

如果制度贯彻时不够公平，实行强权管理，很可能会出现"指鹿为马"的后果。

在企业管理中，制度贯彻的公平性是每位员工的心理需求，也是企业管理的需要。每个企业活动参与者往往有一定的心理承受限度，而决定这种承受限度的是制度形式和内容的公平性。同时，制度制约下的每一个成员也是监督者，如果制度贯彻缺少公平性，制度自然难以得到人们的认可。

任正非曾多次强调，华为是一个公平竞争的平台。对此，任正非有过精彩的论述："华为要按价值贡献，拉升人才之间的差距，给火车头加满油，让列车跑得更快些及做功更多。在华为，践行价值观一定要有一群带头人。人才不是按管辖面来评价待遇体系，一定要按贡献和责任结果，以及他们在此基础上的奋斗精神。目前人力资源大方向政策已确定，下一步要允许对不同场景、不同环境、不同地区有不同的人力资源政策，适当差异化。"因此，在华为，每个员工的机会是均等的，不偏不倚，一视同仁。每个人都享受着公平的竞争氛围，员工个人才能得到其他团队成员的认同。

华为：对工作优秀者的公平晋升

华为在沙特阿拉伯代表处有一个 CSO 团队，就有一个专门负责清单配置工作的当地员工，他有个中文名字叫"大巴"（化名）。2009 年 6 月，该团队需要开具一种到货款的票据，可是，大家从未开过这种票据，加上正赶上代表处业务量很大，人力紧张，着实让主任张达（化名）很犯愁。没想到，大巴主动找到了张达，希望能将这项工作承担起来。张达很欣慰，并给大巴说了很多鼓励的话。

大巴很快就忙碌起来，他每天都不断地跟客户、市场、供应链、财经等部门沟通协调，几乎没怎么休息。结果，星期一交给他的任务，他在星期三就圆满地完成了，这也大大超出了团队的预期目标。经历了这件事，大巴得到代表处的认可，他被破例提升任产品经理一职。

做人做事始终都要公平，做到不偏不倚。张达说："对于做得好的员工，他在这个组织里面有不断成长的机会。但是，对于那些不努力的员工，我们只得将他们淘汰出这个团队，即使这样做的时候我们感觉很难受。"

事实证明，公平公正是制度贯彻的基本原则。任正非认为，华为人无论职位高低，在人格上都是平等的，每个人都要得到公平的发展机会。因此，华为一直都提倡"公平竞争，不唯学历，注重实际才干"的方针，致力于创造出公平竞争的平台。也正是如此，华为人才会紧紧地凝聚在一起，始终保持一种旺盛的战斗力。

可以说，从制度到文化的演进，从本质上来说是企业文化建设中的重要一环。其间，制度设计本身是形成企业文化的基础，而制度贯彻则助力企业打造出自己的文化特质，并激发出企业文化的生命力。

5.3.3　制度的变与不变

任何企业的制度都不是一劳永逸的，都需要考虑适应性。一些企业在发展到一定阶段后，其内部便会暴露出各种各样的问题。有时候，是因为人们在按固定的管理制度行事，在新问题出现时无法用旧有的管理制度予以解决，因此，企业陷入一筹莫展的困境，甚至偏离航道。

华为虽然设立了一套系统的管理制度，但是其在处理问题时却不会过度僵化地受条条框框的束缚，因而其管理、作战更显灵活。在这方面，华为的主导思路是：不囿于一隅，及时更新。这也恰恰是华为的高明之处。企业在运行过程中一旦出现偏差或背离，任正非便会及时予以纠正；如果预测到未来可能存在制度落后于市场的情况，任正非则会要求管理者们对管理制度进行优化和完善，并让新的管理制度在实践和员工认知中不断更新。

在任何企业中，管理者对待制度的态度都会直接影响制度所发挥的作用，影响企业管理的方向和能效问题。而且，任何制度在企业中的适用性也都有一定时间限制。因而，当企业管理发展到一定阶段时，企业管理者都极有必要考虑制度本身的适应性，对制度进行调整。但是，在为保障制度的适应性而作出革新的过程中，也需要考虑制度在企业中的权威性。

华为：即便制度可以革新，但也要保证其权威性

在华为，任正非坚持制度高于一切，就是自己这个总裁也不例外，都必须依律办事，受到企业管理制度的约束。在任正非看来，管理者要想维护制度的权威和至上性，在对待制度的问题上就必须人人平等，一旦发现有人违反制度，发现一个"杀"一个，"格杀勿论"。只有这样，制度才会发挥它自己的效果，否则都是空谈。

因此，为了保证华为制度执行的效率和绝对的权威，任正非要全力保证制度的最高话语权。他认为，公司的规章制度也不一定合理、正确，尤其是在不同的情况下，对于不同的对象而言。然而他还是强调："不合理的制度只有修改以后才可以不遵守。"

全力保障制度的权威性，这使得华为的制度在内部得到有效贯彻和落实，最大限度地适应和助力华为的发展——制度取代了个人的随意行为。华为保持着内部运作的相对稳定和规范，同时也努力保障制度的与时俱进，如此才为华

为构建出一种有生命力的、持久的企业制度文化。

5.4 人才管理

任正非指出："技术是企业的财富，市场资源是企业的财富……而人才是企业的最大财富。"对任何企业来说，人才都是企业持续发展的动力支持，都面临着人才的选、育、用、留的难题。为了让人才更好地发挥这种动力作用，如何选用贤能之才是一项基础性的工作，同时也要为人才搭建持续成长的平台，让人才在长时间内充分发挥作用。

·华为的人才管理·

5.4.1 人才争夺战

在如今的企业发展中，人才逐渐成为企业最为稀缺、最为关键的资源。全球范围内针对人才的激烈争夺已经全面铺展开来，美国麦肯锡公司甚至将这种情况称为"人才大战"。正所谓"得人才者得天下"，只有拥有优秀人才的企业，才可能在竞争激烈的市场中获得立足之地。

在这场人才争夺战中，华为在中国民营企业中可谓是"个中翘楚"。1998年，华为从全国一次性招聘800多名应届毕业生，这是华为大规模招聘毕业生的第一次行动。2001年，华为到全国著名高校招聘最优秀学生，并声称："工科硕士研究生全要，本科的前十名也全要。"在这次人才招聘中，华为一共招聘了5000多名新员工。而且，华为借助这次全国最大规模的招聘活动而名声大噪。

另外，华为还与部分国内著名高校建立了定向培训关系——由这些院校负责对学生进行专业知识和技能的培训，华为负责为院校提供一定的经济资助和企业文化培训，学生毕业后则直接到华为就业。同时，华为在这些名牌大学里设有专门的"三金"——奖学金（奖励学业优秀的学生）、奖教金（奖励教学有突出贡献的教师)、贷学金(帮助那些经济困难的学生),以作为对定向培训的激励。

不过,华为这一系列举措,一度被同行批判为"垄断人才"。同行表示,华为发展速度再快,它在两年内招聘近万名毕业生也是用不完的,而这种"囤积"重点高校优秀毕业生的策略,完全是一种人才浪费。另一方面,这种人才管理策略也在一定程度上造成了华为非直接生产性成本居高不下的问题。因为,2001年时刚进华为的大学毕业生月薪水平为5000元左右,研究生月薪水平在6000元以上。即使按照5000位员工来估算,每月仅人员工资支出便已经高达2500万元。这个数字在企业销售额飞速增长的时候,可能尚且显示不出来其负面影响,但是公司的发展速度一旦放缓,负面影响便会即刻凸显出来。

然而,对于同行的"浪费"一说,任正非却不以为然。他自信地说:"社会上,包括一些世界著名公司,说华为的浪费太大,但我们认为正是'浪费'造就了华为。当然,我们不能再犯同样的错误,再浪费下去。"

事实上,华为这种所谓的"浪费"行为亦是有道理的。华为通过这种先入为主的方式,使众多在校学生对华为产生了极为强烈的归属感,并潜移默化地对华为的企业文化理念生出强烈的认同感,这帮助华为轻松而迅速地培养出了一大批忠实于华为、认同华为价值观的员工。目前,华为公司的核心管理层、科研骨干,多数是华为与对口高校培养出来的,在华为总人数中约占70%。

5.4.2 选贤任能

华为将越来越多的人召集到企业中来,下一步就是选择贤能之才,并把对应的工作任务交给他们,进而使得企业保持高绩效状态。为此,华为对所有管理者提出了要求:不要被学历、证书、背景等条条框框所限制,失去真正可用之人,而是要量能取才,任人唯贤。

(1)不以学历和经历来选用人才

很多企业学习华为的人才观,只学到了一半,其实华为的选人标准确实不低,这是由其企业性质决定的。因为,华为是一家高科技企业,注定要寻用高素质人才。尽管高学历未必代表高能力,但低学历者难以胜任华为的产品研发工作却是不争的事实。

所以,华为在选拔人才的过程中,将人的发展潜力列为第一考虑要素,而学历在员工走上岗位的那一天起便成了一条无关紧要的备注信息。华为内部认可低学历者,而对于那些高薪低能、蒙混过关加入华为的人来说,高学历也并不能成为他们混吃混喝的保证。

具体落实到华为管理晋升与技术晋升的双职业通道中,学历完全不能成为领导者提拔人才的指标。1996年,在华为技术能手大比武之前的讲话中,任正非便对华为高管强调:"人们往往将素质理解为认知能力,看他是不是博士、硕士学历。认知只是代表你知道了多少。我们强调的素质不是表面上的素质,而是强调品德和工作能力,就是贡献和结果。"

正因为任正非不迷信名校尖子,不看重学历,才得以成功培养起一大批有实干精神,愿意从小事做起、从基层做起的员工,他们成为华为通信大厦建设过程中忠实的"泥瓦匠"。

华为:没有高学历的"泥瓦匠"

2009年6月,华为的重庆C网替换工程完成交付。交付以后,华为方面还要在不到两个月的时间里对网络质量进行提升。此时,华为人面临着复杂的山城地理环境、紧张的网络优化攻关期限,以及保证质量与工程进度之间的矛盾等诸多问题。麻烦总是不期而至,在攻关最紧张的8月初,出现了又一工作难题:需要排查处理网上几个VIP的话音质量问题。要想处理好这类问题,工作人员必须完成扛扫频仪、爬铁塔、调天线等高风险和高难度的工作。项目组找来找去都没有找到合适的人选。最后,原本负责网络优化工作的"三本战将"纪国龙(化名)果断承担起这项任务。

纪国龙毕业于一所三流大学，曾在华为干了两年的"临时工"才得到认可，并被聘为正式员工。成为正式员工后，纪国龙深知自己学历上的不足，不仅努力工作，还始终坚持学习，项目组有问题，总是第一个冲到前面想办法，所以被同事们戏称为"三本战将"。这一次，原本身体不适的他见项目陷入困境，又一次挺身而出。

在那段日子里，纪国龙白天要正常处理问题，下班以后只能随便吃点东西，马上就去参加关于工作进展的分析例会。多日的摸爬滚打，让他的头发看起来非常蓬乱，身上还有些许污泥，同事们都不再叫他"三本战将"，而笑称他是项目组的"泥瓦匠"。

在华为，像纪国龙一样的"泥瓦匠"还有很多，他们并没有很高的学历，却愿意为公司奉献自己的力量，时刻发挥实干肯干的奋斗精神，他们是华为发展的原动力。为了获得中东某电信运营商的认可，他们宁愿冒着室外60℃的高温进行现场作业，长达数月；也可以在高原缺氧地带，像红军长征一样爬雪山，却始终无怨无悔。

（2）以能力和贡献为标准破格提升

任正非曾在2012年7月召开的华为EMT办公例会上指示华为管理层："有过成功经验的连长可以直接提团长，有过成功经验的团长可以直接提军长，没有必要一定要经过营或师这一级，因为只要他带过一个团了，到一个军只是放大了而已。"

华为：破格提拔人才

1997年，华为新员工延俊华给任正非写了一封题为《千里奔华为》的谏言信，信中指出了华为存在的一系列问题和发展建议，很多问题都切中要害。任正非以"一个会思考并热爱华为的人"为由，直接提升其成为部门副部长。不过，后来某位新员工"效仿"延俊华，也写了一封"万言书"，却因为言之无物被任正非一顿狠批。还有华为的传奇人物李一男，年仅23岁，进入华为的第二个星期就成为高级工程师，半年后就任中央研究部副总经理一职，一年后就升任为中央研究部总经理，第二年成为华为最年轻的副总裁，与华为创业元老郑宝用平起平坐。

很多管理者不敢破格用人，总是担心破格提拔起来的年轻人无法服众，或是缺乏大局观。然而，如果你始终不敢给他们锻炼的机会，那他们何时才能成长起来呢？用任正非的话来讲，"领袖型的人物你不抓紧时间提拔，等到上航空母舰的时候，他都勾腰驼背，指挥不动作战了，还有什么用？"所以，在华为，任正非要求人力资源委员会在破格提拔上还是要敢于决策，该破格提拔时就要果断提拔。

（3）以贤良品格为委以重任的前提

在华为，员工们的品行是非常重要的评估项。在华为倡导的所有品行要求中，责任心是最重要的。在管理实践中，华为会依据客观公正的工作考评结果，让最有责任心的人员来担负重要的责任。

任正非指出："我们区别干部有两种原则，一是社会责任（狭义），二是个人成就感。社会责任不是指以天下为己任，不是指'先天下之忧而忧，后天下之乐而乐'这种社会责任，我们说的社会责任是在企业内部，优秀的员工是对组织目标的强烈责任心和使命感大于个人成就感。是以目标是不是完成来工作，以完成目标为中心，为完成目标提供了大量服务，这种服务就是狭义的社会责任。有些干部看起来自己好像没有什么成就，但他负责的目标实现得很好，他实质上就起到了领袖的作用。范仲淹说的那种广义的社会责任体现出的是政治家才能，我们这种狭义的社会责任体现出的是企业管理者才能。"也就是说，华为和任正非把社会责任和个人成就都设定为用人的基础。其出发点在于，让最有责任心的人担任最重要的职务。

总体上说，华为在人才的选择和任用上，其态度是宽容的，更是开放的。只要员工有才华、有责任心，就不必担心没有自我展示的机会，也不必担心没有充分发挥一己之力的空间和舞台。

5.4.3　人才培养模式

在人才管理方面，有一个不得不说的问题：人才具有一定的时效性。人才之所以被视为人才，是因为其才能契合当下需求，但是这并不意味他们的才学长期契合当下需求和未来需求。所以，对于不同层级的人员，要对其进行针对性的培养，使之通过学习逐步成长起来，提升个人的能力，同时也适应企业当下运营与未来发展的需要。

任正非在《谈学习》一文中直言不讳地指出："员工有不学习的权利，公司也有在选拔干部时不录用的权利。"这句话告诫华为人，无论一个人的职位多高、资历多深，他都不能借着过去的功劳一劳永逸。如果他不学习、不进步，那就意味着两个字——下岗。可以说，人才成长管理在华为是被上下重视的问题。

（1）基层骨干人员：学习与进修

作为一个高速发展的企业，华为需要人才不断增加见识、自我提升。为此，华为一直努力为员工提供条件、创造机会，去学习、进修，以实现自我提升。

比如，华为力图通过选派骨干进修，提高骨干各方面的能力，以应对不断变化的市场以及技术变化。任正非以及华为非常重视骨干的学习，这从任正非与员工的对话中可以看出。

华为：任正非与华为员工的对话

员工："当公司的一个产品进入了后期，由于市场原因，这个产品的维护可能会长期存在。我就是这样一个产品的技术骨干，部门要给我一个'维护专家'的称号。作为这样一个专家，未来的发展方向在哪里？"

任总："作为一个维修专家，你很光荣，专家专家，就是懂一两点是专家，懂得很多就不叫专家了。维修专家是产品生命周期中的一种现象，在这个过程中总会出现。维修专家有两个前途：一是继续帮我们守住这个阵地，守到 20 年。占住这个位置，全中国就我一号种子，这是我的拿手活了。或者你守不了 20 年，只能守 1 年 2 年，那你就培养一个接班人。如果你的接班人能够接过你原来维修专家的班，你就可以努力学新技术、新产品，那你就可以走入新的产品领域成为新的专家，新的领域很广阔，随你怎么跃。二是觉得我守着这个产品时，个人技术水平在慢慢退化，不可能在新的技术上赶上新的成员，可以横向学习管理，逐步走上管理岗位。管理岗位主要是要懂管理，并不要求技术精通到专家水平。"

任正非希望骨干能够尽职尽责的同时，也提出骨干应横向学习，以提高自身素养，适应公司的发展要求。

华为：海外进修，扩展视野

1996 年，华为派出一批骨干参观在美国拉斯维加斯展出的 IT 界最大的展览会——Comdex 展览会。在这批骨干中，有队长陈会荣，成员姜明武、郑树生、周代琪等。其中，陈会荣和姜明武都是华为 C&C08 的硬件开发骨干，郑树生则是浙江大学的博士，刚到华为时和杨汉超一起开发 7 号信令。

拉斯维加斯的这次展览会规模很大，前去参观的华为人用了整整两天的时间来参观所有展位。这次展览会的参观，极大地扩宽了他们的视野——他们第一次看到以太网交换机产品，还参加了微软的 Windows 95 发布会，而演示操作系统的人正是比尔·盖茨。

海外进修给了华为人很好的学习机会，让他们回到华为以后可以大展身手。后来，参加这次展览会的骨干都成为华为的核心。陈会荣和姜明武成了华为的常务副总裁，郑树生成了华三的 CEO，周代琪成了华为西安研究所的所长。

为了能够让更多的华为骨干有进修的机会，华为早在 1993 年就在美国硅谷成立了兰博公司。长期以来，华为都会定期派一些骨干人员到那里"进修"。任正非说："我们以后要定期派中研部的总监到美国去。在那里也没有什么具体的任务，就是交一些朋友，开阔一下眼界。"

（2）高级干部："之"字形循序成长

人员成长要循序渐进，在这一原则的实践上，华为干部一直努力遵循"之"字形路径成长。这种成长模式是指：在晋升到某个职位之前反复地上下、平行调度，所呈现的波浪式流动与汉字的"之"字相仿，故被称作"之"字形成长。

2009 年，出访美国归来的任正非在与华为核心工程队相关人员座谈时强调："过去我们的干部都是'直线'形成长，对于横向的业务什么都不明白，所以，现在我们要加快干部的'之'字形发展。我们强调，'猛将必发于卒伍，宰相必取于州郡'，我们当然要优先从这些有实践经验的人员中选拔，今天我们同时将各部门一些优秀的苗子，放到最艰苦地区、最艰苦岗位去磨炼意志，放到最复杂、最困难的环境中，锻炼他们的能力，促进他们的成长，加强组织的选拔。想当将军的人必须走这条路，这就是我们组建这个队伍的目的。"

华为:"之"字形的成长模式

在具体执行中,华为首先会把各个部门中基层的优秀干部,以及将来有可能提拔起来的人,安排进入到核心工程队中与大家一起协同作战,使他们率先进入人生的"之"字形成长道路。

其次,基层员工和干部允许在很小的一个面上有弹性地流动和晋升,不主张直接跨领域轮岗。必须是在一个领域积累了一定经验的业务骨干,才可以考进和晋升到高标准的人力资源池中(华为的资源池有很多标准),以备可能被别的部门选用,这样的做法也保证了华为干部选拔比推荐制更具公平性。

再次,鉴于"之"字形成长的目的性(培养舰长式干部),华为还要求,每次岗位调度都要考虑到功效的长远性,必须对员工有积极影响。比如,让员工食堂的大师傅去做餐厅服务员的工作,这种"之"字形调度对企业绩效的提升是毫无意义的,必须减少类似的行为。

最后,如果个别人在所在部门与部门同事之间相处得不融洽,那么适当换一下部门、岗位是可以的。但去新岗位必须接受新的职位标准的考核,遵循易岗易薪的制度和原则。

不过,任正非也发现,"之"字形成长并不适合所有人。对于基层员工和基层干部而言,"之"字形轮转的意义并不大,其最适宜人群是高级管理者和一部分综合性专家。

2011年,在华为大学第十期干部高级管理研讨班学员座谈会上,任正非便指出:"基层管理者短时间不可能成为领袖,二等兵成为统帅的时代已不太现实了,我不否认过去曾经有过。我们强调基层要在自己很狭窄的范围内,干一行、爱一行、专一行,而不再鼓励他们从这个岗位跳到另一个岗位。在目前淘汰不厉害的情况下,如果他在公司认识了一个什么样的领导,就跳到那个领导下面的岗位去，做不了事窝在那里本身就是成本，流程到他那不能运转，实际上还把别人的效率拖低了。这种现象必须杜绝。"

其实，任正非对华为人的告诫也是对众多企业管理者的警示：一个企业中，任何的人才培养都应该是为企业创造效益的终极目标服务的。如果人才培养模式既不能帮助他们成长，也不能帮助企业创收，那么这种模式就是失败的。

而华为自成立之始，便一直非常重视人才培养，并用实践验证着人才管理模式的正确性。我们从华为聚拢的规模型人才队伍以及这些人才给华为带来的发展来看，华为的人才培养模式是非常成功的。

5.5　牵引机制

牵引机制是指促动企业人朝向某个目标作出努力行为的管理模式。相对于个体而言，牵引机制以一种外部力量切入管理行为中，起到促动作用。通常，牵引机制主要是从物质角度、精神角度来牵引，在实践中具体化为企业的绩效管理机制、利益分享机制、企业文化等。

·华为管理的内涵·

5.5.1　绩效牵引

在任何企业中，牵引机制的根本都是来自压力差的设置。即在没有压力差或压力欠佳的时候，牵引机制是难以发挥力量的。企业必须设定合理的压力差来实现科学而有效的牵引。

以督促员工学习为例，企业应该采用什么样的压力差，来设置牵引机制呢？华为是这样做的：软件工程师从一级开始，一直做到九级。九级相当于副总裁的级别，享受同一级别待遇。而新员工进入企业之后，如果希望自己能够向更高级别发展，那么他可以通过华为的内部制度加以了解——华为制度上会清楚地说明各级标准。比如一级标准是达到能写多少行代码，曾经做过何种类型的产品等，这些事项都有着明确且量化的界定，员工可以根据这些标准来自检，然后通过学习平台去学习或在工作中有意识地积累。员工通过一段时间的实践学习，达到了一级标准后，接下来即可向二级标准努力。

同时，华为提出"饿狼逼饱狼"策略，其竞争上岗的基本条件是符合任职资格要求。这就使得华为经常存在这样的状况：一个岗位对应有3～4个符合任职资格要求的人。对在岗的人来说，就必须努力奋斗，否则立刻有人可以取代自己。由此，华为便在不同的岗位层级之间，构成了不同程度的压力差。

再以引导员工努力工作为例。一些小型企业非常关心业务开展，认为只要做好业务即可，却忽略了压力差的构建。为了照顾所谓的"兄弟义气"而在绩效管理时采取"大锅饭"的形式。表面上看，这似乎很公平，实际上却伤害了那些真正努力工作的员工，反而造成了最大的不公平。

华为是如何做的呢？华为曾设计了一种压力差较大的绩效机制。比如，华为绩效为A级的员工奖金是绩效为B级的2.5倍，绩效为B+级的员工奖金是绩效为B级的2倍。不同级别的绩效与奖金对比是非常明显的，绩效好的员工年薪相当于绩效一般的员工年薪的2倍。

事实上，这种绩效档次之间的距离分明，对应薪酬差距造成的压力差也较为合理，华为员工为了做好工作而更加心甘情愿地付出努力。华为由此激活了组织、打破了大锅饭的死水、解放了企业生产力，实际上这也是中国企业管理制度的一个巨大进步。正如华为北京研究所人力资源部高级经理钮嘉所说："公司就是要识别出最优秀的人，给他最多的资源、发展机会、薪酬、股票，以此牵引员工不停地向上奋斗。"

任正非曾说过类似的话。他在华为这么多年所做的两件事是分活儿和分钱。把这两件事做好了，组织就活了。杰克·韦尔奇也说过："我的工作就是将最好的人才放在最大的机会中，同时将金钱分配在最适当的位子上，就是这

·牵引机制·

样而已。"这种基于任职和考核的分钱过程，其实质便是一个构建多层级压力差的过程，由此实现有力的组织牵引。

至于具体的牵引机制，华为在实践中主要从两个角度来设计：一是物质角度；二是精神角度。

5.5.2 物质牵引

物质牵引是指在整个管理过程中，各类事务结果都将与个体或群体物质利益相关联。一般而言，物质利益是最直接的牵引物，而且会形成效果极为强大的牵引力。

在实践中，物质牵引常常是与个体或团队绩效相关联的。正如前文所述，人们通过绩效考核带来的薪酬差距，构成一种横向的压力差，以绩效和贡献为基准，人为拉开彼此差异，让员工和员工比，利用这种差异激发员工努力工作——如果不努力工作，不创造更多业绩，就不能获得更多物质利益。

·华为狼性背后的逻辑·

物质牵引是华为常用的牵引形式。"考核—激励—预期行为"这个循环牵引模式，是驱动华为在商业上取得成功的根本动力。由此亦可看到，物质牵引的两个重要环节——考核和奖励，这也是华为管理实践中成果卓著的方面。

（1）实践1：全程考核管理，评估行为优差程度

华为绩效考核遵循实用主义原则，从绩效评价体系到绩效考核过程，再到考核结果的应用都是围绕成果（价值）展开的，这也是华为绩效看似与普通绩效管理无异，实则大放异彩的原因所在。以考核过程为例，华为的考核贯彻于整个过程。

具体地说，在事前，需要向每个价值创造者提出价值创造的期望，例如向管理者提出目标要求；在事中，对每个人的价值创造过程进行监督和指导，以避免价值创造过程的偏向和资源的浪费，例如项目管理者对成员的工作质量和进度进行监控，以保证其朝着目标按计划前进，而没有浪费；在事后，则根据事前确定的价值期望，如项目目标，对所创造的价值进行具体评价。这种时时关注的程序设定，促使员工在绩效实践过程中必须打起全副精神，以创造最理想的考核成绩。

（2）实践2：给奋斗者以最大程度的物质奖励，如股权分配

任正非在《能工巧匠是我们企业的宝贵财富》一文中指出："公司总的来说，是希望不断地提高员工的收入，使员工的收入能够被更好地用于进行家庭建设。但是钱从哪儿来？只有从提高效益中来。要按照公司总的增幅、总的利润增长和降低成本目标来定出工资总额。所以如果我们的利润不能再增长，我们的收入也就不能再增长。只有大家提高自己的效益，使自己的工作有效性和质量达到一个高标准，才有可能把大家的待遇提到一个高标准。因此我认为企业是要根据自己的效益来不断提高和改善员工的生活水平的。"据此，华为设计了虚拟饱和配股法来提高人均效益。

2011年，华为进行了新一轮饱和配股，对此，任正非说："我们赚的钱都想分给大家。"任正非希望将利润回报给奋斗者，然后一代一代的奋斗者延续公司持久的利润。但怎么分，怎么合理地分配，华为新的饱和配股将主要围绕奋斗者进行。

华为发布了饱和配股指引性文件。但任正非指出，这些导向性的文件，可能会产生一些影响。文件做得再好，毕竟并不能覆盖所有的正在发生的变化，因而华为在具体评价中，不是简单地按照条文来区分，而是实事求是地评价每个员工的贡献，以让那些真正做得好的人利益最大化。

当然，华为不希望饱和配股成为奖懒罚勤的工具。员工在得到饱和配股后，开始消极起来，这是华为最不愿意看到的。因此，华为要求作为饱和配股政策的执行者要把握以下两点：第一，把奋斗者和不奋斗的人识别出来；第二，把优秀的奋斗者与普通的奋斗者区分开来。

（3）实践3：为无作为者构建成长的氛围

对于无作为者或绩效不良者，华为采用的方法有：末位淘汰、零配股、最差奖大会等，以此帮助其健全自我认知，实现个体成长。

末位淘汰制　指组织依据绩效考核结果，对排名靠后员工进行淘汰的绩效管理制度。任正非一直强调华为离冬天不远，其始终抱着一种强烈的忧患意识。为了过冬、守住阵地，就会淘汰落后者，同时补充优秀的人才。

华为：末位淘汰制

华为的末位淘汰制是按季度通过绩效考核进行的。考核分为A、B+、B、C、D五级，其中A级为10%，A级与B+级合计50%，B级为45%，C+D级为5%，略有较小的浮动。C级基本代表表现较差，华为会要求此级别的员工签署书面文件，以正式形式要求其去作出改进。如果其在下个季度中仍未考核合格，则对其进行再培训，此期间只领取基本岗位工资。培训后进行重新竞聘，合格者为其安排对应的岗位。若员工不思进取，使得自己的考核等级降至D级别，将被予以劝退。借助末位淘汰制，良性激励机制得以在华为建立起来。

零配股　华为拒绝给惰怠者配股，坚决压制真正无作为的人的股权增长。对于惰怠者，华为拒绝再配股，不论是已经配股的，还是没有配股的。对此，任正非指出："惰怠就不给他评奋斗者，这是主管权力。个别案例事先与人力资源部沟通，谋定而后动。如果认为这个人不该配，即使他符合公司的规定，还是不应配，配了就是错误。如果给错了人，就是伤害了公司的竞争力，就是支持惰怠。所以，我们希望基层干部要敢作敢为。"

最差奖大会　对于表现不良的人员，如果一味地由管理者批评员工错误，不如让员工自己认识到错误所在更见管理成效。华为的最差奖大会，正是为了通过唤起员工的耻辱心，让其改正错误。这实质上就是让员工自我惩罚。

华为：最差奖颁奖大会

2000年9月1日，华为召开了一场特殊的"颁奖大会"，参加者是研发系统的几千名员工，几百名研发骨干被一个个点名到主席台"领奖"，奖品是几年来华为研发、生产过程中，因工作不认真、测试不严格、盲目创新等人为因素导致的报废品，以及因不必要的失误而导致的维修后的各种费用单据等。当时每个获奖者都面红耳赤，台下一片唏嘘，任正非要求获奖者把"奖品"带回家，放到客厅最显眼的地方，每天都看一看。这种场面隆重的"颁奖大会"在华为经常举行，其目的就是揭起犯错者的伤疤，将问题暴露出来，不遮遮掩掩，以唤起他们的耻辱心，增强在今后工作中的责任心。

总体而言，在物质方面，华为对那些艰苦奋斗且创造出理想业绩的员工是毫不吝惜的，围绕这一原则，华为对物质牵引机制不断进行设计、调整、优化，以此激励人们表现出优异的行为，与企业期望的目标越来越近。

5.5.3　精神牵引

精神牵引是在物质牵引的基础上，从内在意识观念的层面来设计的牵引模式。一般而言，企业的精神牵引是以精神文化为核心动力的。正如任正非所说："资源是会枯竭的，只有文化才会生生不息。"将不息的文化融入人们的内心，以此转化为一股自动力，驱动人们自然而然地表现出企业文化精神所倡导的行为。

华为的精神牵引实践，是以"狼性文化"为核心的。任正非曾说："企业就是要发展一批狼！"这是1988年6月，任正非《华为的红旗到底能打多久》的讲话中对狼文化的第一次也是唯一一次系统的阐述。任正非是这样描述狼的："狼有三大特性，一是敏锐的嗅觉；二是不屈不挠、奋不顾身的进攻精神；三是群体奋斗。企业要扩张，必须有这三要素。"由此，华为开始自上而下地解读与践行狼性文化，华为人的一系列行为都带着浓郁的狼性文化色彩。

（1）解读狼文化，学习狼的品质

任正非对狼的特性的解读，被作为所有华为人努力和实践的方向。比如，狼在捕猎时时刻保持着警惕，注意观察猎物的一举一动以及周围的环境；华为人同样善于捕捉战机，他们从不拒绝任何机会，对市场的敏感度可谓达到了极致。

华为：像狼一样善于捕捉战机

1992年，在国内省会城市和大城市的通信设备是北电、朗讯和阿尔卡特等跨国公司的天下。这一年，华为成功地自主研发了交换机及设备，但是华为没有贸然进军，而是巧妙地采用了群狼战术——"农村包围城市"。那时候，阿尔卡特和朗讯这些跨国集团由于员工人数有限，根本无法顾及诸如小县城等看似没有商机的地方，就连爱立信在黑龙江的本地网都只派了3～4人驻守。但华为却看到了商机，华为让拥有200人队伍的"群狼"常年驻守在黑龙江，不放过任何一个本地网项目。

华为凭借这一批"狼"，当市场出现目标的时候，能够比竞争对手更快地作出反应。如果华为人知道客户在某个小岛上开会，他们会在第二天出现在客户面前，让客户大吃一惊。

他们对"猎物"也是穷追不舍的，只要有一丝气息就绝不罢手。即便是客户与别人已经签约的项目，华为人都要努力抢回来。对华为人而言只有想不到的，没有做不到的。市场部的人经常挂在嘴边的一句话是：签了吗？大签了吗（终审通过）？只要最后一个字没签，我们就要去争取。

华为人坚信："烧不死的鸟是凤凰。"所以，面对困难不屈不挠，不害怕"冷板凳要坐十年"，坚持"从点点滴滴做起"。华为人一旦确定目标就会奋不顾身地去实现，决不退缩。这份"执着、专一"的狼性，让华为在国际市场上一次次击败对手，获取"猎物"。

（2）以组织模式支持狼文化的落地

狼是一种善于群体作战的动物，以之为鉴，任正非于1997年在《建立一个适应企业生存发展的组织和机制》一文中提出这样的观点："必须建立一个适应'狼'生存发展的组织和机制，吸引、培养大量具有强烈求胜欲的进攻型、扩张型干部，激励他们像狼一样嗅觉敏锐，团结作战，不顾一切地捕捉机会，扩张产品和市场。同时培养一批善统筹、会建立综合管理平台的狈，以支持狼的进攻，形成狼狈之势。"

后来，华为出现的项目"铁三角"模式等，事实上便是华为对狼文化中"狼狈组织"的学习和实践性创新。而在这种群体奋斗的组织模式支持和精神文化指引下，华为人为了一个共同的目标，自觉地担负起自己的责任，并甘愿为其他团队成员牺牲自己的利益。

华为正是拥有了这样的"狼性文化"，才取得了一次又一次的成功。而任正非一直强调的这种"狼性文化"也被深深地烙印在所有华为人的心中，并成为华为的标志性牵引力。

鉴于华为取得的巨大成功，"狼性"二字业已成为中国企业乃至中国社会热捧和仿效的文化。尽管从2005年以后，任正非已经很少提及"狼性"，但"狼性文化"的牵引力和造成的影响力已经深深地融入了华为的血液中。

第6章 工作方法

> 公司永远不会提拔一个没有基层经验的人做高层管理者。您要十分认真地去对待现在手中的任何一件工作,十分认真地走好职业生涯的每一个台阶。要有系统、有分析地提出您的建议……要深入、透彻地分析,找出一个环节的问题,找到解决的办法,踏踏实实地一点一点地去做,不要哗众取宠。
>
> —— **任正非**

带着问题阅读：

1. 如何让员工成为工作领域的专家？

2. 员工一个抵两个的效率从哪里来？

3. 工作干得好坏为什么必须用标准说了算？

4. 如何让员工自我管理、自动自发？

5. 如何以问题驱动方式促进全员进步？

6.1 专业主义

任正非称:"华为的未来作战队形将是主官、专家、职员、新兵。"在实践中,华为员工将从"新兵"角色逐步发展为前三类角色。不同的角色有不同的要求,主官必然强调全局把控,提升跨领域的全面控制力;而专家和职员则强调不同程度的领域深挖,不断拓展专业深度。对于员工个体来说,关键在于根据自己的职业发展定位,确定自己应当选择哪一条路径,以使自己快速成长,满足角色要求。

6.1.1 干一行,专一行

曾有人问:"专家与通才哪个更好?"事实上,没有绝对的好与不好之分,对于不同的岗位角色,所需要的人员素质也是不同的,有的位置需要专家型人才,有的位置需要通才型人才。

在华为的未来作战队形中,主官应当是通才型人才,他需要关注战略目标、关注胜利,是华为淘汰率最高的岗位。从小组长到项目经理到产品总裁等,这些都是主官,他们通常是跨领域甚至跨地域的。而专家和职员则是领域专家型人才,需要有更深的专业领域知识,及时准确地做好事情。换言之,对企业而言，专家和通才都是需要的，因而也是每一位新兵自然而然的发展方向。

基于这一描述，华为董事陈黎芳于 2017 年 5 月在松山湖与华为的新员工座谈时，给新员工提出了建议："尽快找到自己的着力点、发展方向。"而无论是将目标设定为主官、专家还是职员，每个岗位都要求不同的专业能力——战略管理是一种能力，技术研发也是一种能力。为此，华为人都会努力做好一件事：先行锁定一个点，而后去努力获得对应的专业能力，也就是专业主义。

（1）在很小的领域里做到精通

在很长一段时间里，华为对专业的定义可以简单地归纳为"将某个领域研究透彻"。为此，任正非在《致新员工书》中鼓励华为人："只有把精力集中在一个有限的工作面上，不然就很难熟能生巧。您什么都想会、什么都想做，就意味着什么都不精通，任何一件事对您都是做初工。"

在华为内部传承着一个观念——板凳要坐十年冷。这个观点很容易理解，事实上，很多科学家、文学家和艺术家都是在自己很小的领域里"坐冷板凳"才做出成就的，他们最终成为一代专业人才。但是，如果让自己成为涉足多个领域的人才，则可能导致每个领域都难以深入研究，无法实现"专业"。

华为：任正非与实验室员工的对话

一次，任正非走到一个华为的实验室，看到一个工作人员，就很随意地跟他聊起来。任正非问："老产品的不断优化和对新产品的开发，你更喜欢哪一行？"没想到，这个工作人员的答案令任正非很生气，他说："我当然喜欢新东西越多越好，将来离开华为后，还好就业。"

任正非生气的原因并非这位员工说要离开华为，而是这个工作人员对工作的态度。他过于追求新事物，每样都只懂得一点，最后不可能有所成就。最后，任正非举了微软公司的例子，告诉这位员工："在华为工作，就相当于在给一条铁轨上的一段枕木钉道钉,如果到了微软,普通员工连钉道钉的工作机会都没有。微软分工比华为更细,还得做频带更窄、更细的工作,简直就是0、1、0、1、0、1地累加下去,这样的工作会更加无聊,却更加专业化。"

任正非认为,一个人只有在自己很小的领域里,不甘寂寞,刻苦钻研,才能有利于核心竞争力的培养,才能有所成就。华为的这种观点很有道理。庄子云:"吾生也有涯,而知也无涯。以有涯随无涯,殆已。"一个人将有限的精力投入各个领域的研究,终将会一事无成。很多人抱怨自己的付出没能获得应有的期望回报,很大一部分原因就在于此。所以,华为要求员工们将自己的才华、精力投入当下的工作中,以使自己的能力得到提升,获得更多的业绩。

(2)在精通的基础上实现均衡发展

华为对专业的范畴拓展不是完全寄希望于单一方面的优势,而是要实现均衡发展。

对此,任正非给出了解释:"公司从上到下都重视研发、营销,但不重视理货系统、中央收发系统、出纳系统、订单系统等很多系统,这些不被重视的系统就像短木板一样,前面干得再好,后面发不出货,还是等于白干。因此,公司一定要建立起统一的价值评价体系、统一的考评体系,才能使人员在内部流动和平衡成为可能。所以说,每一个链条都是不可或缺的。比如有人说我搞研发创新很厉害,但创新的价值如何体现?创新必须通过转化成商品,才能产生价值。我们重视技术、重视营销,这一点我并不反对,但每一个链条都是很重要的。"

有人对此提出了质疑,认为任正非完全推翻华为过去对"专业"及专业实现路径的界定;而且,有人顽固地认为:"专才优势足以让自己在职场中占据一席之地。"但是,任正非却对华为员工发展不均衡的现象感到非常忧心。他认为,如果不解决这种现象，一味地坚持发展人们在某一方面的专长，那么华为要想进步就是空话。

为了强化专业能力，华为人通常先围绕自己的核心能力去设定相关能力要求，然后借助对关键技能打分法确定自己最薄弱的环节。

华为：以关键技能打分法，评估个体专业能力发展的空间

在一次培训课上，培训师指出："我们最薄弱的关键环节将影响到我们的工作业绩。在七大关键绩效区间里，我们有可能有六个方面都表现得很好，但我们的总体业绩却取决于最薄弱的环节。"随后，培训师列出了销售环节存在七大关键绩效区间。

销售预期：有些客户将来将采购我们的产品，应该约见这些潜在客户。

建立信任、和谐的关系：通过询问、倾听的方式，与客户建立相互信任的友好关系。

识别客户的需求：通过询问的方式确认客户的需求，并确认应如何为客户带来最好的产品和服务。

现场展示：向潜在的客户展示产品和服务，指出产品和服务是他们最理想的选择。此时，要将所有事情考虑周全。

应对质疑：解答客户对产品或服务存在的疑虑。

促成交易：督促客户达成交易。

重复购买和推荐：培养回头客，这类客户会不断从我们手里购买产品和服务，并将我们推荐给他们的同事和朋友。

培训师让参加培训的华为员工在这七大关键绩效区间内，给自己的能力打分。

分数从1～10，1是最低分，10是最高分。如果员工希望发挥出自己的全部潜能，并达到专业销售人员的水平，那么他在每个区间内都要达到7分以上。

这样一来，员工便可以比较准确地确定自己最薄弱的技能部分，然后尝试有针对性地弥补自己的不足。

一个华为人说："通过识别自己最薄弱的环节，专门攻克该领域，直到熟练掌握所需技能为止，这会让个人业绩得到最快的提升。"无论我们的发展方向是通才主官还是业务专家，抑或职员，都需要聚焦于对应的能力要求，不断深挖技能深度和弥补技能短板，成就真正的"专业"。

·专注与成功·

6.1.2 学习与持续提升

世界 500 强企业中流传着这样一条知识折旧定律："一年不学习，你所拥有的全部知识就会折旧 80%。你今天不懂的东西，到明天早晨就过时了。现在有关这个世界的绝大多数观念，也许在不到两年的时间里，将成为永远的过去。"因此，任正非说："一天不进步，就可能出局；三天不学习，就赶不上业界巨头，这是严酷的事实。"也就是说，即便今天你被称为"专家"，但你不可以停滞不前；而你的专业程度若要持续提升，对自己的潜力进行再挖掘，则必须借助持续的自我优化。

（1）谦虚地向他人学习

在任正非看来，如果华为人都能够谦虚地向他人学习，就等于"倒"着成长，就更有利于个人和华为公司的事业。

任正非在文章中写道："我曾经讲过一个故事，就是如果一个人'倒'着长，从 80 岁开始长，1 岁死掉的话，我想这个世界不知有多少伟人。我们的父母教育我们要认真读书，我们却不认真读书。等我们长大了，又告诉我们的孩子要认真读书，他们不认真读书，他们还要批判我们。他们长大了，又管教他们的孩子要认真读书……如此重复的人生认识论，因而人就没有很大的长进。如果从80岁'倒'着长，人们将非常珍惜光阴，珍惜他们的工作方法和经验。当然，从80岁'倒'着长这是不可能的，但学习方法上是有可能的。如今我们有如此庞大的知识网络和科技情报网络，充分利用它们也就跟'倒'着长一样，只不过要有谦虚认真学习他人的精神才行。从这一点上讲，年轻是缺点，但也是优点。"

在过去的30多年时间里，华为人正是凭借这种"知不足，而后改"的谦虚学习的精神，及时纠正和弥补不足，从而不断地提升自己的专业水平。

华为：苏红遇不足而快速补足

1998年，为了寻求新的挑战，苏红（化名）毅然放弃了舒适的某外企白领的工作，加入了华为驻南方办事处，成为一名行政秘书，从此开始了在华为的成长历程。起初，苏红并不习惯秘书的忙碌生活，以往清闲惯了的她忙得焦头烂额。为了快速适应工作，苏红趁着别人有空的时候，主动找到了那些有经验的老同事，向他们"取经"。经过一段艰苦的摸索期后，苏红找到了工作方法：把简单的工作做得规范化、条理化。很快，苏红就得到了办事处领导的认可，客户投诉率也大大降低，而她的业务能力也得到了提高。半年后，苏红接到了总部调令，成为第一个从办事处调到总部工作的秘书。

1999年，华为海外市场刚起步。因为没有海外市场拓展经验，华为一些领导的工作简直就是一团乱麻，加上这些领导的思维都很活跃，苏红在负责把他们的思路整理成文字的时候，感觉非常吃力。有时候，领导一开完会就交代说："今天晚上就必须拿出来。"不过苏红并没有抱怨，反而"怪罪"自己能力不足，决定要自我优化，提升自己处理多元化事务的能力。在之后的一段时间里，苏红利用周末时间去公司写纪要，如果实在晚了就直接睡在办公室。有时候半夜醒来脑子里会冒出来点东西，她又会爬起来写一段。有时间的时候，她还会看看书，参考一些案例。每次领导要求审核纪要的时候，苏红都会逐字逐句地检查一遍，确保万无一失。最终，在国际营销部一年多的时间里，苏红很快就成长起来，成为公司的骨干人员。

在这个竞争激烈的时代，每个优秀的企业人就应该像苏红一样，与时俱进，不放过任何一个学习、提升技能和挑战的机会。这样的人对未来才能有充足的准备，也更容易在竞争中占据主动。

任正非指出："人非生而知之，而是学而知之。"任何一个人要不被时代所淘汰，唯一的办法就是学习、学习、再学习，实践、实践、再实践。唯有取长补短，才能避免被快速发展的社会所淘汰。

（2）持续地自我优化

真正的成功者都是那些不安于现状的人，他们迫使自己不断地学习，不断地进步，一步步走向成功。在那些通过不断学习成长为企业领袖的成功人士中，我们不得不提起"全球第一女 CEO"的惠普公司董事长兼首席执行官卡莉·费奥瑞纳及惠普人。

惠普：卡莉·费奥瑞纳的自我优化过程

卡莉·费奥瑞纳在学校研修的是法律专业。按照常人的理解，她本该是一名律师，而不是惠普这种技术创新型公司的领导者。虽然她学习过历史和哲学，但是这都不是惠普公司领导人的标准。显然，她是通过不断学习，自我优化，才获得了足够胜任 CEO 工作的能力。

后来，卡莉·费奥瑞纳曾总结和回忆在惠普的经历："不断学习是一个 CEO 成功的最基本要素。这里说的不断学习，是在工作中不断地总结过去的经验，不断适应新的环境和新的变化，不断体会更美好的工作方法和效率。""在惠普，不只是我需要在工作中不断学习，整个惠普都有鼓励员工学习的机制，每过一段时间，大家就会坐在一起，相互交流，了解对方和整个公司的动态，了解业界新的动向。"

与华为人一样，要想在激烈的竞争中胜出，卡莉·费奥瑞纳以及惠普人始终坚持不断学习，不断地吸取经验，持续提升自己的专业能力。

华为：李德长期坚持学习，让专业能力不断升级

1994年，李德（化名）成为华为公司的一员，被安排在交换机装配中粘贴板名条。工作了几天，李德发现自己每天都是机械式重复工作，无论自己如何努力，工作效率都很低。李德决定改变这种低效的工作状况，他买了一些关于交换机、排队机的相关知识的书籍，然后利用业余时间认真研究学习。同时，李德还会主动找到一些熟悉产品的老员工，了解一些产品的知识。最后，他对交换机的每一种配置都相当清楚，粘贴板名条的能力和效率有了很大提高。

没过多久，华为无线接入系统（ETS）正式进入了试生产阶段，李德就被安排到ETS车间，负责ETS基站装配工作。由于自己此前对装配工艺不是很了解，他便主动开始学习总装车间装配工艺设计的文件，每天都会坚持看一点，直到掌握了一整套工艺体系的基础知识。

在装配车间工作的时候，需要一些工作指导图。那时候公司装配区还没有配备电脑，只能用手绘制，所以速度很慢而且效果也不好。这一次，李德便充当"先锋官"，自己花"血本"买了一台电脑，开始自学Auto CAD软件。后来，他从一个对Auto CAD一窍不通的人，成长为车间里仅有的Auto CAD软件应用专家，设计工作的效率和质量都得到了提升，装配区的指导图也得以"改头换面"。

李德这个"软件"之所以得到不断"升级"，并逐渐成为公司的资本，就在

于他一直有着自我优化的意识，并将这种意识付诸行动。他后来也回忆到："在华为六年，我一刻也没有停止过学习。我并没有什么崇高的理想和远大目标，学习的目的就是想将手头上的工作做好，干活时轻松。"显然，在他的眼里，专业成长没有秘诀，就是要坚持勤思勤学并学以致用。

社会在进步，当外部世界在日新月异地改变时，每一家企业都希望它的员工能够持续成长，以更专业的姿态应对企业发展，给企业带来更多的价值。对任何一个企业人来说，唯有每天学习一点，让自己的专业度得到提升，才能更好地适应企业发展的需要，才能够在激烈的市场竞争中脱颖而出。

6.1.3 专家要源于一线

华为要求专业人才并非单纯的理论大师。华为认为，除了理论知识的积累外，还要经过实践经验的打磨，这样造就的才是真正的专家。

任正非提出这样的观点："真正的专家要源于一线。"一个人即使拥有深厚的理论功底，但如果没有经过一线工作的锻炼，也很难快速成长起来，反而会成为"伪专家"。因此，任正非才会呼吁华为的一些中高层领导也要像新员工一样，经常到基层忍受"煎熬"，要通过实践，获取更多的管理经验，成为真正的专家。

后来，任正非在《追求专业造诣，走好专家路》一文中写道："对于专家的培养，我们过去有一些成见和误解，往往认为总部才是专家的摇篮。理由很简单而且看似合理：总部资源丰富，视野开阔，同时距离研发最近，从而做一线时间过长也成为很多人解释自己技术退化、知识沉淀不足的自然而然的借口。这些认识固然有一定的道理，但是仔细推敲却不见得有其内在的必然性，并且容易让人忽视一线实践对于专家培养的重要性。正如有位客户这样评价我们的技术人员：你们有些专家能讲清楚光纤的种类，而讲不清楚光纤的熔接；能讲清楚设备功耗的指标，却无法为我推荐一款可靠的电池；能讲清楚业务发放的流程，却从来没有去过运营商的营业厅。"

任正非还说："真正的专家是不能缺少一线经验的，我们最好的给养其实来源于我们的客户。专家要从一线中来，也要到一线中去，在与客户的碰撞和交融中检查和修正我们对待专业的标准，避免成为伪专家。"

任正非深信，实践出真知。华为人已经拥有丰富的理论积淀，如果再经历一线"战火"的洗礼，就会得到突破，成为真正可用的人才。事实也证明了任正非的观点是正确的。在华为，只有那些勇于实践并善于总结的人，才能找出自己存在的问题、原因，当他们及时更正后，便快速地成长起来。

华为：从菜鸟到专家的研究员

2007年5月前，姜一民（化名）一直都在华为某研究所负责产品开发，可是对产品在一线如何应用一点都不清楚，工作也无从展开。于是，姜一民只能白天忙着学习测试，晚上便一头扎进那些理论知识的书堆里，拼命寻找一些跟工作相关的案例，然后按照自己的思路重新写下来。后来，姜一民到某地参加V项目的第一个商用网启动仪式。在验收测试中，遇到了一个语音与数据业务组合的用例，测试时总是失败。正当大家不知所措的时候，姜一民想到了之前自己写过的一个案例，茅塞顿开，问题也很快就得到了解决。这件事让他第一次尝到了在实践中总结经验的"甜头"。2009年，姜一民来到了号称世界上最寒冷的某海外办事处，白天的室外温度达到了-30℃。就是在这种天寒地冻的环境下，姜一民每次在现场处理问题时，都会坚持把每个操作细节详细地记录下来。回到基站后，总结出其中有价值的部分，形成案例，再在公司网站上发表。很快，他就从一个对一线技术一窍不通的"菜鸟"一跃成为"专家"，一直都深受领导的重用。

姜一民的经历也充分证明了任正非的那句话:"实践后经过归纳总结,才会有飞跃的提高。"很多成功的华为人的经历也证明,只有那些从实践中摸爬滚打出来的人在面对困难的时候,才会更加冷静,并能够采取有效的处理办法。这些人在与竞争对手的碰撞中,会焕发出高昂的斗志和拼搏勇气,这是使企业常常取得决定性胜利的必要条件。

6.2 效率为先

提高工作效率即效率强化,是一门致力于提高组织效率的方法。它主要分析组织及组织的流程,对组织的效率作出界定、评估和分析。效率强化作为一种管理哲学,它的核心思想是以一切可行的效率标准来指导人们的工作行为,把效率的控制与把握作为管理活动的宗旨,放在工作的中心和突出位置,这种思想是效率强化工作的精髓所在。效率差异的根源在于对时间的把控。当人们将效率放在重要位置,并在效率控制上绞尽脑汁时,效率自然而然会来。

·工作效率提升·

6.2.1 效率设计

工作效率是在执行某个工作任务时,取得的业绩与所用时间、精力、资金等的比值。它是评定工作能力的重要指标。然而,良好的工作效率是天生的吗?

美国农庄:高效率的农妇

在美国,人们发现有一个农庄的农作物产出值达到了平均上限的2倍,这个数据简直令人难以相信。一位效率专家决定去研究一下其效率如此高的原因。来到一户农家后，他正好看到一位正在工作的农妇。

这位农妇是怎样工作的呢？只见她两只手在灵巧地打着毛线，一只脚正推动着摇篮，摇篮里正酣睡着一个新生婴儿，另一只脚则推着一个链条带动的搅拌器，口中哼着摇篮曲，耳朵听着炉子上的水是否烧开的鸣笛。

但是，效率专家有一点觉得很奇怪：为什么这位农妇每隔一会儿就站起来，再重重地坐下去？他再仔细一看才恍然大悟：原来农妇的坐垫竟是一大袋奶酪——这种奶酪必须经过重复碾压才会好吃。效率专家慨叹道：不必再做调研了，我已经知道这个农庄高效率的原因了。

毫无疑问，高效率是做出来的，但它首先应该被设计出来。虽然效率会受到有限资源的限制，但是只要科学地规划和设计，做到资源使用最优，同样能够实现高效率。

有一句脍炙人口的谚语："磨刀不误砍柴工。"现在，很多人都会经常用这句话嘲笑那些跟砍柴的樵夫一样的人，做事之前不想清楚，不管刀是利还是钝的，一上山就"吭哧吭哧"砍起来，最后工作效率却非常低。

华为：CMM 推行并不需要延长时间

在华为，曾有一个产品经理讲过这样的故事：只要东风一来，有人就会摩拳擦掌，立刻将开发周期延长，也不管是否因为 CMM 活动（大多数是因为前期的计划缺乏准确的预测，或者最初的计划在某种压力下定得不合理）。似乎摆在面前的就只有两条路可走：要么选择 CMM，要么选择延长时间。

CMM 推行真的要延长那么多时间吗？按照规范的流程，前期需要编写高质量的文档和代码以及单元测试、文档与代码的审核等，的确很费时间。可是，如果可以改变以往立刻编码的习惯，经过前期详细考虑的过程以后，就能够有效地避免边干边想、推倒重来、经常反复等情况，工作量就远远没有之前那么多了。

事实上，对于这种没有做好计划就立刻编码的行为，国外企业早在20多年前就已经抛弃了，它们甚至给它取了一个臭名昭著的名字——"WISCY（Why Isn't Somebody Coding Yet？为什么还不编码呢？）方式"。可是，这种被人"唾弃"的工作方式依然在中国企业里盛行。

因此，在做事情之前做好周详的计划和准备，这样就能有效避免边干边想、推倒重来、经常反复等情况。这就跟砍柴之前不忘磨斧子一样，不仅不会耽误人们砍柴的时间，反而会让人们砍得更快、更多。而这就要求人们在做任何工作时都不要急于下手，而是要对资源做好统筹和规划，将需要的资源准备充足，这样才能节省更多的时间。对此，中国籍的华为人在印度有着很深刻的体会。

华为：印度籍项目经理的工作差异

华为驻印度办事处的中国籍员工与当地员工曾开展了一次活动。在此期间，一个看起来非常腼腆的印度籍项目经理小心翼翼地跟一位中国籍的华为员工说："我非常佩服你们中国人的执着和干劲，但是建议你们能不能在WORK HARD（努力地工作）的同时，注意WORK SMART（聪敏地工作）。"他说，在执行计划前，应该首先DO THE RIGHT THINGS（做正确的事），然后才DO THE THINGS RIGHT（把事情做对），这样才能DO THE THINGS BETTER（把事情做得更好）。

确实，印度项目经理一般在项目准备阶段工作做得非常细，包括需求确认、项目预测、项目开发、项目培训计划、项目质量监督计划、项目必要资源（人力、软件和设备）供应计划、风险控制计划、项目流程定义等。对此，中国籍员工总觉得他们又慢又傻，在耽误进度。可是，等到项目一旦展开，就会发现在人们需要资源时，资源就在手边了。等到项目提前完成了，中国籍员工们才感到了些许惭愧。

在工作中，很多人很容易犯下类似的错误，只是一味地要求自己快速进入工作状态，却不知道对工作过程作出统筹与设计，最终导致付出了比别人多一倍甚至数倍的时间和精力，这是非常不经济的做法。"凡事预则立，不预则废。在接到任务以后不要急于下手，而是要仔细地想清楚应该怎么做。"这是任正非对华为人的教诲。

6.2.2　效率统筹

那么，华为又是如何针对效率问题作出统筹安排的呢？大体上，华为是从两大方面入手的：一是设计简化的流程环节；二是安排事务落实的顺序。前者控制流程的总环节数量，后者控制所有环节的落实周期和每个环节的落实效果。

（1）流程的设计与简化

华为人在效率控制方面，第一步要考虑的是行事流程的设计。

华为的内部文章是这样论述的："我们正在强化业务流程重整的力度，用ISO9001来规范每一件事的操作，为后继的开放式网络管理创造条件；用MRP Ⅱ 管理软件，将业务流程程式化，实现管理网络化、数据化，进而强化我们公司的经营计划（预算）、经营统计分析与经营（经济）审计综合管理。"

"为了使工作流程缩短，支持准确度增加，工作效率大幅度提高，我们还建立了开放的多层、多级专业管理平台，确保公司经营活动的迅速展开。每一个平面的责任中心，分工明确，责任清晰。通过多级责任中心的协调配合，就建立起开放的管理平台。无论何时何地、任何级别的员工，都会直接、快捷地得到支持。"

华为：取消一切冗余环节

2009年，任正非向华为全体员工发出指示：让一线直接决策！他曾经百般周折地将一个庞大的企业集团牢牢地控制在手中，此时，在一线上奔忙的员工却渐渐缺少了创业时的激情。他发现：企业中设置了过多流程控制点，冗余的环节阻碍了上传下达的流畅性，降低了员工工作效率。任正非认为：取消流程中的冗余环节，是优化工作程序、提高工作效率的第一步。使用这种方法时，需要充分考虑企业的内部控制环境。

华为通过流程设计与精简使得效率得到极大提升。一位中层管理者指出："我现在最大的爱好之一，就是分析工作流程的网络图，每一次能去掉一个多余的环节，就少了一个工作延误的可能，这意味着大量时间的节省。这两年来，我去掉的各种冗余工作环节达70个，粗略评估一下，省下的时间高达3000多个小时，也就是120多天啊！"

（2）为所有工作事务排好序列

做事的顺序直接影响做事所需要的总时间和结果。比如，做饭的顺序有焖饭、切菜、炒菜，如果我们先焖饭再切菜炒菜，会比先切菜炒菜再焖饭所需要的时间短得多。所以，为即将做的事情做好顺序安排非常重要。

美国管理学家科维提出"四象限法"，将工作任务分为四个象限，如图6—1所示。

图 6—1　四象限矩阵

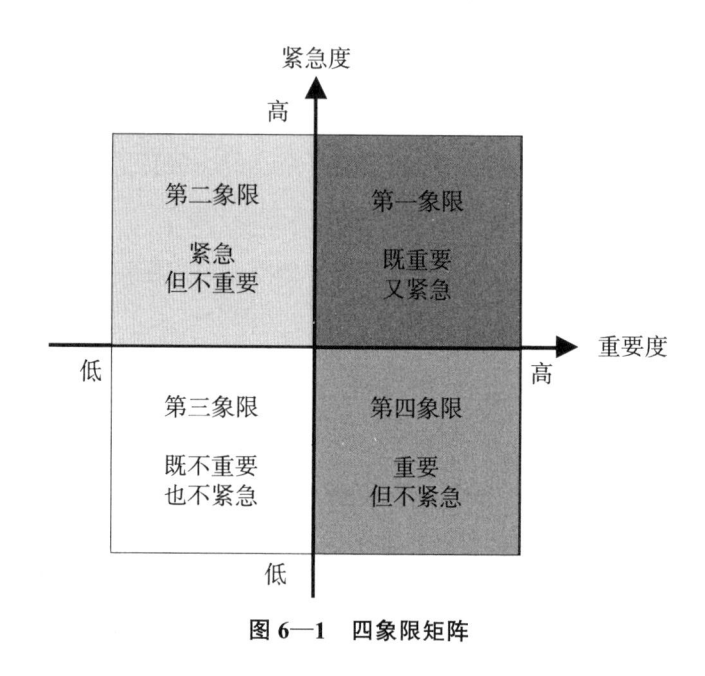

华为：四象限工作逻辑

在工作中，华为人会根据四象限法则，将所有任务分别放在四个象限中。通过这种方式来分清哪些事项应优先处理，哪些事项可以延后处理，继而根据工作紧急、重要程度，来确定任务开始与结束的时间。其中，第一象限为"既重要又紧急"，第二象限为"紧急但不重要"，第三象限为"既不重要也不紧急"，第四象限为"重要但不紧急"。

通常，华为人会熟练地将事务划分到四个象限中。不过，在此过程中，华为人也发现，对第三象限的收缩和对第四象限的舍弃是众所周知的时间管理方式；但是在第一象限与第二象限的处理上，却常常难以保持明智。很多人更关注第一象限的事件，这将会使人长期处于高压力的工作状态下，忙于收拾残局和处理危机，使人精疲力竭。

在设定优先级别的过程中,区分清楚紧急与重要,这一点至关重要。华为人经常说的一句话是:"紧急的任务一般不重要,而重要的任务通常不紧急。"

为目标和任务设立优先级,是提高个人效率的关键,避免人们奋力完成的往往是根本不需要做的工作。为避免新员工始终纠缠于繁杂事务的处理,华为曾特意在时间管理培训课上着力向员工强调:学会为工作任务做好排序,设定优先级。

艾维·李的工作排序法

伯利恒钢铁公司的总裁曾向艾维·李委托请教提升工作效率的方法。艾维·李给出这样的建议:确定各项需处理的工作任务;将其优先顺序写于纸上;根据纸上所写的顺序,从第一件开始去执行。总裁对于这三个建议将信将疑,但仍然按照要求将翌日所需处理的工作预想了一遍,从第一到第六项排好优先顺序,然后写在一张纸上,翌日到公司照本宣科地执行。结果,他惊奇地发现:工作效率明显提高。事实上,能将六项事项全部完成的人几乎少之又少。但如果完成了前四项工作,那么,已经完成了最重要或较重要的工作,工作效率自然得到提高。

任正非有句名言:"做要事而不是做急事。"华为大学的培训师也告诉接受培训者:"在工作开始前,必须先弄清什么是最重要的事,什么是应该耗费最大精力去重点做的事。"并且,培训师还总结了五个自问题,以帮助华为人做好优先级排序。这五个问题如下:

我需要做什么?

什么工作任务最有价值?

我的关键绩效是什么?

我能胜任的最有价值的工作任务是什么?

现在，如何使用时间最有价值？

弄清上述五个问题后，再为即将面对的工作任务作出优先级判定，人们便可以快速地确定任务主次，以最有效率的工作方法去取得更多收获。

6.2.3 工作节奏

当然，要想保障效率设计最终能够按预期实现，还必须依循自己特有的工作节奏，有条不紊地开展，不被轻易打断。但是在工作中，无论办公室（电话、来访、邮件等打扰）还是其他工作场所都不可避免地受到外界打扰，导致工作时间减少，工作效率明显降低。

一项来自日本的统计数据

日本一项专业的统计数据显示："人们一般每天会受到50～60次外界干扰。平均每次打扰大约是5分钟，每天总计约4小时。其中占到约3小时的打扰是没有意义或者极少有价值的。同时，人们被打扰后重拾原来的思路平均需要3分钟，每天大约就是2.5小时。"因此，根据统计数据，每天因打扰而产生的时间损失约为5.5小时，按8小时工作制算，这占了工作时间的68.7%。

可见，既有的工作节奏被打断，是效率损耗的根源之一。但在华为，如果你想用一个词来形容工作节奏，那就是快速。整个企业呈现出的快节奏状态，主要源自华为员工对工作节奏的把握。如果一个人在工作过程中常常被打断，其工作自然缺少节奏感，势必会影响工作进度。

（1）了解自己的工作节奏

华为作为一个"群狼"团队，团结协作是一个重要议题。要想完全不被打扰，那是不可能的。所以，工作节奏的保持必须讲究方法。首先要做的就是确认自己的工作节奏。下面我们来看华为某研发小组组长李华生（化名）是如何确认自己的工作节奏的。

通过时间安排表，标注自己是否经常被打扰。李华生在时间安排表的基础上，再加入3列内容，标注自己未完成工作的原因是否因为被打扰，通过日常工作计划落实情况的考核，检查自己在工作中被打扰的时间长度和原因，如表6—1所示。

表6—1 任务安排表

工作任务	计划工作时间	实际工作时间	是否与预期有差距	是否被打扰	被打扰的时间长度和原因
1	9:00～10:00	9:00～10:20	是	是	20分钟/任务咨询
2	10:00～11:00	10:20～11:20	是	否	——
3	11:00～12:30	11:20～12:50	是	否	——
4	14:00～15:30	14:00～16:30	是	是	1小时/请求帮助
5	15:40～16:30		是	否	原计划取消
6	16:40～18:30	16:40～18:30	否	否	——

找出经常被打扰的时间段。他找出最常被打扰的时间段，并回忆了当时同事打扰他的理由。从表6—1来看，上午9～10点之间被打扰，被打扰原因是任务咨询；14～15:30之间被打扰，被打扰的原因是请求帮助。由于被打扰，李华生虽然全天都在紧锣密鼓地工作，但完成任务的总时间仍然延长了1小时20分钟。

评价自己的工作节奏。李华生以全天的工作计划与实际完成时间为参照，比较全天被打扰的次数和每次被打扰的时间长度。如果被打扰的次数超过6次或单次被打扰的时间超过20分钟，使工作进度延迟10%以上，即可判定工作节奏被打乱。根据上一步的统计，李华生判定自己工作缺少节奏感。

分析工作节奏被打乱的原因。工作节奏被打乱的原因很多：不喜欢得罪他人；喜欢参与每一件事；习惯于接受他人的咨询；别人经常来咨询意见；使自己感到自己很重要；不善于结束他人的来访；喜欢不断地和他人交谈等。

李华生经过客观分析，发现自己早已习惯于接受他人的咨询并且在此过程中感受自己的重要性。而这个"习惯"却耗去大量时间，导致其部分工作计划延迟甚至取消。所以，他得出结论：建立起和谐的工作节奏是十分重要的。

（2）创建和谐的工作节奏

工作的持续开展才能形成和谐的工作节奏，和谐的工作节奏使每天的工作任务可以遵照计划来执行，并在预期时间内完成。为了创建和谐的工作节奏，华为人总结了三种有效的方法。

在固定时间内开展同类工作。将同一类工作任务安排在某个固定时间集中完成。如果A、B两项工作任务属于同一类，可以选在同一个时间段内开展。例如，统计前一天的任务完成数据，对于A任务和B任务的数据可以同时加以统计，而这项统计工作可以安排在每天工作结束前半小时内进行。另外，员工开始一项任务后，要持续进行，不要中途停下来又去开展另一项任务。在华为，员工一旦接受了管理者下达的工作任务，就会一气呵成地完成，而不会断断续续地开展工作。很多员工下班之后仍在加班正是源自这种持续完成阶段性工作的时间管理理念。

事先明确任务。工作任务执行前，一定要明确任务的内容和预期达成的效果。在任务执行过程中走"直线"，减省不必要的工作步骤，直接选取为达成任务目标而操作的环节。并且，明确自己的工作任务才能保证工作方向的正确性，这也是提高时间利用效率的最佳技巧之一。

划出与他人共同操作的环节。对于可能被人打扰的工作环节，要提前划出专门的时间，以确保其他工作任务在执行过程中不会被迫中断或延误。如果某些工作环节需要得到他人协助才能完成，要事先与对方确认合适的时间段，以免打乱他人的工作节奏。

毋庸置疑，华为是一个追求高效率的企业，这从其管理制度中可以窥见一斑。需要注意的是，华为并非一个盲目追求高效率的企业，它的效率强化行为都建立在一个前提条件下：每个工作环节效率的设定，都要考虑与整体项目的工作效率是否一致和和谐，以及对于企业和市场而言这样的效率是否适宜。

6.3　标准为据

工作标准是工作的依据，是避免程序异常和结果异常的一种手段。在工作中，人们以制度规范和实践经验为依据，将现行工作程序和方法进行分解和优化，最终生成工作标准。而后，工作者依之工作，考核者据之考核，创新者以其为基础进行创新。可以说，标准的存在和落地保障了工作过程可控性和工作成果最大化。

·建立标准的逻辑·

6.3.1　标准设计

企业要想长久发展，就要拥有超越个人英雄色彩的流程化管理，实现"无为而治"才是企业持续发展的原动力。在这样的模式下，企业不再过分依赖管理者，而是通过内在控制激发员工的工作积极性，这种内在控制需要借助一个工具——工作标准，一种可以自我平衡工作过程和工作结果的规范标准。

华为：推行标准化建设的背景

1998年，华为进入了第二次创业时期。这一年，华为的销售额比1995年激增6倍，金额达到惊人的89亿元，更为可观的是，华为基本实现了"农村包围城市，最终夺取城市"的战略目标，在国内的主要城市都有华为的核心产品。在交换机市场，华为超越了世界巨头朗讯和西门子，成为两家最大的供应商之一。

在如此辉煌的成绩面前，任正非不想成为在天上越飞越高的"鸟"，带着一群听不懂"鸟语"的"猪"。他希望华为不要成为一个人的企业，

以前那种凭借几个高层管理者的经验和能力去判断、做决策的时代已经过去。在流程上运作的干部，不要习惯于事事都请示上级，这是错误的。已经有规定或者已经成为习惯的东西，不必请示，应快速让它通过。对此，任正非向华为人提出号召："我们要逐步摆脱对技术的依赖、对人才的依赖、对资金的依赖，使企业从必然王国走向自由王国，建立比较合理的机制。"

任正非将华为初期的发展看成第一次创业。那时候的华为，公司规模小，人也少，华为是靠着企业家行为，凭着感觉做市场、凭着感觉抓管理。当公司规模逐渐扩大，由从前那种"拍脑袋作决定"的个人化色彩浓厚的行为向规范化管理的转变就成为必然。华为需要步入二次创业期，而二次创业的目标，就是用十年时间完成让各项工作与国际标准或国际惯例接轨，塑造出不依赖于人的企业文化。

任正非说："慢慢淡化了企业家对它的直接控制，那么，企业家的更替与生命终结就会与企业的命运相分离了。长江是最好的无为而治，不论你管不管它，都不废江河万古流。"任正非希望华为将来也能够像长江水一样，没有领导者也能自动、自发地奔向成功。就这样，华为的标准化管理开始设计并逐步运作起来。

在实践中，华为对标准的设计和落实表现出极为严格的态度。华为内部曾发表过一篇《标准不是一纸空文》的文章，对华为不遵从流程和标准的行为提出了批评意见："作为个别用户，您也许体会不到标准有多么重要，但作为一个大型制造企业的内部IT热线中心，我们深深感到制定和推行标准的必要性和紧迫性。当今，信息技术迅猛发展，产品换代日益加快。像我们这样拥有一万多

名员工的大公司，如果计算环境不实施标准化，各部门或个人的硬、软件平台全都根据自己的需要进行选择和配置，势必五花八门；那么一旦有人遇到故障，很难想象能够寻出一位'全能技术好手'来应对它，即使是整个IT热线中心倾巢出动，也未必能够应付这些千奇百怪、毫无规律的各种软件、硬件故障，更谈不上经验积累。"

可以说，标准的系统设计，帮助华为将以往的"人治"变成了科学的"法治"，而华为也切实通过对标准的设计实现了工作的有序开展。

华为：为工作过程环节设计对应的标准

华为的标准设计是非常广泛的，甚至对出差讲解产品准备这类简单的事项也会专门设定标准。一位老员工发现，在为客户讲解产品时经常会出现设备对接不良，给客户带来不佳的观感；在此过程中有时还会出现设备遗失等问题。为了避免出现这类问题，华为特别设计了准备工作清单，明确责任人，如表6—2所示。

表6—2　出差讲解产品准备清单

物　品	数　量	负责人	确　认
投影设备	两台	客户经理	
便携电脑	两台，并做好备份	产品经理	
印刷资料	指定数量	秘书	
小礼品		仓库保管员	

注：在出差前，确认所有设备能够正常使用和对接，确认后在空格内画"√"。

华为如此为企业设定了一系列工作和管理标准后，同类问题得到了最大程度的控制。

当然，正如美国企业家马里奥特说的："即使是解释最详尽的程序，也无法涵盖所有可能发生的状况、问题或紧急事件……"但是，华为设计的这些标准，使得华为人从一开始就能够自动规避一些常见问题，进而将注意力投放在那些不常见的问题上。这也是标准之于每个企业的根本意义。

6.3.2 标准优化

当然，华为的工作标准除了实现工作规范化的目的之外，还有一个重要目的就是让工作标准成为未来发展的基础，实现企业智慧的传承。

华为：任正非对《华为公司基本法》的期望

为了促进华为标准化管理，1995 年，华为首先聘请了几名中国人民大学的教授起草了《华为公司基本法》，以便在此前提导向下去设计系统而细致的工作标准。然而，就在《华为公司基本法》尚处于构思阶段时，却有人送给任正非一本 19 世纪的美国宪法。当时，任正非看着这本宪法感慨道："今天看来，并不高明，但它指导了美国两百多年的发展，奠定了美国今天的繁荣。"因此，任正非也希望《华为公司基本法》能够在 20 年后，即使没有什么价值了，也必须能够规范指导华为人的工作，能够将企业成功的基本原则和要素系统化、规范化、制度化，将企业家的智慧转化为企业的智慧，并且不断传承下去。

基于此，当时任正非曾拿华为与西门子等国际大企业进行比较。任正非认为，华为也有优秀的运营商，甚至比西门子的运营商还多，可华为的销售额还远远比不上西门子，其中必有原因。任正非说："西门子的产品具有很好的继承性。很多运营商，尤其是固网的运营商始终面临着来自资本市场的压力，必须降低资本开支。华为不能只着眼于控制和降低硬件产品的价格，同时也需要降低整体解决方案的价格，包括软件、服务以及其他的相关支出。因此，华为要

想在国际上树立自己的品牌，就必须拥有可继承性、可扩充性的产品。也就是说，所有产品都要严格按照一定的标准去开发，运营商购买后只需要进行升级就可以了，不用将整套设备全部替换。"

事实上，这种智慧的传承在另一方面也意味着创新。很多优秀的企业会借助标准化管理而获得更多发挥创造力的机会。

华为虽然以强调标准化管理而著称，但是所谓的"高度标准化"并没有产生一个命令加控制的工作环境，华为人也没有因此而变得呆板。华为的标准化管理并不要求"标准一旦制定，就始终如一，再无变化"。我们在前文提到的"三化管理"：先僵化、后优化、再固化，便体现出了华为人"遵从标准—优化设计—新的标准化"的标准优化过程。

此外，任正非希望华为人能够脚踏实地地按已经研究设计出的标准，去呈现出标准化行为，而后再考虑创新的问题。通俗地说，在没学好走路之前，不要学跑步。而从华为后来的实践来看，华为确实通过这种模式实现了更有效的传承和更节约的创新。

6.3.3 标准落实

事实上，很多企业在标准化建设过程中，都曾遭遇过一个让人非常头痛的问题——人们对标准化建设工作持有抵制、反对的态度。为什么会出现这种现象呢？

从心理学角度来看，人的心理很容易进入满足现状的状态。因此，企业内部员工产生抗拒心理，通常是人们对原有工作状态的偏爱或行为惯性的反作用力表现。此时，员工的心理行为会因不愿意改变现状，而采取对抗的心理行为。特别是那些现行制度标准的得利者，如果打破现有的工作模式，是否能给他们带来益处，这是他们首先去考虑的因素之一。如果不能满足他们心中的更大的利益要求，或给他们带来切实的便利，那么他们是绝对不会支持标准化建设的。

基于这样的分析，华为从两个角度出发，去消除建设过程中遭遇的种种不利因素。

（1）消除对标准本身的异议

有相当一部分人对工作模式的标准化和优化是表示认可的，但是他们对标准本身的界定和设计并不满意。一个最常被作为异议的问题是：这种做法做到这样的程度，就算是标准水平了吗？因为，如果标准水平过高、过严，他们会认为标准是难以落实的，所以他们"不给自己添麻烦"——不去落实标准；如果标准水平偏低、宽松，又可能使其认为缺少挑战价值，或认为"标准不完善"、不值得落实。

对于这种因对标准本身的质疑而抵触标准化建设工作的情况，华为采取的做法是：以最优表现作为标准。这一点与大野耐一的观点是一致的。

大野耐一的标准设计思想

大野耐一认为：应该以使用时间最短的那次或工作完成数量最多的那次作为标准。部分管理者认为，这样的标准听起来似乎有些苛刻。

大野耐一对此作出的解释是："之所以选择时间最短或数量完成最多的那一次作为标准，是因为那一次采用了最正确的工作方法。即使对同一项工作任务操作10次，并且每次都采用相同的操作方法，而时间上仍然会存在一定差异。其中用时最短的一次，恰恰是因为采用了最恰当的做法。但是，为什么其他9次却花费了更多的时间呢？即便时间实际上很短（也许仅仅是短短几秒钟），仍然需要分析出原因所在。一项工作未得以顺利开展，必然是操作不当所导致。"因此，如果用"平均时间"来工作是不精益的做法。

在标准下达后,华为会由管理者和导师去宣贯标准的落实,对能力不足的人员给予技术和方法上的帮助和支持,使之具备参与标准化管理的能力。

(2)消除情绪上的抵制

有一部分华为人并不关注标准内容设计问题,认为标准化管理对自己毫无益处,故而对其表示抵制。任正非向这部分人如此解释:"前人已经做了错事,走了那么多弯路,认识到今天的真理,我们不去利用,却要去重新实践,自然就浪费了我们宝贵的青春年华。"因此,华为公司高价聘请很多来自世界一流高科技公司的专家们,帮助华为一步一步实现工作的标准化管理。

对于那些沉溺于旧有工作模式而对标准化管理缺乏热情甚至非常抵制的人员,华为提出了"易岗易薪"的口号。对不能胜任工作、不服从调动、不能吃苦耐劳的干部员工采取全部调离的手段——或脱产学习,或调岗,同时报酬也要发生变化。通过对应的管理模式辅助标准化管理的推进,使得员工珍惜工作,也更乐于接受标准化管理对工作的质量要求。

在这之后,华为每个人都能够在一段流程上实现标准化运作,彻底实现"无生命的管理":管理者每天都可以打高尔夫,公司也依然能够持续健康地发展。任正非说:"我相信这些'无生命的管理'会随着我们一代又一代人死去而更加丰富完善。几千年后,不是几十年,这些无生命的管理体系就会更加完善,同时又充满活力,这就是企业的生命。"

6.4 自我管理

自我管理是人们对自身心理与行为主动地综合性掌握。它主要通过责任意识、行为规划与行为控制,达到约束自身心理和行为、保障自身行为效果的目的。对于任何人来说,善于自控者,更容易成就事业、梦想和未来。而华为之所以能够迅速成长、叱咤风云，其背后离不开华为人强大的自我管理能力。

6.4.1 责任意识

一个乐于自我管理的人，往往是一个非常有责任感的人。这种责任感可能是对社会的，对家人的，也可能仅仅是对自己的。在华为，任正非非常重视对员工责任意识的培养。他要求华为人能够与华为同呼吸、共命运，积极参与工作，积极自主地管理好自己的工作。

·自我管理的三个关键词·

（1）培养与公司共命运的责任感

美国作家奥瑞森·马尔腾写过一本书——《与公司共命运》。这本书指出，企业和员工并不仅仅是工资与工作的关系，也不仅仅是雇佣关系，而是命运共同体。对此，任正非说过这样一段话："有人说：我是打工的，我拿这份工资，对得起我自己。我认为这也是好员工，但是他不能当组长，不能当干部，不能管三个人以上的事情，因为他的责任心还不够。打工，也要负责任，在生产线上出现的一个很小的错误，如果当场解决后，浪费的财产可能是一块钱；当我们把这个机器装到现场的时候，造成的损失至少是一千块钱。间接损失包括社会影响、包括客户对我们的不信任，这个损失绝不是一千块钱可以衡量的。这样损失了你涨工资的可能空间，因为利润已转化为费用，拿什么来提升。"

责任意识是员工乐于自我管理的思想源头。当员工以公司发展为己任时，他们才会站在公司发展的角度思考和行事，与华为同舟共济，而不是对什么工作都无动于衷，甚至逃避责任。

华为：具有责任感的海外拓展员工

2001年，华为正处于海外拓展时期，对华为人来说，去海外工作既新鲜又有挑战性。当时,公司指示几位员工共同负责筹建亚太片区。期间,进行装修的几个月是非常辛苦的,虽然没有上级领导直接监督,但他们却将每天的工作安排得满满当当,并且每个人都精力充沛。特别是当供应商对华为公司的利益有损害时,他们甚至会拉着客户开会到半夜,直到对方妥协为止。最终,他们圆满完成了片区平台交付的任务,并比原计划提前了2周的时间,保障了公司片区运作的顺利启动。

实践证明,任正非的管理思路是非常精准的。从华为管理实践来看,无数的华为人以实际行动诠释着他们的责任意识,他们为了履行自己的责任——对企业和对自己的责任,而表现出敬业的态度,积极自主地安排个人工作,自觉地进行自我管理。

(2)立下投名状,以激励自己

立投名状的作用是让人们为了目标实现而激励自己,而后自觉地进行自我管理。华为在2010年正式推出的"奋斗者协议"政策,恰恰是基于这一目的。

华为:签订奋斗者协议

2010年8月下旬,华为的部分中高层干部同时收到了一封神秘邮件。邮件内容是:"公司倡导以奋斗者为本的文化,为使每位员工都有机会申请成为奋斗者,请您与部门员工沟通奋斗者申请的背景与意义,以及具体申请方式。在他们自愿的情况下,可填写奋斗者申请,并提交反馈。"

邮件中还向部门领导阐明,员工签字与否,公司都将对员工平等对待,只是后期的分红与配股会倾向于奋斗者。也就是说,在签署之后,员工在工资待遇上不会有太大的改变,但从长远利益上讲,却能得到更持久的回报。

有人可能认为，让员工"主动"签署"奋斗者协议"是一种"赶鸭子上架"的行为，对员工而言只见长远利益不见近期回报，未必能够起到激励的作用，强行推行甚至可能引起员工的反感和不满。事实恰恰相反，华为在推行"奋斗者协议"的过程中并没有遭遇到任何阻碍。

这项奋斗者申请制度首先是从华为的老员工开始推行的。老员工大多有了孩子，不需要产假和陪产假，带薪年假和加班费他们也基本上没有享受过，所以老员工很容易接受这一制度。对于新员工而言，他们会不会不愿意接受呢？其实他们甚至比老员工更愿意签署这样的协议。新员工刚刚步入职场，满腔热血亟待挥洒，谁都不希望被公司视作"不进步"分子，而"奋斗者协议"就像是投名状，恰恰给了他们在领导面前一表决心的机会。

通过"奋斗者协议"，华为有效地保证了每个员工都能朝着成为一个"卓有成效的奋斗者"的方向努力。2011年，日本福岛核泄漏，在强辐射的恐怖威胁下，华为人便展现了让人震撼的奋斗精神——别的通信公司的员工都撤离了，而华为非但没有撤离，反而增派了人手，在一天之内就协助软银等客户，抢通了300多个基站。更加值得赞叹的是，自愿申请前往日本协助的华为员工，甚至多到需要经过身体与心理素质双重筛选，最强壮的一批才有机会被派到现场。华为为什么强大？由此可见一斑。

当然，华为人高效的自我管理并不仅仅依赖于责任意识，更重要的是他们还努力在两大方面保障自我管理效果——一是计划，二是控制。

6.4.2 工作计划

好的自我管理必须有好的计划。美国企业家理查·S.史罗马在《无谬管理》一书中指出："对一件方案，宁可延误其计划之时间以确保日后执行之成功，切勿在毫无适切的轮廓之前即草率开始执行，而终于导致错失方案之目标。"这是对工作计划管理价值的最大肯定。华为人对工作计划亦是非常重视——不仅要针对事务顺序制订计划，更要围绕计划来做好资源统筹，以助于计划得到有效落实。

（1）以决策者的立场制订计划

计划是自我管理的依据，而根据自己当下的能力去设定计划内容，确保整个计划的可行性，这是我们制订计划时必须遵循的核心原则。

华为：量力而为地制订计划

华为公司的产品开发流程分为 6 个阶段：概念阶段、计划阶段、开发阶段、验证阶段、发布阶段和生命周期管理阶段。根据 IBM 咨询顾问指导设计的产品开发流程，产品开发的计划阶段周期加长，极为重视计划阶段对技术方案的制订以及各领域实施方案的制订。这种方法要求"产品开发计划达到高可行性后才可以进入开发和验证阶段"，这样在实施过程中便不会因计划不可行而导致返工，整个项目开发周期也会大大缩短。

在这里，"可行性"便是"量力而为"的前提条件。而为了保障高可行性，华为人特别重视对工作能力的合理评估，即量力而为。

任正非说："如果你发觉自己没有足够的时间去做真正重要的事，那么你必须学会减少你的责任，这样你才能有足够的精力和时间。"意思是说，无论是员工还是管理者，都要权衡自己的工作能力，确保有足够的时间和精力把事情做好。

以华为举例，虽然华为员工中具有大学本科以上学历者超过 85%，而且都掌握着业内先进技术并从事电信研究工作达 5 年以上，但是，华为会从个人应知、应会、专业知识、可塑性、背景、个人反应能力、人际关系、实际工作经验等方面，对员工进行考核，并将之分为 ABCD 等不同类型。

针对不同类型的员工，华为管理者还会有针对性地为他们分配任务，确保工作任务与员工的能力相匹配。与此同时，华为员工们也会根据自身能力水平来安排自己的任务计划，确保在自己的努力下能够实现计划目标。如此一来，各类工作计划便能够真正成为华为的"可实现"计划，而不是空中楼阁。

（2）以管理者的态度统筹资源

华为人认为，在工作中不应把自己简单地定位成工作者，而应该定位为管理者，并树立面向企业资源的管理意识，对人、事、物等资源进行合理统筹，这样才能成为真正的高效工作者。

美国全食超市的资源协调

美国全食超市公司一共拥有194家分店，每年创造近60亿美元的市场销售额。如果按每平方米面积计算，在食品零售领域，这家公司的利润是美国最丰厚的。他们是如何做到的？这家公司要求每位团队成员都要成为一位经营者，决策团队成员去留、品类引进等各项事情。如此，员工仿佛是在经营着自己的小生意，对所有资源都会考虑到位并做到合理统筹，自然他们的工作效率也比别人要高出很多。

华为某项目经理曾总结过自己在推进项目过程中的种种困难，其中资源匹配和人员协调尤为重要。

一般来说，从项目需求提出，到CDT项目运作完成，许多项目往往要花一年半时间。这其中除了经历公司的层层审批以及CHARTER胶片需要攻关大领导的评审外，还需要协调来自各个部门的项目成员。在产品开发过程中，如何有效管理来自总部及各研究所的成员，这是华为研发中的一个大难题。因为各领域代表之间的沟通存在一定难度，就算勉强召开一次电话会议，整个过程安排也显得非常不周密。同时，代表们平时需要关注很多项目，因而对产品的熟悉程度往往相对较差,所以产品开发几乎完全靠项目经理去推动协调。

在项目资源的调配上,他们也经常陷入困局,比如研发人员希望能加快速度,采购人员则希望能控制成本,服务人员又可能希望产品能安装方便。而当工作领域有冲突时,常常像一群零散的人员在被时间点追赶着一路狂奔。

这种情况不仅在华为,在整个通信领域研发工作中几乎都是一种常态。但是对于一个追求高效工作的企业来说,这样的行为显然是不被允许的。为此,华为要求华为人培养强有力的资源调配能力,在资源调配方面占有主动地位,这样才能让资源条件充分支持任务目标的实现,进而推动项目的持续进展,让工作圆满完成。

时至今日,华为人在锤炼资源管理过程中形成了极强的资源管理能力。如果观察华为的日常工作很容易会发现,华为公司会为员工提供最优秀的技术支持、合作伙伴、指导老师以及先进的开发设备。而对于追求自我管理的华为人来说,认识到自己需要哪些资源并很好地统筹,便是最为重要的事情了。

6.4.3 行为控制

工作行为控制是指对工作选择和行为过程作出一系列要求和把握,它对自我管理而言是极为重要的。在这方面,华为人提出了无数独特的观点,下面我们借由两个小方面来窥见一斑。

(1)机会偏多于踏踏实实工作者。

任正非严肃地告诫华为人:"机会偏多于踏踏实实工作者。"他认为,工作不踏实,往往会给企业带来严重的后果。在华为,一个很不起眼的插头或连接线,一个容易被人忽视的数据,都可能造成企业产品全部报废,最终影响到整个企业的形象。因此,任正非希望员工不要眼高手低,要做一个踏踏实实的、在本职工作中有些作为的人。

华为：踏踏实实是最基本的自我管理要求

华为员工王某转正没多久，就接到了一个网络产品线新立项的重点项目——跟踪写作某项目手册的任务。由于项目时间很紧张，在很多安装环节连自己都没有好好验证的情况下，他就想当然地写入手册里了。经过几个月的"努力"，他的"处女作"总算问世了。就在他得意的时候，用服那边传来邮件，说参考他写作的安装文档以后，服务器安装问题漏洞百出。

他刚冒出半个头就被一棍子打了下去，冷静下来并仔细分析出自己的问题：为了赶进度，在没有实践的情况下就想当然地编写文档，很多问题到了一线以后自然而然就暴露出来了。因此，他决定重新编写文档，并且都是亲自搭建环境、安装，经过多遍验证后再落笔。最终，花了近一个月时间重新编写出来的文档，终于得到了用服的认可，他也总算为自己找回了"面子"。

如果王某从一开始就踏踏实实地工作，那么他也许不必再花一个月进行返工。就像任正非说的那样，工作就相当于在给一条铁轨上的一段枕木钉道钉，要有务实精神，才能把工作一次做好，才能保障工作结果达成预期目标。

（2）保障工作按计划推进

再完美的计划，没有有力的实施也是枉然。为了确保预期计划的有效实现，最重要的莫过于对计划进度的控制。在华为，人们的工作任务很多且交期紧张，但是华为却几乎不会出现交期延误的情况，反而经常提前完成工作任务。

华为：全面保障计划的推进

Optimus 是葡萄牙最大的私营企业 Sonae 和法国电信合资的电信企业，经过慎重的考虑和抉择，Optimus 选择华为实施其 UMTS 项目。按照项目计划，2006 年的建设量是 10 个月内完成 500 多个基站，其中第一阶段在一个半月内要完成全部基站数量的 30%，其中包括搬迁 80 多个现网基站，同时完成其余基站的新建。虽然此项目工程交付时间紧，任务重，高峰期达到每周建设 40 多个基站的工作量，但是华为的项目组却经过艰苦不懈的努力，按时完成了第一阶段所有的基站搬迁工作以及新基站建设工作，网络指标亦达到客户要求。

面对交期颇紧的项目，在计划实施前，华为人对计划完成时间和任务量进行专业分析，将其分成单项目，建立单项的月、旬计划进度控制图表，以便对单项的月、旬进度进行监控。

总体而言，对工作计划的严谨设计和对计划实施进度的严格控制，是华为人从时间管理角度实施的有效自我管理措施。

6.5　问题改善

问题驱动是一个从问题发现到根源探究再到经验总结的过程，这一过程有助于人们主动学习，改进与反思不足之处，使经验更为深入人心，进而促进个体的真正成长。为了做好问题管理，华为还特别强调问题管理氛围的建设，这是取得问题管理成功的诀窍所在。

·问题改善模式·

6.5.1　直面问题

每个企业的进步皆始于对问题的重视，更准确地说，是始于人们对当前问题的正确认知。如果对问题的认知度欠缺，那么势必会妨碍人们有效地处理眼下的工作，进而影响企业预期目标的实现。

通常情况下，人们无视企业问题的行为表现有两种：一是不承认问题；二是忽略或掩盖问题。造成人们表现出此类行为的根本原因有两个。

一是精神层面的原因，主要是指自尊心作祟。通常情况下，人们把犯错或问题视为异常、"丢面子"的事，如果自己的错误被公开展露，并因此受到他人的指责，简直是一件"要命"的事情。因此，人们通常不会和他人分享问题，而总是不动声色地尝试自己解决问题。

二是物质层面的原因，主要是指经济上的受损。伴随着问题的被发现，人们很可能因问题的发生而受到惩罚，导致个人利益受损，这是人们不愿意接受的。

研究表明，尽管多数企业都希望能够从错误中得到教训，但却总是"难以成行"。一旦牵涉众多利益之争，"从错误中总结经验教训"便会成为一件"几乎不可能"的事情。更多的人宁愿花费大把的时间和精力，来为自己的错误作辩护，也不愿意主动坦承自己所犯下的错误，从中学习必要的教训。一些管理者否认存在问题，一些员工隐藏问题、不予申报，往往是基于这些原因。而一些企业领导者又经常做出自我辩解的行为，这更使得企业上下无视问题的现象愈演愈烈。不过，即便人们不愿意承认或试图掩盖问题，但仍然应该意识到问题的客观存在——它不会因为我们的不喜欢而消失。而要避免问题已经造成或可能造成的浪费或灾难，每个企业人都需要将勇敢面对问题视为一种责任和习惯。事实上，很多成功企业及成功者都有一个共同的行为特征，就是重视问题。

丰田与巴菲特：主动反思问题

在丰田公司，员工们会主动寻找准缺陷，并及时向管理者或领导者报告；后者也欢迎员工作出这类汇报，积极地接纳改进的机会，而不会责怪带来坏消息的人。管理者或领导者为能在问题初露端倪之时发现问题而高兴,因为他们将问题视为"开启秘密宝藏之门的钥匙"。

如今,一些成功者已经开始尝试主动发现问题,并进行自我纠正。比如沃伦·巴菲特,他曾在2009年致股东的一封信里进行了自我检讨,并给自己提出了一系列行为标准:"2008年,我进行了一些愚蠢的投资。我至少犯了一个重大错误,还有一些错误虽然不是太严重,但也造成了不良的后果。此外,我还犯了一些疏忽大意的错误。当新情况出现时,我本应三思自己的想法,然后迅速采取行动,但我却只知道咬着大拇指发愣。"

其实,这类检讨不仅应该在企业的董事会上听到,在小组讨论会上也同样应该听到。对问题视而不见,只会让问题越积越多,直至如火山般爆发;而主动发现问题,却有助于我们实现目标,有助于我们取得更大的成绩。

与他们一样,华为对管理和工作中存在的各类问题都非常重视。这一点在华为到处可见。《华为真相》的作者程东升就有切实的体会,他也在自己的文章中有过详细的描述。

华为:对细节的自我检讨

2000年3月,华为成立了资料开发部,专门整理、编制各种技术资料。为提高技术手册的质量,资料开发部总编办组织了一次归档资料突击测试。结果,一本125页的技术手册,在没有全部检测完毕时,就发现了163个文字、数字不规范甚至是明显错误的地方。比如,把"登录服务器"写成了"登陆服务器"。在另一页上,赫然印着"机房要能密封,直径大于5mm的灰尘浓度 $\leq 3 \times 10^4 mg/m^3$"。实际上,直径大于5mm已经是颗粒很大的沙子了,不能称之为灰尘了,在这样的机房里是不可能放置交换机等设备的。原来"5mm(毫米)"应为"5μm(微米)",一个符号之差可谓谬之千里。华为人认识到了细节的重要性,并一丝不苟地落实,把资料的错误率降低到了合理限度内。

程东升描述的问题表面上看似乎不大——一些读者可能认为这仅仅是语言描述不规范,但由此却足以窥见华为人对问题的重视,这种重视是广泛而深刻的,绝不分问题大小与属性。

为了特别强化对问题的重视,华为办了《管理优化报》。与《华为人》弘扬正面精神不同的是,该报纸全部是在公布华为内部的问题,一旦人们发现内部经营、管理、工作中存在问题,便可以直言不讳地发表在该报上,按照任正非的话说:"不需要任何润色,只要没有错别字,就一个字不差地公布出来,让责任人认识到问题所在。"华为人经常戏谑地说:"如果《华为人》是华为的天堂,那么《管理优化报》无疑是华为的地狱。"然而我们不得不说,这种敢于狠狠地自揭伤疤的精神在国内企业中是很难见到的。

如今的华为人,在对待问题管理上是非常主动的。一位普通员工是这样表述自己的态度的:"既然企业决定实施问题管理,而我身为企业一员不可推卸自己的责任。那么,我为什么不主动选择一件自己想要去做的事情呢?"在这种思维模式下,华为人往往非常清楚一个问题从被发现到被处理的整个过程和逻辑,进而自动自觉地去思考和付诸问题管理行动。

换句话说,华为人不仅重视问题,而且对问题管理是极有兴趣的。这种兴趣使得他们在参与问题管理时极具热情,即便遇到障碍或困难,也会主动想办法解决掉。

6.5.2 问题之源

以积极的态度面对问题、反思问题、解决问题,这将带来的是团队或个人的成长。然而,一些人面对问题时总是浅尝辄止,认为自己没必要去深究,或者自以为找准了问题的要害。在没有查找出真正原因的前提下就匆忙采取应急措施，表面上似乎解决了问题，实际上还会出现相同麻烦，结果让自己赔上了更多的资源。因此，对于工作中出现的问题，华为要求所有人都具备追根溯源的精神，并强调"这就是一流企业员工与普通企业员工的差距所在"。

（1）彻查问题发生的根源

找到问题根源，最重要的是从根本上找到事物发生的来龙去脉和真实原因，要做到这一点需要相当的耐心和毅力。华为非常注重对"凡事彻底"精神的培养，这一点与丰田生产方式创始人大野耐一说得一样，要"一直找，直到找到为止"。

丰田：大野耐一与林南八的故事

工厂丢失看板的事情经常发生，不知该如何是好的企业顾问林南八先生决定以增加看板数量来解决此事。这样一来，有时就会出现多余的库存。知道这件事后，大野耐一勃然大怒，强令林南八"去找回丢失的看板"。可是，林南八找了一个小时左右也没有找到。

林南八把情况如实地向大野耐一作了汇报。大野耐一又一次大声斥责道："只过了一个小时就说'找不到'，这算什么事？"于是，林南八又去四处寻找，可还是没有找到。

大野耐一问："你知道为什么找不到吗？"林南八不知该如何回答才好。此时，大野耐一又补充了一句："这很简单！只是因为你没有一直找，直到找到为止！"不肯服输的林南八又四处寻找了一番，终于找到了丢失的看板。原来是被油黏在了几个零件箱的底部。林南八对此加以改善之后，看板就再也没有丢失过。

增加看板数量只不过是权宜之计，不管增加多少，还是会丢失。查明真正原因，采取防止被油黏上的改善措施后，才可以说是彻底解决了问题。因此，找到问题的根源首先要培养"凡事彻底"的精神，不要总是隔靴搔痒。

为了帮助自己找到问题的根源，华为人找到了一个非常有效的工具——根因分析。根因分析的画法很简单，谁都可以依葫芦画瓢画出一个"漂亮"的鱼骨图，但是要想通过鱼骨图找到根因，却是一项不容易的事。

华为：基于客户设备故障而展开的原因分析会

一次，因为客户设备出现了故障，华为人和客户召开了原因分析会，大家针对一个症结问题进行头脑风暴。第一次，他们提出了60多个原因；第二次，又对另一个症结问题提出了40多个问题；第三次，有成员开始质疑，会议现场又变成了"战场"，会议毫无进展。

这时，有一个客户提议直接拍了根因算了。可是赵荣（化名）却不同意，他说："要是我们现在就拍了根因，跟对病人下错药有什么两样？我们不仅会做很多没意义的工作，也会给我们公司造成名誉上的损害。"最后，他们求助大圈长。大圈长显然有经验多了，他不停地进行提问，经过无数次讨论后，鱼骨图的逻辑就厘清了，现场的人终于找到了"嫌疑犯"。看到华为人这种"较真儿"的工作态度，客户投以赞许的目光。

如今，很多华为的员工都有一个特殊的文件夹，名字叫"根因分析"，赵荣也不例外。在赵荣的文件夹里完整地保存了40多份鱼骨图，足以证明华为员工对问题的认真态度，而这正是现今华为员工的真实写照。不仅要应对问题的表面现象，而且要深究严查，一定要查清其背后的真正原因，华为员工的这种做法非常值得借鉴和学习。

（2）针对问题的总结与分析

任正非曾当着华为人的面尖锐地指出："一个不善于总结的公司会有什么前途？"他还特意说了这样一段话来鼓励华为人要学会问题总结并实现更进一步："现在给你一把丝线，你是不能把鱼给抓住的。你一定要将这把丝线结成网，这种网就有一个个网点。人生就是通过不断地总结，形成一个一个的网点，进而结成一张大网。如果你不善于归纳总结，就会像猴子掰苞谷一样，掰一个，丢一个，你最终将没有一点收获。大家平时要多记笔记、写总结，不想进步的人肯定就不会这么做。"在华为，总结行为主要涉及两个方向：一是从自己身上直接找问题；二是以其他企业或个人为案例，研究管理或工作是否存在问题，而后向内自省，直击自己潜在或显在的问题。

华为的一位 PDT 测试经理曾发出这样的感慨："站在走过 IPD 流程后的今天来回顾，才发现以前是在凭着一股热情和责任感工作，但是产品路标、工作计划等我没有感受到，只是觉得往上不时冒火。我们每个人都忙得焦头烂额，产品什么时候能够稳定、什么时候能够最终发布，几乎没有人能够把握。而这次我们经历的是一个没有'英雄'的联调，不到 10 个月的时间就顺利结束。从开始立项到版本终结，只用了 9 个月的时间，是该产品以前的版本所从未有过的。这就是职业化的威力！"

对此，任正非深以为然，而且还特别推崇从别人的问题或失败中总结经验教训，以避免自己身上发生相同的问题。任正非说："没有比较，就很难认清自己，也就会不思进取。对企业来说是这样，对个人来说也是如此。"因此，任正非提出，最好的管理办法就是要向一个领域的佼佼者学习，与优秀的人物交流，从他们以往的失败经历中吸取教训，这样才会不走弯路。

从 1992 年开始，任正非就开始频繁地出国访问。在任正非访问了阿尔卡特设在法国北部的工厂以及德国西门子公司后，他就被这些企业的先进生产技术和员工敬业精神震惊，这也让任正非意识到自己的问题。在《我们向美国人民学习什么》一文中，任正非还特意说了这样一番话："五百年春秋战国如果缩到一天内进行，谁是英雄？巨大的信息潮，潮起潮落。随着网络技术与处理技术的进步，新陈代谢的速度会越来越快。因此，很难再有盖棺定论的英雄，任何过路的豪杰都会对信息业的发展给以推动。我们应该尊重他们、学习他们，批判地继承他们。"

任正非认为，无论是国内还是国外的竞争对手，都有值得华为去关注的优点或问题，而华为自身也存在着对应的问题或在未来需要避免的问题，这些都是华为必须重视并需要深刻系统地进行学习或总结的。

6.5.3　总结提高

如果我们稍加留意就会发现，任何企业采取的问题驱动管理模式，都必然借助一套问题管理机制来辅助实现。这套管理机制需要囊括问题管理的基本方式、组织形式，以期以特别的、固化的形式，来促使人们生成有助于问题管理的习惯和思维模式。

（1）设计问题管理模式

特定的问题管理模式有助于人们减少问题管理的思考时间，进而更快速有效地处理问题。为此，华为特别设计了问题管理的基本模式，比如问题提出的方式、问题剖析的细致程度等，并将整个问题的讨论过程公之于众。

虽然人们最初有些难为情，但是任正非提醒人们，只有"不要脸"，敢于发现问题，才有机会进步。所以，当这种问题管理模式实施之后，很快在华为形成了一种主动探索问题之源和学习进步的氛围，如果有人说"没问题"，那他们反而会不习惯，华为人已经完全将问题管理视为自我完善的一种途径。

（2）建设问题管理组织

为了便于问题管理，华为会定期或不定期地组织"民主生活会"。在民主生活会上，华为人始终保持开阔的心胸去面对相对激烈的问题管理状态，而企业也专门作出了一些特别的组织要求，避免在民主生活会中产生"不成兄弟，反为仇人"的结果。

华为：对民主生活会的组织作出要求

任正非明确规定了召开"刺刀见红"批评会时的注意事项：

首先，基层的民主生活会必须要由至少一个高层领导来主持召开；会议要在大庭广众之下召开，问题要向所有参会人员公开，即使之前有过节，也不能背离民主生活会的基本原则，借机抓住同事的小辫子。

其次，保证与会人员的广泛性，让所有人都能充分表达自己的想法，而不是只让少数人批评或指出问题，这样既可以发现问题，也可避免有失公允的情况出现。

最后，要就事论事。指出同事缺点时，一定要建立在客观的基础上。看到同事出现问题，应该及时、诚恳地向其说明，不在背后议论同事的失误和缺点。

当然，华为召开民主生活会，绝不是为了让华为上下简单地描述自己遇到的问题，为工作开展不理想找借口，发泄一下个体情绪，便不了了之；其更重要的是引导人们发表建议，集思广益，让每个人都能够提出一份独特的问题处理方案。这才是对问题管理真正有益的关键所在。

丰田：用于问题管理的民主讨论会

在丰田，民主生活会被赋予另一个名字——"民主讨论会"。在会上，大家会尽情展示自己，说出自己的想法，哪怕想法是错误的。为此，丰田还广泛推行合理化提议制度，就是要促动全员参与问题管理，进行创造性思考，希望激发全体员工的创造性思考，以征求大家的"好主意"，从而实现持续不断的问题管理水平提高和工作状态优化。

通过组织民主生活会，华为在企业内部搭建了一个发现问题、讨论问题与解决问题的平台，在这个平台上人们以"批评与自我批评"的形式获得成长和进步，这与任正非一直倡导的开放型组织、学习型组织等组织哲学和战略理念不谋而合，共同推动着华为人逐步提高与进步。

因此，以华为为代表的相当一部分成功企业，无不极度重视群体组织的智慧，并引导人们积极地说出自己的想法。对于好的建议予以接受，对不好的建议，也肯定对方的努力，在最大程度上激发所有人参与问题管理的积极性。

1987年，华为由6位股东于深圳集资注册，注册资本仅2.1万元；主要业务为代理销售用户交换机（PBX）。

1988年，华为正式运营，员工14人。主要业务为代理HAX模拟交换机、小型程控交换机、火灾警报器等。

1989年，开始研制24口用户交换机BH-01。

1990年，自主研发面向酒店和小企业的PBX技术并投入使用。

1991年，华为员工人数达到20人。研制开发BH-03交换机并销售；研制开发500门HJD-04用户交换机。

任正非文章或讲话：

《在清产核资动员会上的讲话》

1992年，华为销售额突破1亿元，员工人数超过200人。启动了C&C08 2000门数字程控交换机的开发项目；开始研发并推出局交换机JK1000。

任正非文章或讲话：

1.《赴美考察散记》

2.《胜利祝酒词》

3.《团结奋斗，再创华为佳绩——与市场培训人员座谈》

1993年，华为销售额达4.1亿元，员工人数达到400人。研发C&C08万门交换机，研制C&C08 2000门数字程控交换机；成立莫贝克通讯实业公司。

任正非文章或讲话：

1.《关于人才的对话》

2.《1993年年终总结》

1994年，华为销售额达8亿元；员工人数达到1000人。开发无线通信领域产品ETS450；C&C08交换机通过鉴定；C&C08万门交换机通过鉴定并开通。

任正非文章或讲话：

1.《致新员工书》

2.《从两则空难事故看员工培训的重要性》

3.《脚踏实地才能有所成就》

4.《明年会更好》

5.《对中国农化网和交换机产业的一点看法》

6.《脱胎换骨，再攀高峰》

7.《集中力量打歼灭战》

8.《集中力量重点突破》

1995年，华为注册资本为7005万元，销售额15亿元，员工人数达到1200人。C&C08交换机通过生产定型鉴定。成立北京研究所、知识产权部、中央研究部。首次以第26名进入中国电子百强；入选广东最大100家工业企业。

任正非文章或讲话：

1.《目前形势与我们的任务》

2.《不前进就免职——在生产系统干部就职仪式上的讲话》

3.《胜负无定数，敢搏成七分——在市场部竞聘现场答辩会上的讲话》

4.《要建立一个均衡的平台——在公司秘书业务培训班上的讲话》

5.《解放思想，迎接1996年市场大战》

6.《在第四届国际电子通信展华为庆祝酒会上的发言》

7.《在集体奋斗中发挥个人才智》

8.《励精图治，再创辉煌——在财经采购系统干部就职仪式上的讲话》

9.《英雄好汉站出来——在市场总部高中级干部就职仪式上的讲话》

10.《我们要向市场、开发、创造性工作倾斜——在工资改革汇报会上的讲话》

1996年，华为销售额达26亿元，员工人数达到2400人。莫贝克通讯实业公司委托经营期结束，更名为"华通通信股份有限公司"；与香港和记电信签订3600万美元合同，为其提供固定网络解决方案。成立海外市场部，博士后工作站挂牌，成立终端事业部。向云南丽江地震灾区捐款20万元及两套通信设备；参加俄罗斯国际通信展；公司总部搬入科技园。

任正非文章或讲话：

1.《加强合作，走向世界——在深圳华为通信股份有限公司与云南电信器材厂通信电源合作签字仪式上的讲话》

2.《赴俄参展杂记》

3.《要树立服务意识、品牌意识、群体意识——在行政系统员工对话会上的讲话》

4.《秘书体系是信息桥——与中国人民大学孙健敏博士谈秘书体系建设等问题》

5.《培训：通向华为明天的重要阶梯——在人力资源部培训工作汇报会上的讲话》

6.《管理改革，任重道远——在管理工程事业部工作汇报会上的讲话》

7.《当干部是一种责任——在市场部全体正职集体辞职仪式上的讲话》

8.《反骄破满，在思想上艰苦奋斗》

9.《再论反骄破满，在思想上艰苦奋斗——在市场庆功及科研成果表彰大会上的讲话》

10.《做好基础工作，逐步实现全面质量管理——在品质系统工作会上的讲话》

11.《持续技术领先，扩大突破口——答中央电视台记者问》

12.《我们是要向前迈一小步,而不是一次大飞跃——在技术能手大比武之前的讲话》

13.《团结起来接受挑战,克服自我融入大我——在1996年12月28日公司各条战线优秀员工报告会上的讲话》

14.《坚持顾客导向,同步世界潮流——在北京市电信管理局和华为公司C&C08交换机设备签字仪式上的讲话》

15.《实行低重心管理,层层级级都要在做实上下功夫——在劳动工资汇报会上的讲话》

16.《苦练基本功,争做维护专家——在服用工程师培训动员大会上的讲话》

17.《不要叶公好龙——在管理改革工作动员大会上的讲话摘要》

1997年,华为销售额达41亿元,员工人数达到6000人。在天津大学推出国内第一个201卡号系统;C&C08交换机在香港和记电信商用,并进入俄罗斯;科研投入达4亿元,占全年销售额的10%;与俄罗斯贝托康恩股份有限公司、莫斯科电信股份公司签署合资建厂协议;与Hay Group(合益集团)合作进行人力资源管理变革;分别与摩托罗拉、IBM、英特尔、SUN、高通、德州仪器和微软成立联合实验室。

任正非文章或讲话:

1.《悼念杨琳》

2.《坚定不移地推行ISO9000——对市场部培训干部的讲话》

3.《加强用户服务中心建设,不断提高用户服务水平——在用户服务中心1997年管理培训班上的讲话》

4.《练就一流技术学习、一流管理,提供一流服务——在用户服务中心管理培训班毕业典礼上的讲话》

5.《走过亚欧分界线》

6.《不要忘记英雄——在来自市场前线汇报会上的讲话》

7.《秘书如何定位——在秘书座谈会上的讲话》

8.《资源是会枯竭的,唯有文化才能生生不息——在春节慰问团及用服中心工作汇报会上的讲话》

9.《建立一个适应企业生存发展的组织和机制——与Hay专家在任职资格考核会上的对话》

10.《在流动中寻找自己的位置,在流动中锻炼提高自己——谈今年秘书体系工作》

11.《当代青年怎样爱国——在9月16日与员工关于钓鱼岛事件座谈会上的讲话》

12.《为提高电信网营运水平而努力——在广东省邮电管理局与华为公司共建广东省商业网框架协议及共建"新技术联合实验室"协议签字仪式上的致辞》

13.《自强不息,荣辱与共,促进管理的进步——在机关干部下基层,走与生产实践相结合道路欢送会上的讲话》

14.《谈干部队伍建设》

15.《提升自我,找到切入点,迎接人生新挑战——与客户工程部座谈纪要》

16.《谈学习》

17.《呼唤英雄——在公司研究试验系统先进事迹汇报大会上的讲话》

1998年,华为销售额达89亿元。SDH光传输系列产品全面通过产品鉴定;GSM系统在内蒙古邮电局成功开局;与IBM的合作项目"IT策略与规划"启动;全套GSN系统通过信息产业部组织的鉴定。捐赠2500万元,设立了"寒门学子基金",资助家境贫寒的大学生完成学业;向河北地震灾区捐赠价值50万元的通信电源设备;向遭受洪水灾害的国内灾区捐赠1500万元和价值2500万元的无线设备。

任正非文章或讲话:

1.《小改进、大奖励——在公司品管圈(QCC)活动成果汇报暨颁奖会上的讲话》

2.《全心全意对产品负责,全心全意为客户服务——在欢送华为电气研发

人员去生产用服锻炼酒会上的讲话》

3.《华为的红旗到底能打多久——向中国电信调研团的汇报以及在联通总部与处级以上干部座谈会上的发言》

4.《刨松二次创业的土壤——关于管理体制改革与干部队伍建设》

5.《我们向美国人民学习什么》

6.《狭路相逢勇者生》

7.《加强夏收管理，促进增产增收——在第三批机关干部赴前线欢送会上的讲话》

8.《不做昙花一现的英雄》

9.《在"委员会管理法"评审会上的重要讲话》

10.《要从必然王国走向自由王国》

11.《规划中运行，运行中优化——在"委员会整改工作汇报"会上的讲话》

12.《在自我批判中进步——在 GSM 鉴定会后答谢词》

13.《希望寄托在你们身上——在中研部"品格的成熟铸就产品的成熟"交流会上的讲话》

1999 年，华为销售额达 115 亿元，员工人数达到 12 000 人。成为中国移动 CAMEL Phase Ⅱ 智能网的主要供应商。在印度班加罗尔设立研发中心；坂田生产中心落成投产。

任正非文章或讲话：

1.《大浪潮头当自立——在 GSM 春节培训中的讲话》

2.《在实践中培养和选拔干部》

3.《中国人今天说不》

4.《学习 IPD 内涵，保证变革成功——在 IPD 动员大会上的讲话》

5.《创业创新必须以提升企业核心竞争力为中心》

6.《全公司上下一条心把集成供应链项目做成功——在集成供应链（ISC）项目软启动阶段的讲话》

7.《把生命注入产品中去——在欢送博士去做工人酒会上的讲话》

8.《自我批判触及灵魂才能顺应潮流——对 1999 年管理要点分组讨论情况的评述》

9.《能工巧匠是我们企业的宝贵财富》

10.《任正非总裁答新员工问》

11.《在实践中培养和选拔干部——在第二期品管圈活动汇报暨颁奖大会上的讲话》

12.《自我批判和反幼稚是公司持之以恒的方针——在华为电气学习〈1999 年十大管理要点〉汇报会上的讲话》

2000 年，华为销售额达 220 亿元，员工人数达 16 000 人。与摩托罗拉签订产品合作协议，共同为中国及亚太地区提供 GSM 设备和端到端解决方案。与 SUN 建立联合实验室；在硅谷、达拉斯、斯德哥尔摩设立研发中心。

任正非文章或讲话：

1.《凤凰展翅，再创辉煌——在"市场部集体大辞职四周年颁奖典礼"上的讲话》

2.《华为的机会与挑战——与 Mercer（美智）公司顾问座谈摘要》

3.《一个职业管理者的责任和使命——在高级副总裁以上干部就〈华为人〉报一篇短文〈无为而治〉，以公司治理为题作文考试前的讲话》

4.《法务工作要标准化、社会化，压缩人员编制，提高业务能力——在法务人力资源管理汇报会上的讲话》

5.《创新是华为发展的不竭动力》

6.《为什么要自我批判——在中研部将呆死料作为奖金、奖品发给研发骨干大会上的讲话》

7.《活下去是企业的硬道理》

8.《与身处逆境的员工对话录》

9.《全公司各环节都要把代理商作为第一客户来对待——在代理商座谈会

上的讲话》

10.《做实、做实、再做实——在 GSM 产能备战会议上的讲话》

11.《加强培训中心的建设——在培训中心工作汇报会上的讲话》

12.《把握机遇，脚踏实地迎接大发展——在与南研所干部、员工座谈会议上的讲话》

13.《再接再厉，努力夯实员工培养——在员工培训一营汇报会上的讲话》

2001 年，华为销售额达 255 亿元。与华虹 NEC、南通富士通联合研制国产 ASIC 芯片；与德国 STNB 电信公司正式签订合同，城域光网络进入德国市场；以 7.5 亿美元的价格将非核心子公司安圣电气（原华为电气）出售给艾默生。加入国际电信联盟；CDMA 打通第一个电话。

任正非文章或讲话：

1.《北国之春》

2.《雄赳赳，气昂昂，跨过太平洋——在欢送海外将士出征大会上的讲话》

3.《分层授权 大胆创新 快速响应客户需求——在研发组织运作优化汇报会上的讲话摘要》

4.《坚决把流程端到端打通——在听取 ISC 项目汇报时的讲话》

5.《我的父亲母亲》

6.《华为的冬天》

7.《贴近客户，奔赴一线，到公司最需要的地方去——欢送研发及管理干部走向市场前线的讲话纪要》

8.《精简机关，压缩编制，提高人均效益》

2002 年，华为销售额达 221 亿元，海外常驻员工达到 2000 人。为摩托罗拉提供 G8M、GPR8、WCDMA 等领域的 OEM 产品。缴纳国税、地税共 20.6 亿元人民币，缴纳各项海关关税和增值税 7.55 亿元；研发投入 30 亿元人民币，当年发明专利申请达 1003 件，居国内首位。与 NEC 共建 3G 移动互联网开放实验室；与微软成立联合实验室。

任正非文章或讲话：

1.《认清形势，坚定信心，以开放的心胸和高昂的斗志和公司一起渡过难关——在战略预备队伍建设思路汇报会&国内营销组织精简方案汇报会上的讲话》

2.《我们必须用内心之火、精神之光点燃部属必胜的信念——在营销干部务虚会议上的讲话》

3.《迎接挑战，苦练内功，迎接春天的到来》

4.《我们未来的生存靠的是质量好、服务好、价格低——在营销系统干部培训中的讲话》

5.《以绩效为中心，以结果为导向，努力提高人均效益——在人力资源大会精神传达会议上的讲话》

6.《认识驾驭客观规律，发挥核心团队作用，不断提高人均效益，共同努力渡过困难——在华为研委会会议、市场三季度例会上的讲话》

7.《加强道德素质教育，提高人均效益，满怀信心迎接未来——任正非总裁与智能、主控、信令、资料部部分员工座谈讲话纪要》

8.《坚持以长远利益为导向的人力资源政策——在华为申请虚拟受限股权部分兑现员工座谈会上的讲话》

2003年，华为合同销售额达317亿元，员工人数达到22 000人。累计申请国内专利4628件，申请PCT国际专利和国外专利641件，获得专利授权1127件。全球交换机新增市场份额32%，排名第一；注册了华为终端有限公司，注册资本7.6亿元。STM-64 MADM光传输系统获2002年国家科技进步二等奖；在中国电子信息产业发展研究院、中国信息化推进联盟主办的"2003年中国IT服务年会"上，华为荣获"国内网络产品最佳用户服务满意度奖""中国IT认证培训服务用户满意奖"；被《21世纪经济报道》评为IT行业最佳雇主。

任正非文章或讲话：

1.《产品发展的路标是客户需求导向，企业管理的目标是流程化的组织建设——在PIRB产品路标规划评审会议上的讲话》

2.《在理性与平实中存活——在华为公司内部干部管理培训班上的讲话》

2004年，华为合同销售额达462亿元，员工人数为22 000人。赢得中国电信国家骨干网优化合同；获得荷兰运营商Telfort价值超过2500万美元的合同。被《财富》杂志评为"全球100强最大私营公司"；Lightreading发布报告，华为在世界十大初创公司中排名第二；缴纳国税、地税、各项海关关税和增值税35亿元人民币；获得Frost & Sullivan "2004年亚太最有前途的设备提供商"和"2004年亚太最佳宽带设备提供商"两项大奖。为东南亚海啸受灾国捐赠2000多万元和价值2000万元的通信设备。

任正非文章或讲话：

1.《要从必然走向自由——为阿联酋3G工程总结一书写序》

2.《关于2003年经营及预算目标完成情况向董事会的述职》

3.《继续提高人均效益　建设高绩效企业文化——在干部工作会议上的讲话》

4.《在2004年三季度国内营销工作会议上的讲话》

5.《尼日利亚是干部成长锻炼的上甘岭——在与驻尼日利亚员工座谈会上的讲话》

2005年，华为销售收入达482.72亿元人民币，员工人数超过30 000人。与英国最大电信运营商沃达丰正式签署了全球采购框架协议。荣获Frost & Sullivan颁布的"亚洲最佳的无线设备供应商""最佳NGN设备供应商""最佳光网络设备供应商"三个奖项；获2005年全球十大最成功的私营电信企业第一名；获英国最佳中国投资者年度大奖；《互联网周刊》"中国电信供应商100佳"第一名。获得在中国生产和销售手机的许可。缴纳国税、地税、各项海关关税和增值税40亿元；为广东洪涝灾区捐款380多万元。成立关联企业"慧通公司"。

任正非文章或讲话：

1.《致新员工书（新版）》

2.《要从源头上减少信息垃圾》

3.《关于华为大学与战略后备队的讲话》

4.《华为公司的核心价值观——在广东省委中心组的发言》

5.《将岗位问责制落实到实处》

6.《认清形势，加强组织建设和后备干部培养，迎接公司新发展》

7.《把财经管理体系建成跟随公司业务快速变化的铜墙铁壁——在欧洲地区部财经管理干部培训班上的讲话》

8.《鼓励创新更须保护知识产权》

2006年，华为销售收入达110亿美元（664亿元人民币），员工人数为61 909人。与北电网络宣布成立合资公司，共同开发"超宽带"项目；与沃达丰签订3G手机战略合作协议；与摩托罗拉合作在上海成立联合研发中心，开发UMTS技术。已累计申请专利19 187件，共获得专利授权2742件。

任正非文章或讲话：

1.《冰岛游记》

2.《上甘岭是不会自然产生将军的，但将军都曾经是英雄——在苏丹、刚果、贝宁代表处员工座谈会上的讲话》

3.《2006年新春献词》

4.《打造一支品德过硬，敢于承担责任，敢于和善于坚持原则的职业化财经队伍——关于财经干部管理的讲话》

5.《天道酬勤》

6.《与港湾高层杭州谈话会议记录》

7.《华为大学要成为将军的摇篮——在华为大学和党委领导座谈会上的讲话》

8.《改变对干部的考核机制，以适应行业转型的困难发展时期》

9.《全流程降低成本和费用，提高盈利能力——在EMT办公例会上的讲话》

2007年，华为合同销售额达938亿元人民币，员工人数达到83 609人。世界海拔最高的珠峰6500米基站测试开通；获最具全球竞争力中国公司和欧洲之星；成为欧洲所有顶级运营商的合作伙伴；以太网交换机获国家质监局"中国名牌产品"；获2006年深圳科技创新奖（原科技进步奖）；获2006年广东省质量管理先进企业。

任正非文章或讲话：

1.《财经的变革是华为公司的变革,不是财务系统的变革——在财经变革项目规划汇报会上的讲话》

2.《要快乐地度过充满困难的一生——给陈珠芳及党委成员的一封信》

3.《以"选拔制"建设干部队伍,按流程梳理和精简组织,推进组织公开性和均衡性建设》

4.《将军如果不知道自己错在哪里,就永远不会成为将军——在独联体片区的讲话》

2008年,华为全球销售额达到233亿美元,国际市场销售额占比超过75%。与北欧第一大综合营运商TeliaSonera签署了全球第一个LTE/SAE商业网络系统合同,这是全球第一个4G网络合同;首次在北美大规模商用UMTS/HSPA网络,为加拿大运营商Telus和Bell建设下一代无线网络。向汶川地震灾区捐款2630万元;累计申请专利35 773件;正式加入国际行业环保组织GESI;被《商业周刊》评为全球十大最有影响力的公司。

任正非文章或讲话:

1.《在PSST体系干部大会上的讲话》

2.《人生是美好的,但过程确实是痛苦的——在与优秀党员座谈会议上的发言》

3.《从汶川特大地震一片瓦砾中,一座百年前建的教堂不倒所想到的——在中央平台研发部表彰大会上的讲话纪要》

4.《只有自我批判才会成为强者——在核心网产品表彰大会上的讲话》

5.《珍惜生命要从自己关爱自己做起——与孟加拉国、坦桑尼亚、刚果(金)、肯尼亚、巴基斯坦、阿富汗、利比亚、安哥拉员工座谈纪要》

6.《不要试图做完人——在优秀党员座谈会上的发言》

2009年,华为全球销售额达1491亿元,员工人数超过95 000人,员工持股计划参与人数61 457人。成功交付全球首个LTE/EPC商用网络;在挪威奥斯陆布置全球首个LTE商用网络。获得IEEE标准组织2009年度杰出公司贡献奖;无线接入市场份额跻身全球第二;获《全球通信商业》双项创新大奖。向国家缴纳各项税收共计160亿元；在日本东京和北美建立LTE实验室。

任正非文章或讲话：

1.《加快CFO队伍建设 支撑IFS推行落地》

2.《开放、妥协与灰度——在2009年全球市场工作会议上的讲话》

3.《深淘滩，低作堰——在2009年运作与交付体系奋斗表彰大会上的讲话》

4.《让一线直接呼唤炮火——在销服体系奋斗颁奖大会上的讲话》

5.《具有"长期持续艰苦奋斗的牺牲精神，永恒不变的艰苦朴素的工作作风"是成为一个将军最基本的条件》

6.《CFO要走向流程化和职业化，支撑公司及时、准确、优质、低成本交付——与后备干部总队CFO班座谈纪要》

2010年，华为全球销售额达1580亿人民币，员工人数达111 855人，各项福利保障支出19.7亿元。入选美国《财富》2010年世界500强，列397位；美国知名商业媒体《快公司》评出2010年最具创新力公司，华为位列第五；GSM用户突破10亿；累计申请中国专利31 869件，PCT国际专利申请8892件，海外专利8279件，已获授权专利17 765件，其中海外授权专利3060件。

任正非文章或讲话：

1.《2010年新年致辞：春风入暖送屠苏》

2.《在2010年PSST体系干部大会上的讲话》

3.《改善和媒体的关系》

4.《在人力资源管理纲要第一次研讨会上的发言提纲》

5.《在2010年全球行政人员年度表彰暨经验交流大会上的讲话》

6.《拉通项目四算，支撑项目层面经营管理——在IFS项目汇报会上的讲话》

7.《华为不再做"黑寡妇"》

8.《以客户为中心，加大平台投入，开放合作，实现共赢——在PSST体系干部大会上的讲话》

2011年，华为营业收入达2039亿元人民币，员工总数达138 000人。正式成立IT产品线，该产品线将为客户提供定制化的云计算解决方案。在2011年《财富》世界500强排行榜上，华为排352位；累计申请中国专利36 344件，PCT国际专利10 650件，外国专利10 978件，华为的研发费用支出达37.6亿美元；2011年中国民营经济500强出炉，华为荣登榜首。加入全球130个行业标准组织，共向这些标准组织提交提案累计超过28 000件；在德国、瑞典、英国、法国、意大利、俄罗斯、印度等地设立了23个研究所；公司发出"关于成立2012实验室的通知"；华为独家冠名赞助2011年意大利超级杯北京赛；与TELUS及卡尔顿大学联合在加拿大建立云计算实验室。

任正非文章或讲话：

1.《从"哲学"到实践》

2.《在华为能源业务进展汇报会议上的讲话》

3.《如何与奋斗者分享利益》

4.《一江春水向东流》

5.《在华为大学干部高级管理研讨班上的讲话》

6.《做事要霸气，做人要谦卑，要按消费品的规律，敢于追求最大的增长和胜利》

7.《以"选拔制"建设干部队伍，按流程梳理和精简组织，推进组织公开性和均衡性建设——在干部高级管理研讨班上的讲话》

2012年，华为员工达14.6万名。华为公司正式将华为终端总部项目落户松山湖高新区（该项目协议投资总额约100亿元，用地1900亩）；华为商城正式对外营业。华为入选《财富》世界500强榜单，名列351位，比上年上升1位，连续三年进入世界500强榜单；2012年LTE全球峰会上，华为荣获"LTE最佳商用表现"和"LTE最佳核心网"两项大奖；华为在上海举办的"2012中国增长、创新与领导力峰会"上，荣获Frost & Sullivan授予的全球电信云市场领域唯一奖项——2012年全球最佳实践奖："年度全球电信云市场杰出成就奖"；品牌中国产业联盟发布"2012品牌中国1000强"榜单，此次是品牌中国产业联盟第二次向社会公众发布该榜单，腾讯、华为、阿里巴巴名列前茅。新一届董事会、监事会在市场大会上进行自律宣言；华为与中软国际有限公司签署协议，成立一家以聚焦软件外包业务的合资公司。

任正非文章或讲话：

1.《董事会领导下的 CEO 轮值制度辨》

2.《力出一孔，利出一孔》

3.《不要盲目扩张，不要自以为已经强大——在市场工作大会上的讲话》

4.《在 2012 实验室的讲话》

5.《安全是竞争力，更是价值观》

2013 年，华为销售收入达 2390 亿元人民币，同比增长 8.5%；员工逾 15 万人，研发占比 45%。美国《时代周刊》公布了全球 100 位最具影响力人物，华为公司创始人和首席执行官任正非入选巨擘类最具影响力人物；2013 年《财富》世界 500 强排行榜发布，华为以 349 亿美元的年营业收入排名第 315 位。

任正非文章或讲话：

1.《要敢于超越美国公司》

2.《用乌龟精神，追上龙飞船》

3.《接受法国媒体采访实录》

4.《在持股员工代表大会的发言摘要》

5.《在片联开工会上的讲话》

6.《在 9 月 5 日无线业务汇报会议上的讲话》

2014 年，华为销售收入达 2882 亿人民币，海外销售占比 63%；消费者业务终端产品总出货量达 1.38 亿部，同比增长 7.8%；华为消费者业务销售收入 122 亿美元，同比增长 30%。全球移动宽带基础网络建设起步；3G 投资持续稳步上升，4G 投资快速发展；已为世界 500 强中的 106 家企业提供解决方案；智能手机 2014 年的表现使得华为品牌知名度由原来的 52% 上升至 65%。启动多项财务改革，包括实施"预算管理全景图"确定、启动全球税务风险管理项目、启动数据质量管理工作等。

任正非文章或讲话：

1.《在大机会时代，千万不要机会主义——在消费者BG管理团队午餐会上的讲话》

2.《喜马拉雅的水为什么不能流入亚马孙河？》

3.《与英国媒体会谈纪要》

4.《2014年6月接受中国媒体采访实录》

5.《做谦虚的领导者》

6.《面对金融危机，华为该怎么办》

7.《华为为什么要学习"蓝血十杰"》

8.《在2014年华为人力资源工作汇报会上的讲话》

9.《聚焦商业成功，英雄不问出处——在西研所业务汇报会上的讲话》

10.《风物长宜放眼量——在成研所业务汇报会上的讲话》

11.《在后备干部项目管理与经营短训项目座谈会上的讲话》

12.《洞庭湖装不下太平洋的水——在IT产品存储产品线业务汇报会上的讲话》

13.《红过十分就成灰，华为正处于盛极必衰的阶段》

14.《在后备干部项目管理与经营短训项目座谈会上的讲话》

15.《未来的战争是"班长战争"——在2014年年中子公司董事会赋能研讨会上的讲话》

16.《在华为2014年第四季度区域总裁会议上的讲话》

17.《华为会怎么失败，华为会怎么垮掉》

18.《与CEC（道德遵从委员会）就非物质激励工作优化的座谈纪要》

19.《聆听任正非的心声：任正非接受法国媒体采访解读》

2015年，华为销售收入达3900亿元人民币。与Telefonica签署5G战略合作MOU，携手定义未来网络；华为启动2015企业业务ICT巡展，覆盖350个城市；华为开发者大会发布"沃土"：10亿美元扶持开发者合作伙伴；华为

2015年云计算大会聚焦云生态建设；与ITU联合主办的"百老汇"论坛，论坛的主题是"加速ICT转型，丰富数字生活"。

任正非文章或讲话：

1.《任正非在2015年市场工作会议上的讲话》

2.《福布斯独家专访任正非：华为人和硅谷人都是"奋斗者"》

3.《华为还担不起世界领袖 任重而道远》

4.《成功不是未来前进的可靠向导》

5.《最大的敌人是我们自己——在达沃斯论坛年会现场接受BBC记者的采访》

6.《华为人和硅谷人都是"奋斗者"——与福布斯中文网〈中国企业的国际愿景〉专栏主持人杨林的交流纪要》

2016年，华为实现全球销售收入5216亿元。在运营商业务领域，围绕数字化转型，抓住云、视频、物联网、运营转型等机会；在企业业务领域，聚焦ICT基础设施，与合作伙伴一起助力公共安全与政务、金融、能源等重点行业数字化转型；在消费者业务方面，全年智能手机发货量达到1.39亿台，其中P9双摄手机开启了华为高端手机双摄技术的先河。此外，华为在第57届日本电池大会上推出的世界上第一个高温长寿命石墨烯基锂离子电池，更是锂离子电池领域的重大研究突破。

任正非文章或讲话：

1.《春江水暖鸭先知，不破楼兰誓不还——任正非在华为"出征·磨砺·赢未来"研发将士出征大会上的讲话》

2.《想不死，就要新生——任正非在华为战略预备队建设汇报上的讲话》

3.《中国正从假货横行的泡沫社会回归理性——在华为日本代表处、日本研究所座谈会纪要》

4.《前进的路上不会铺满了鲜花——在华为2016年市场年中会议上的讲话》

5.《用宽阔的胸怀拥抱世界拥抱未来——与华为俄罗斯研究所专家座谈纪要》

6.《比世界还大的是你的心胸——与华为高级研究人员的座谈纪要》

7.《以创新为核心竞争力，为祖国百年科技振兴而奋斗》

8.《锄头一定要种出玉米——新华社专访》

9.《建立作业类员工的科学管理方法与评价体系——在华为作业类员工激励审视汇报会上的讲话》

10.《不产粮食的流程是多余流程——在华为质量与流程IT管理部员工座谈会上的讲话》

11.《我们没有不成功的理由》

2017年，华为销售收入达6036亿元人民币，成功步入千亿美元公司行列；在印度启动5G测试，推动5G技术创新；首次占据核心路由器市场的全球第一份额；华为发布面向未来的"FusionHome智能能源解决方案"，以家庭用户为体验中心；华为于IFA柏林国际消费电子产品展上公布麒麟970芯片，这是世界首款带有专用人工智能元素的手机芯片。

任正非文章或讲话：

1.《华为全球能力布局已从迷茫走向清晰——任正非在华为全球能力布局汇报会上的讲话》

2.《"傻子"照亮世界》

3.《利润是我第101个期望——任正非在华为"业务计划与预算"汇报会上的讲话》

4.《自律永远是最低成本的管理——任正非在华为道德遵从委员会第二次代表大会上的讲话》

5.《高级干部要具备项目端到端的成长经历——任正非在华为高研班和战略预备队汇报会上的讲话》

6.《任正非在泛网络区域组织变革优化总结与规划汇报会上的讲话》

7.《任正非在泰国与地区部负责人、在尼泊尔与员工座谈的讲话》

8.《反对无价值的盲目创新——任正非在消费者BG年度大会上的讲话》

9.《你都没去过世界哪有什么世界观——任正非在华为2017年市场工作大会上的讲话》

附录2 华为对标学习手册

考察一个企业的运行,我们可以把它视为一个生命体,进行手术刀式的剖析。尽管企业总是由不同的要素构成,但是总体来说可以分为六大要素——客户、组织、战略、领导、管理、执行。这六个要素不是简单的拼接和加总,而是共同组成了一个复杂的、有机的系统。

组织自有其生命力,这六个要素共同形成了企业组织的生命体。它们之间紧密结合,相辅相成,偏废任何一个都会影响企业组织的健康运行,甚至存亡。我们把这六个要素组成的有机系统,称为"组织运营管理六要素"(简称"六要素")。它从企业组织生命体的高度,为我们研究和学习企业组织,提供了一个完备的整体框架和思路。

从管理思想的发展演变来看,"组织运营管理六要素"的提出和应用具有其历史必然性。对于企业组织,泰勒看到的主要是任务效率,法约尔看到的主要是管理职能,韦伯看到的主要是行政权力,马斯洛看到的主要是人性需求,德鲁克看到的主要是管理经验,波特看到的主要是竞争战略,彼得·圣吉看到的主要是学习型组织……我们发现,几乎没有人把企业组织视为一个生命体来研究,也几乎没有人从以上"六要素"的角度来研究企业组织,这几乎是管理演变和时代发展的必然要求。

仔细分析这"六要素"，我们可以发现它们之间科学合理、严丝合缝。如果把企业比作一艘要远航的船，"客户"解决的问题就是"为什么要远航"，它是使命和任务，如果失去"客户"这个要素，其他五个要素就失去了存在的价值；"组织"解决的问题是"要造一艘什么样的船"，以更好地完成远航的使命和任务；"战略"解决的问题是"船的航线是什么"，它指明了航行的路线图；"领导"解决的问题是"船长应该干什么"，它明确了谁带我们去远航；"管理"解决的问题是"船上人员如何管理"，它回答了如何才能做好人员分工、发挥人员合力；"执行"解决的问题是"船上人员具体如何工作"，它保障了各项工作的具体实施和落地。这"六要素"缺失其中任何一个，远航的任务都无法完成。只有这"六要素"都有效地发挥作用，才能圆满地完成远航的任务。

应用"组织运营管理六要素"，我们对华为进行了剖析和研究，完满地取得了预期的成果，初步验证了这个体系的科学性和有效性。当然，华为还只是个例，还需要更多的企业去实践和验证，以后我们会进一步研究和完善。但是，这并不影响我们借助这个系统，对华为进行对标学习。下面是简略的华为的组织运营管理六要素，并根据华为特色，对"六要素"进行了重新命名，分别为"客户牵引""组织哲学""战略定力""领导视野""管理科学""工作方法"。

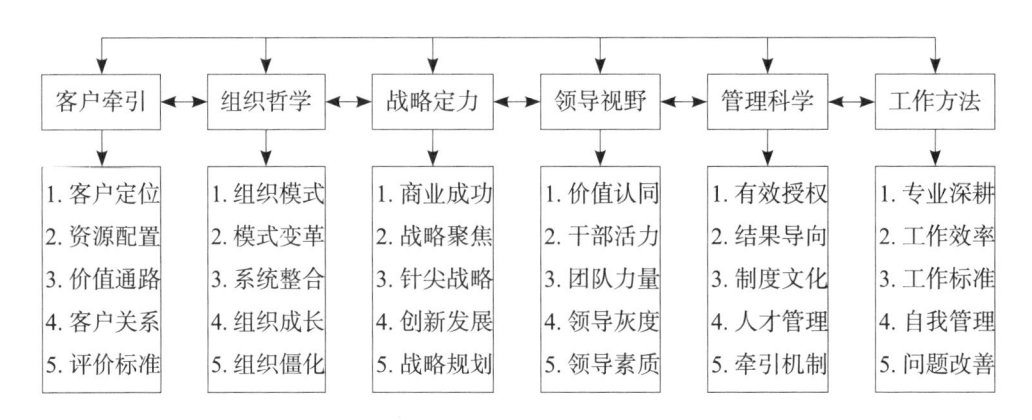

客户牵引	组织哲学	战略定力	领导视野	管理科学	工作方法
1. 客户定位	1. 组织模式	1. 商业成功	1. 价值认同	1. 有效授权	1. 专业深耕
2. 资源配置	2. 模式变革	2. 战略聚焦	2. 干部活力	2. 结果导向	2. 工作效率
3. 价值通路	3. 系统整合	3. 针尖战略	3. 团队力量	3. 制度文化	3. 工作标准
4. 客户关系	4. 组织成长	4. 创新发展	4. 领导灰度	4. 人才管理	4. 自我管理
5. 评价标准	5. 组织僵化	5. 战略规划	5. 领导素质	5. 牵引机制	5. 问题改善

读者朋友阅读全书内容之后，可以紧紧围绕"组织运营管理六要素"，对标华为的优秀实践和典型做法（在之后表格中仅列出一些关键要点，以抛砖引玉、启迪思维，读者朋友可以进一步补充完善，并记录下来），结合企业自身情况进行深度思考和系统学习，并把心得体会以笔记形式记录在表格中相应的空白处。

学习模块 1：客户牵引

	深度思考 1：你的企业的客户到底是谁？
对标华为	关键要点： 1. 提供客户需要的产品和服务并获取合理利润，是华为生存的唯一理由。 2. 华为致力于万物之间的连接，而绝不会涉及信息或内容。 3. 华为既强调市场的外部客户，也强调企业的内部客户。 补充完善： 1. 2. 3.
学习笔记	

	深度思考 2：企业是否围绕客户配置资源？
对标华为	关键要点： 1. 华为反对盲目多元化，抵制住了诱惑，坚持聚焦主航道。 2. 华为围绕客户方向密集配置资源，坚持压强原则，以求重点突破。 3. 华为主张收窄作业面，集中力量打歼灭战。
	补充完善： 1. 2. 3.
学习笔记	

	深度思考 3：企业流程是指向客户的吗？
对标华为	关键要点： 1. 站在客户角度审视流程的合理性，看它是否有利于服务客户和业务作战。 2. 华为建立端到端流程，流程的输入端是市场，输出端也是市场。 3. 流程需要不断实践和优化，不产粮食的流程是多余流程。
	补充完善： 1. 2. 3.
学习笔记	

	深度思考 4：企业与客户是健康的关系吗？
对标华为	关键要点： 1. 华为主张赚小钱不赚大钱，不追求利润最大化，只追求合理的利润。 2. 满足客户"质量好、服务好、价格合理，快速响应需求"的朴素诉求。 3. 让利于客户和合作伙伴，追求共赢，打造健康的企业生态环境。 补充完善： 1. 2. 3.
学习笔记	

	深度思考5：工作好坏应以什么为标准?
对标华为	关键要点： 1. 华为以客户满意作为衡量一切工作的标准。 2. 华为以是否为客户创造价值来衡量一项工作是否有价值以及价值大小。 3. 华为围绕客户价值，建立了一套严格的价值评价体系。 补充完善： 1. 2. 3.
学习笔记	

学习模块 2：组织哲学

	深度思考 1：现有组织模式适合企业吗?
对标华为	关键要点： 1. 不同组织模式都有成功的案例，它没有优劣之分，只有是否适合企业之说。 2. 华为一直在探索适合自己的组织模式，从人本管理模式到职能型等级组织，到矩阵式组织，再到网状组织，从未停止。 3. 华为组织模式的探索紧紧围绕"一线作战的需要"，而不是其他。
	补充完善： 1. 2. 3.
学习笔记	

	深度思考2：组织变革为什么常常失败？
对标华为	关键要点： 1. 领导人缺乏决心和恒心，是组织变革常常失败的重要原因之一。 2. 华为花大力气引进 IBM 的组织模式，先僵化、后优化、再固化，取得了巨大的成效。 3. 华为的"削足适履"看似僵化教条，其实恰恰是尊重客观规律的体现。
	补充完善： 1. 2. 3.
学习笔记	

	深度思考 3：如何发挥出组织整体合力？
对标华为	关键要点： 1. 华为通过内部整合和外部整合，形成了后方资源支持平台，以随时响应一线的炮火呼唤。 2. 在一线通过摸索和整合，华为形成了由客户经理、解决方案专家、交付专家组成的"铁三角"模式。 3. 华为成立片联组织，独立于正常公司运营流程之外，破除了地方主义和部门利益，促进了人才的流动和整合。 补充完善： 1. 2. 3.
学习笔记	

	深度思考 4：如何让个体学习促进组织成长？
对标华为	关键要点： 1. 华为倡导"人力资本增值的目标优先于财务资本增值的目标"，通过建立学习型组织来促进个体成长，进而促进组织成长。 2. 华为建立了全员性、全方位的导师制，实现"一帮一，一对多"，从而使每个员工加快成长。 3. 华为全面推行任职资格制度，并进行严格的考核，从制度上拉动个体学习和成长。 补充完善： 1. 2. 3.
学习笔记	

	深度思考 5：如何避免组织僵化、故步自封？
对标华为	关键要点： 1. 华为通过自我批判不断吐故纳新，寻求进步空间，驱动组织前进。 2. 民主生活会是华为员工进行"思想批判"的好方法、好武器。 3. 华为建立红蓝军组织，鼓励蓝军唱反调、虚拟可能发生的问题，从结构上避免了组织僵化。
	补充完善： 1. 2. 3.
学习笔记	

学习模块 3：战略定力

	深度思考 1：企业战略应以什么为导向？
对标华为	关键要点： 1. 华为的企业战略追求商业成功，以利润为导向。 2. 在实现战略的过程中，华为注重平衡短期效益与长期发展。 3. 华为注重向管理要效益，服务于企业战略的实现。
	补充完善： 1. 2. 3.
学习笔记	

	深度思考2：战略应该聚焦还是多元化？
对标华为	关键要点： 1. 华为反对盲目多元化，坚持聚焦管道这个主航道。 2. 华为主张抢占战略高地，对于管道来说就是大数据制高点。 3. 华为致力于建立健康的战略生态，服务于企业战略的有效落地。
	补充完善： 1. 2. 3.
学习笔记	

	深度思考 3：企业应该如何实现边缘崛起？
对标华为	关键要点： 1. 华为成立之初，从边缘地带切入，坚持针尖战略，集中力量只做一件，最终得以立足和成功。 2. 华为实施"农村包围城市"，形成局部优势，集中力量打歼灭战。 3. 通过"力出一孔，利出一孔"，华为保障了针尖战略的贯彻实施。
	补充完善： 1. 2. 3.
学习笔记	

	深度思考 4：创新如何服务于战略实现？
对标华为	关键要点： 1. 客户需求日益多元化，要保证产品与客户需求的同步化，就必须创新。华为在战略上始终坚持创新，谨记"不创新，就死亡"。 2. 华为提出，要保持技术领先，但不能领先太多，而只能领先竞争对手半步，领先三步就会成为"先烈"。 3. 华为反对盲目创新，主张"鲜花插在牛粪上"，在前人创新的基础上作出创新，广泛吸收相关领域已有的技术和知识，厚积薄发。
	补充完善： 1. 2. 3.
学习笔记	

	深度思考 5：如何进行战略规划和落地？
对标华为	关键要点： 1. 华为通过"五看三定"模型来进行战略规划，即看行业/趋势、看市场/客户、看竞争、看自己、看机会；定控制点、定目标、定策略。 2. 华为通过设置战略控制点，来确保企业战略不失控和落地。 3. 长期战略在大方向上为企业提供行动指引，短期战略则是为了企业更现实的生存需要，华为很好地协调了两者之间的关系。
	补充完善： 1. 2. 3.
学习笔记	

学习模块 4：领导视野

	深度思考 1：如何让员工认同企业价值观？
对标华为	关键要点： 1. 华为坚持价值观领导，使员工和企业成为密不可分的价值共同体。 2. 华为提炼总结出自己的核心价值观，并随着企业发展而不断进化。 3. "以客户为中心，以奋斗者为本，长期坚持艰苦奋斗和自我批判"的价值观是华为企业文化的核心部分，已经成为一种生生不息的资源，极大地推动着华为不断前行。
	补充完善： 1. 2. 3.
学习笔记	

	深度思考 2：如何激发干部队伍的活力？
对标华为	关键要点： 1. 华为打破干部只能上不能下的魔咒，坚持干部能上能下。 2. 华为通过片联组织、轮岗制度，促进干部的内部循环，不断给干部赋能。 3. 华为通过任职资格体系为干部能上能下提供了客观依据，真正做到了能者上、平者让、庸者下。
	补充完善： 1. 2. 3.
学习笔记	

	深度思考 3：如何使员工各显神通、群体奋斗？	
对标华为	关键要点： 1. 华为人不提倡"独行侠"和"个人英雄主义"，信奉团队的力量。 2. 华为人凭借狼一样的嗅觉、奋不顾身的奋斗精神，以及像狼群一样的团队合作精神，围剿并拿下"猎物"。 3. 华为让高层有使命感，让中层有危机感，让基层有饥饿感，从而使各路英雄群体奋斗。	
	补充完善： 1. 2. 3.	
学习笔记		

	深度思考4：领导为什么要有合适的灰度？
对标华为	关键要点： 1. 华为在制度上黑白分明，但是在领导、变革、管理上却保持一定的灰度。灰度是一种制衡与权变完美结合的领导艺术。 2. 灰度的一种体现就是妥协。妥协是一种让步的艺术，只有懂得妥协，才能实现双赢和多赢。 3. 华为坚持开放的心态，去接纳和欣赏别人；坚持宽容的思想，决不求全责备，去使用和提拔人才。 补充完善： 1. 2. 3.
学习笔记	

	深度思考5：领导者需要具备哪些基本素质？
对标华为	关键要点： 1. 华为提出"领导四力"，即决断力、执行力、理解力和人际连接力。 2. 在成功的决断力、正确的执行力、准确的理解力当中，仅具备准确的理解力，适合在机关做干部；具备正确的执行力，可以做个部门的副职；具备成功的决断力，可以做部门的一把手。 3. 领导者必须要严格要求自己，以身作则，时刻准备着"拿自己开刀"，这样员工才会心服口服。
	补充完善： 1. 2. 3.
学习笔记	

学习模块 5：管理科学

	深度思考 1：在管理中如何平衡授权与控制？
对标华为	关键要点： 1. 华为一线被授予"将在外，军令有所不受"的决策权，而总部则依靠分级授权、定期汇报等形式来控制授权效果。 2. 明明已经授权，却将信将疑，总是横加干涉，这是授权的大忌。华为始终坚持充分授权，用人不疑，疑人不用。 3. "反授权"是华为授权管理过程中最禁忌的事情，即被授权者将自己职权范围内的工作，借工作汇报的机会反推给管理者去处理，让管理者帮自己工作。
	补充完善： 1. 2. 3.
学习笔记	

	深度思考 2：企业管理是导向最终结果的吗？	
对标华为	关键要点： 1. 华为要求"先瞄准再开枪"，坚决反对"未瞄准乱开枪"，在工作和管理中必须先明确最终结果要求再行动。 2. 一个过程必然通向一个结果，一个结果必然要经过一个过程。因此，华为倡导以结果为导向去做好过程控制。 3. 华为的工作评价是以工作结果为导向，其实也就是以商品化为导向。	
	补充完善： 1. 2. 3.	
学习笔记		

	深度思考 3：制度如何成为一种有生命力的文化？	
对标华为	关键要点： 1.《华为公司基本法》是华为的根本大法，它将企业成功的基本原则和要素系统化、规范化、制度化，并且不断传承下去。 2. 华为制度建设成功的根源就在于——公平公正无歧义。 3. 华为坚持制度高于一切，就是任正非也不例外，都必须依律办事，受到企业管理制度的束缚。	
	补充完善： 1. 2. 3.	
学习笔记		

	深度思考4：企业应该如何做好人才管理？
对标华为	关键要点： 1. 华为认为，人才是企业的最大财富，为此甚至不惜"垄断人才"。 2. 华为明确要求所有管理者：不要被学历、证书、背景等条条框框所限制，失去真正可用之人，而是要量能取才，任人唯贤。 3. 华为干部遵循"之"字形成长，即在晋升到某个职位之前进行反复的上下、平行调度，所呈现的波浪式流动，与汉字的"之"字相仿，故被称为"之"字形成长。
	补充完善： 1. 2. 3.
学习笔记	

深度思考 5：管理如何拉动员工奋斗和企业发展？

对标华为	**关键要点：** 1. 华为提出"饿狼逼饱狼"，即一个岗位对应有 3~4 个符合任职资格要求的人，对于在岗的人来说必须努力奋斗，否则立刻有人可以取代他。由此，便在不同岗位层级之间形成了绩效牵引的压力差。 2. 华为实行全程考核管理，对于奋斗者给予最大程度的物质奖励，对于无作为者或绩效不良者，通过末位淘汰、零配股、最差奖大会等帮助其认知自我、实现成长。 3. 华为人提倡与践行狼性文化，狼性文化是华为的精神牵引。 **补充完善：** 1. 2. 3.
学习笔记	

学习模块 6：工作方法

	深度思考 1：为什么专业深耕是成长的捷径？
对标华为	关键要点： 1. 华为提倡专业主义，干一行、专一行，即在很小的领域里做到精通，在精通的基础上实现均衡发展。 2. 现代社会，知识和技能折旧更新的速度很快，只有不断学习，持续提升和优化自己，才能持续保持专业优势。 3. 华为要求，专家要从一线中来，也要到一线中去，在与客户的碰撞和交融中检查和修正对待专业的标准，避免成为伪专家。
	补充完善： 1. 2. 3.
学习笔记	

	深度思考 2：如何有效提高员工的工作效率?
对标华为	关键要点： 1. 任正非要求华为人在接到任务以后不要急于下手，而是要仔细地想清楚应该怎么做，做好周详的计划和准备，避免边干边想、推倒重来、经常反复等情况。 2. 华为人根据四象限法则，坚持做要事而不是做急事，并根据重要程度、紧急程度来对工作进行排序。 3. 既有工作节奏被打断，是效率损耗的根源之一。华为人非常注重分析自己的工作节奏，创造和谐的工作节奏，进而保持高效工作。
	补充完善： 1. 2. 3.
学习笔记	

深度思考 3：如何建立工作好坏的评价标准？	
对标华为	关键要点： 1. 工作标准能使企业从"人治"走向"法治"。在华为，工作干得好坏不是领导说了算，而是工作标准说了算。 2. 华为的工作标准处在不断优化之中，它也遵循"三化管理"，即"遵从标准—优化设计—新的标准化"。 3. 在华为，工作标准绝不是平均主义，而是以最优表现为标准。这与大野耐一的观点一致。大野耐一认为：之所以选择时间最短或数量完成最多的那一次作为工作标准，是因为那一次采用了最正确的工作方法。
	补充完善： 1. 2. 3.
学习笔记	

	深度思考 4：如何让员工自我管理、自动自发？	
对标华为	关键要点： 1. 华为通过"奋斗者协议"，培养员工的责任意识，使员工自动自发地为了公司发展而努力奋斗。 2. 华为员工进行自我管理，不仅要以决策者的立场制订好自己的工作计划，还要以管理者的态度统筹好各种资源。 3. 华为员工自我管理，必须按照工作计划做好工作行为控制，尽量保证一次把事情做到位。	
	补充完善： 1. 2. 3.	
学习笔记		

	深度思考5：如何以问题驱动促进全员进步？
对标华为	关键要点： 1.华为敢于直面问题、自揭伤疤，特办了《管理优化报》，专门用来直言不讳地公布华为内部的问题，让责任人认识到问题所在。 2.针对问题，许多企业都是浅尝辄止，而华为却是追根溯源，彻查问题发生的根源，进行深入总结和分析。 3.华为借助问题管理模式，通过民主生活会这种"刺刀见红"的批评会，帮助员工改善和提升。
	补充完善： 1. 2. 3.
学习笔记	

主要参考文献

[1] 吴春波. 华为没有秘密 [M]. 北京：中信出版社，2017.

[2] 黄卫伟. 价值为纲：华为公司财经管理纲要 [M]. 北京：中信出版社，2017.

[3] 田涛，殷志峰. 厚积薄发 [M]. 北京：生活·读书·新知三联书店，2017.

[4] 田涛，殷志峰. 枪林弹雨中成长 [M]. 北京：生活·读书·新知三联书店，2017.

[5] 田涛，殷志峰. 黄沙百战穿金甲 [M]. 北京：生活·读书·新知三联书店，2017.

[6] 希文. 任正非内部讲话 [M]. 哈尔滨：哈尔滨出版社，2017.

[7] 余胜海. 任正非和华为 [M]. 武汉：长江文艺出版社，2017.

[8] 张利华. 华为研发（第3版）[M]. 北京：机械工业出版社，2017.

[9] 张笑恒. 华为批判：从基本法到以奋斗者为本 [M]. 南昌：江西教育出版社，2017.

[10] 黄伟芳，李晓阳. 华为正传 [M]. 北京：红旗出版社，2017.

[11] 黄卫伟. 以客户为中心 [M]. 北京：中信出版社，2016.

[12] 黄继伟. 华为内训 [M]. 北京：中国友谊出版公司，2016.

[13] 黄继伟. 华为工作法 [M]. 北京：中国华侨出版社，2016.

[14] 程东升，刘丽丽. 华为三十年：从"土狼"到"狮子"的生死蜕变 [M]. 贵阳：贵州人民出版社，2016.

[15] 邢柏. 关键的少数：任正非说干部培养 [M]. 长春：北方妇女儿童出版社，2016.

[16] 张继辰，王伟立. 华为目标管理法 [M]. 深圳：海天出版社，2015.

[17] 黄卫伟. 以奋斗者为本 [M]. 北京：中信出版社，2014.

[18] 杨少龙. 华为靠什么 [M]. 北京：中信出版社，2014.

[19] 田涛，吴春波. 下一个倒下的会不会是华为 [M]. 北京：中信出版社，2012.

[20] 冠良. 任正非谈管理 [M]. 深圳：海天出版社，2009.

[21] 程东升，朱月容. 任正非如是说 [M]. 杭州：浙江大学出版社，2008.

[22] 王永德. 狼性管理在华为 [M]. 武汉：武汉大学出版社，2007.

[23] 程东升，刘丽丽. 华为真相 [M]. 北京：当代中国出版社，2004.

[24] 汤圣平. 走出华为 [M]. 北京：中国社会科学出版社，2004.

[25] 李信忠. 华为的思维 [M]. 北京：东方出版社，2007.

[26] 周俊宏. 华为教典 [M]. 武汉：华中科技大学出版社，2012.

[27] 冠良. 任正非管理思想大全集 [M]. 深圳：海天出版社，2011.

[28] 程东升，程海燕. 任正非管理日志 [M]. 北京：中信出版社，2008.

[29] 文丽颜，等. 华为人力资源 [M]. 深圳：海天出版社，2006.

[30] 华为人. 1997—2017，第 44、66、70、71、72、75、81、82、84、95、107、113、114、118、141、162～333 期.